Claus Janew · Die Erschaffung der Realität

W0175495

Claus Janew

Die Erschaffung der Realität

Sumari

Tiergartenstraße 26 a
01219 Dresden

Zweite, überarbeitete Ausgabe 2010
Erstveröffentlichung 1998
Erschienen im Selbstverlag des Autors.

ISBN: 3000029524
ISBN-13: 9783000029523

Die Webseite des Autors finden Sie unter dem Titel
dieses Buches.

Inhalt

"Jede Form von Energie enthält
Bewusstsein. ... Die Anerkennung
dieser simplen Feststellung würde
eure Welt wahrhaftig verändern."

Seth

Vorbemerkungen

Dieses Buch entstand aus dem Bedürfnis heraus, unser Wirklichkeitsgefüge unvoreingenommen von etablierten Lehren zu untersuchen, seien diese nun akademisch-wissenschaftlich, populär-esoterisch oder kirchlich-religiös. Natürlich ist völlige Unvoreingenommenheit nicht möglich. Wir sind in bestehende Zusammenhänge eingeflochten, wir müssen von unseren tatsächlichen Wahrnehmungen ausgehen, ja ich möchte sagen, wir werden bereits mit einem vorgezeichneten Weltbild geboren. Ob wir uns aber darauf beschränken, entscheiden wir in jedem Augenblick neu.

Während der Esoteriker die heutige Wissenschaft nicht ablehnt, sondern nur als begrenztes Ordnungsschema einstuft, sehen die meisten gegenwärtigen Wissenschaftler mystisches Erleben als objektiv bedeutungslos an. Dem Logiker sind rein intuitiv gewonnene Einsichten suspekt. Dabei entgeht ihm, dass sein Gedankengebäude eigentlich auf nichts anderem beruht. Entgegen landläufiger Meinung kann man jedoch von einer kausal-logischen Betrachtungsweise *ausgehend* den geistig-seelischen Erfahrungsbereich erschließen, indem man bis an die Grenzen dieser Logik geht - und darüber hinaus. Mein Ziel ist es, so zwingend an bestimmte Erkenntnisse heranzuführen, dass sie sich *von innen heraus* einstellen können. Was wir auf diesem Weg finden, entspricht auch nicht unbedingt den Lehren, die sich über Jahrhunderte in okkultistischen Kreisen verfestigt haben.

Wir werden mit scheinbar einfachen Wechselwirkungen in unserem täglichen Leben beginnen, sie aber in einem umfassenderen Licht betrachten, alsdann ihr Zustandekommen auf tieferem Niveau untersuchen und schließlich erkennen, dass wir unsere Realität vollständig selbst erschaffen. Währenddessen öffnen sich wenig beachtete Zugänge zu unserem Bewusstsein, anderen Individuen und dem, was man unter "Gott" verstehen kann. Den alles verbindenden Kern bildet die Lösung des klassischen Problems der Willensfreiheit.

Wenn ich vorrangig Ideen des Philosophen Hegel, des Quantenphysikers David Bohm und der sogenannten "Trancepersönlichkeit" Seth heranziehe, dann nicht um mich an sie zu klammern, sondern um mit ihnen zu spielen, sie weiterzuführen und zu kreuzen. Ich werde also von jener Kreativität Gebrauch machen, der wir alle unsere Existenz verdanken und hoffe, Sie tun es beim Lesen auch. Sie brauchen dazu keine philosophischen Vorkenntnisse, lediglich Interesse an grundlegenden Zusammenhängen, eine gewisse Offenheit und die Bereitschaft mitzudenken. Vielleicht wird Ihnen aber auch einiges bekannt vorkommen und doch wieder anders. Ich zitiere beispielsweise fast überhaupt nicht, da ich kaum Texte fand, die genau das ausdrücken, was ich sagen will. Statt mich an Autoritäten auszurichten, vertraue ich auf eine konsistente Darlegung und die eigene Urteilsfähigkeit des Leser. (Überflüssig zu betonen, dass Plagiate dieser Einstellung ebenso widersprächen.)

Manche Themen behandle ich nur so ausführlich, wie es für das Gesamtkonzept erforderlich ist. Wichtige Begründungen kann ich dagegen nicht vereinfachen, ohne sie zu schwächen. Wir werden uns mit keiner oberflächlichen Wahrnehmung zufrieden geben, sondern Verknüpfungen entdecken, die unser bisheriges Verständnis weit übersteigen. Gerade in ihnen liegt der Schlüssel für neue, weniger konfliktbeladene Herangehensweisen an die Aufgaben unseres Alltags.

Was gibt es zu meinem Werdegang zu sagen? Oder anders gefragt: Was tat man in der Deutschen "Demokratischen" Republik, wenn man sich zum Philosophen berufen fühlte, aber nicht Marxismus-Leninismus studieren wollte? Es gab eigentlich nur zwei Alternativen: Entweder man ließ das Philosophieren bleiben oder sparte es gänzlich für den Feierabend auf. Es sei denn, man fand einen Job, in dem man meistenteils für die Anwesenheit bezahlt wurde und konnte sich während dieser auf eigene Weise bilden. Meine Rettung waren ein abgeschiedenes Möbellager und die Bücher aus der städtischen Bibliothek. Nicht verfügbares Wissen ersetzte ich, wo nötig, durch eigene Ideen. So entstand vier Jahre darauf eine Abhandlung, die ich "Existenztheorie" nannte und die mein damaliges Bedürfnis nach Welterkenntnis im Großen und Ganzen befriedigte. Den Sinn des Lebens berührte sie nicht.

Nach der Wiedervereinigung Deutschlands beeindruckte mich unter der "neuen" Literatur vor allem das Seth-Material so sehr, dass es meine bis dahin materialistische Weltanschauung vollständig umkrempelte. Der Skeptiker in mir versuchte indessen ständig, Seths Lehren zu hinterfragen, scheinbare logische Lücken zu schließen. Innerhalb von zwei Jahren brachte ich (nunmehr nach Feierabend) eine solche Fülle von Ideen zu Papier wie nicht annähernd in der Zeit davor. Alles fügte sich zu einem vielschichtigen philosophischen System. Doch um es veröffentlichungsreif zu machen, musste ich über einen zusammenhängenden Zeitraum daran arbeiten. Ich gab also meine derzeitige Beschäftigung auf und schrieb drei Jahre an dem Buch, das Sie jetzt in der Hand halten.

Da ich Seth so große Bedeutung beimesse: Wer ist das?

Er selbst bezeichnet sich als einen "Energiepersönlichkeitskern der nicht mehr in der physischen Form zentriert ist". Populär-esoterisch ausgedrückt, ist er eine geistige Wesenheit, die zwanzig Jahre lang durch das 1984 verstorbene "Channelmedium" Jane Roberts sprach. Doch *wer* Seth ist, sollte uns nicht allzu sehr kümmern. Der Inhalt der von ihm diktierten Bücher wird für den Leser bald bedeutender als dessen Herkunft. Der Philosoph verlangt nach Folgerichtigkeit, der Mystiker nach unmittelbarer Einsicht. Mit einer einzigen Ausnahme ist mir kein Werk bekannt, das eine wirkliche Einheit von beidem herstellt. Diese Ausnahme sind die Seth-Bücher.

Dennoch steht in ihnen das Erfassen durch innere Erfahrung im Vordergrund. Unser Denken entsteht aus tieferen Formen der Existenz und ist nur eine ihrer Ausdrucksformen. Ich komme zu dem gleichen Ergebnis, gehe aber anders vor, indem ich im äußeren Bezugsrahmen beginne und zeige, dass er nicht unbeirrt durchzuhalten ist. Wir müssen zunehmend unsere Intuition und unser Assoziationsvermögen einsetzen, um nicht in einem Netzwerk toter und beschränkt gültiger Regeln hängen zu bleiben.

Damit der Vergleich mit dem Seth-Material leichter fällt, verwende ich manchmal Originalbegriffe daraus, erkläre sie aber auf meine Weise. Sie müssen die Seth-Literatur nicht kennen, um das Vorliegende zu verstehen. Ich gehe andererseits nicht so weit wie Seth, dessen Ausführungen viele Bände füllen, sondern beschränke mich auf das Wichtigste und eben noch Ableitbare. Nach meinen Erfahrungen werden die vier Teile dieses Buches verschiedene Lesergruppen in unterschiedlichem Maße ansprechen: angefangen von solchen, welche zu kausalen Verknüpfungen neigen, über Vertreter ganzheitlicher Auffassungen und bekennende Baumeister ihrer Wirklichkeit bis hin zu denen, die besonders ethische Inspiration erwarten. Ein ausgesprochenes Selbsthilfebuch ist es nicht. Das Hauptgewicht liegt auf theoretischen Überlegungen, vorgeschlagene Übungen dienen zu deren Prüfung. Wie Sie allerdings feststellen werden, sind die praktischen Konsequenzen beider erheblich.

Ich hätte thematisch an jeder beliebigen Stelle beginnen können. Das heißt aber nicht, dass ich auch so geschrieben habe. Bitte blättern Sie zurück, falls Sie über Unverständlichkeiten stolpern. Wenn Sie Aussagen begegnen, die Ihnen nicht einleuchten, lassen Sie sie am besten in der Schwebe und betrachten sie später noch einmal. Blicken Sie *hinter* das Offensichtliche beziehungsweise *darunter,* nach *innen.* Dann, das verspreche ich Ihnen, wird Ihre Realität nie wieder die gleiche sein.

TEIL I

Die Relativität der Existenz

1. Existenz ist Wirkung

Die erste Frage, die wir uns stellen müssen, ist wohl die, warum überhaupt etwas existiert und nicht einfach nichts ist.

Zweifelsohne wäre dieses Nichts gleichbedeutend mit einem Zustand, in dem *alles* existiert. Denn *alles* könnte sich nicht voneinander unterscheiden, da jeder Unterschied gerade die Nichtexistenz des jeweils anderen an der betrachteten Stelle bedeutet. Untersuchen wir das an einem konkreten Beispiel:

Nehmen Sie eine Vase und stellen Sie dieselbe vor sich auf den Tisch. Sie schauen sie an und können sie nur identifizieren, weil sie oben und unten, links und rechts irgendwo zu Ende ist. Ihre charakteristische Form wird durch Grenzen umrissen. Doch wie zeichnet sich eine Grenze ab? Indem auf der anderen Seite etwas Neues beginnt, etwas, das sich in diesem Fall von der Vase unterscheidet. Man kann sagen, dass die Vase von einem unverzichtbaren Hof, einem *Halo* aus *anderen* Dingen, umgeben ist.

Sowohl die Vase als auch die sie umgebenden Gegenstände erkennen Sie, weil deren (meist reflektiertes) Licht von Ihren Augen empfangen und von Ihrem Bewusstsein registriert wird. Die Objekte der Umgebung differieren dabei in Farbe, Form und Standort, sie wirken also verschiedenartig auf Sie ein. Würden das alle auf die gleiche Weise tun, erhielten wir ein nebulöses Kontinuum, das immer noch zur Unterscheidung der Vase genügt. Es ist zwar nicht egal, aber unwesentlich, ob die Vase auf einem gedeckten oder leeren Tisch steht. Denn nichts anderes wirkt so spezifisch auf Sie wie diese Vasenform, ob es sich nun auch *voneinander* unterscheidet oder nicht. In der Umgebung existiert die Vase nicht, sie wird von einem Halo *ihrer Nichtexistenz* gesäumt, von dem sie sich mittels charakteristischer Wirkung abhebt (so dass der Halo wiederum nicht an *ihrer* Stelle existiert ...).

Ohne auf Sie in bestimmter Weise zu wirken, kann *für Sie* nichts existieren. Und ohne Wirkung auf jemand anderen auch für keinen solchen.

Diese Aussage verwirrt ein wenig. Was ist, wenn Sie der Vase den Rücken zukehren? Existiert sie dann noch für Sie? Als Bild in Ihrem Kopf, in Ordnung. Aber auch außerhalb dessen? Sie sagen vermutlich: "Ja." Aber worauf gründen Sie Ihre Ansicht? Darauf, dass die Vase immer noch dasteht, wenn Sie sich herumdrehen? Sind Sie sich da sicher? Dann wären Sie wahrscheinlich ein angenehmer Zuschauer für einen Zauberkünstler, der eine Zigarette offenbar von einer Hand in die andere legt, während er sie in Wirklichkeit woanders hinschiebt. (Dort kann er sie auch zerbrechen und zermahlen, so dass sie nicht nur den Ort gewechselt hat, sondern auch gar keine Zigarette mehr da ist.) Die Täuschung beruht auf Ihrer gewohnheitsmäßigen *Schlussfolgerung* über die Bewegung und das Verhalten von Gegenständen, die sich zweifellos aus Ihrer Erfahrung ergibt, von der Sie aber nur *vermuten* können, dass sie auf das aktuelle Geschehen übertragbar ist.

Kehren wir zu unserer Vase zurück. Während Sie mit dem Rücken zu ihr stehen, könnte sie also einfach verschwinden. Und sie könnte auch wieder erscheinen, kurz bevor sie sich zurückdrehen. *Für Sie* verschwindet die Vase auf jeden Fall, sobald Sie dieselbe nicht mehr wahrnehmen. Ob das "wirklich" geschieht, können Sie nur überprüfen, indem Sie, während Sie abgewandt stehen, eine zweite Person nach dem Zustand der Vase fragen. Diese Person, nennen wir sie Hans, sieht die Vase wahrscheinlich und sagt es Ihnen. Für Hans existiert sie und indem er Ihnen das mitteilt auch für Sie. Denn Sie vermuten (!), dass Hans die Wahrheit sagt.

Schauen Sie die Vase nun wieder an. Sie existiert für Sie *beide* und besitzt deshalb einen größeren *Existenzumfang*, denn es schadet ihrer Existenz kaum, wenn sie einer von Ihnen nicht wahrnimmt, solange der andere ihm von ihr erzählt. (Es bleibt nur ein leiser Zweifel, ob er nicht schwindelt.) Sie existiert immer noch für Sie beide gemeinsam.

Ziehen wir aber eine dritte Person - Siegfried - hinzu, welche die Vase ebenfalls beobachtet und der Sie beide *exklusiv und getrennt* Bericht erstatten, verliert die Meinung jedes Beobachters an Bedeutung, denn selbst wenn die Vase für *einen* nicht existiert, existiert sie immer noch für *zwei*. Ihre kollektive Existenz ist also relativ unabhängig von der Wahrnehmung eines Einzelnen, sie ist "realer" als dessen individuelle Ansicht. So weit, so klar.

Siegfried entlassen wir wieder. Wenn Sie sich nun abermals abwenden, existiert für Sie nur noch die *Beschreibung* von Hans, welche in ihrer individuellen Färbung immer etwas vom Original abweichen wird. Sie *ist* nicht das Original. Auf Sie wirkt also eine etwas andere Vase. Schlimmer wird es, wenn Hans sich über seine neunzigjährige Großmutter und eine gestörte Telefonleitung zu verständigen sucht. Das ist wie wenn Sie eine Mattglasscheibe vor die Vase stellen. Die durchscheinende Form erinnert kaum noch an ihren Ursprung. Wollen Sie nicht wieder den Siegfried nerven und auch nicht nur Vermutungen anstellen, müssen Sie zugeben, dass es für sie nur einen verschwommenen Farbfleck gibt. Er existiert für Sie nicht als solcher, in den man Blumen stellen könnte. Damit gleicht er sich einem undifferenzierten Halo der vormaligen Vase an, und je mehr Hindernisse Sie zwischen jene Vase und sich bringen, desto nichtexistenter wird sie. Statt der Vase *und* ihrem Halo sehen Sie schließlich *nur* noch den Halo; genauer: den Halo irgendeines gerade vordergründigen Gegenstandes.

Zu *jedem* Gegenstand und *jedem* Objekt seiner Umgebung gehört so ein "Schatten" der eigenen Existenz. Diese Halos überschneiden sich mit dem Teil ihrer Flächen, von dem sich *alle* betrachteten Gegenstände abheben und formieren einen gemeinsamen Hintergrund kollektiver Nichtexistenz. Aber auch ein gemeinschaftlicher Halo existiert immer noch *als solcher*, *dessen* Schatten nun die vielfältigen Objekte bilden. Ein *für alle* gemeinsamer Hintergrund der Nichtexistenz muss immer verborgen bleiben. Er ist ein Kontinuum, aus dem sich das Existierende erhebt. Dennoch kann ein relativ kontinuierlicher und allgemeiner Halo, wie zum Beispiel eine kahle Wand (oder eine *undurchsichtige* Scheibe), den Eigenschaften dieses Hintergrundes ausreichend nahe kommen und so als dessen wahrnehmbare Entsprechung dienen. *Strukturierte Halos* sind zur Unterscheidung eines *strukturierten Objektes* nicht nötig und gehen letztlich immer in einen diffusen über, den gemeinsamen Halo ihrer Bestandteile. Ich werde deshalb der Einfachheit halber in allen Fällen, in denen solch ein diffus existierender Halo für den allseits verborgenen, imaginären Hintergrund stehen kann, nur vom "imaginären Halo" sprechen.

Derweil kann ein Gegenstand natürlich auf die unterschiedlichen Objekte einer strukturierten Umgebung einwirken, die dann ihrerseits auf den Beobachter wirken. Im obigen Beispiel werden sie die ursprüngliche Wirkung ablenken, verwischen und schwächen, indem sie das von der Vase kommende Licht streuen oder absorbieren. Doch in *begrenztem* Maße kann die Umgebung auch verstärken. Beispielsweise können Spiegel die Vase gleich auf mehreren Wegen eindeutig auf Sie wirken lassen, und als ob Hans und Siegfried mitarbeiteten, können Sie einen der Wege verstellen, ohne dass die Vase aufhört, für Sie zu existieren. *Zu viele* Spiegel machen diesen Vorteil wieder zunichte, denn sie gleichen die Umgebung dem Objekt an und lassen es in diesem Halo untergehen.

Wahrscheinlich haben Sie es schon bemerkt: Wir haben zwar immer von einem *menschlichen* Beobachter gesprochen, ihm aber kaum höhere Fähigkeiten zugetraut als einem Stück Holz. Tatsächlich genügt es zum Beispiel einer Blume, wenn ihr eine Vase das aufrechte Erblühen ermöglicht und dadurch für sie existiert. Wir können auch zusätzlich einen Plastikstab in die Vase stellen. Ohne die Vase würde die Schwerkraft, anstatt der Länge nach, quer auf ihn wirken. Für ihn als "Beobachter" existiert die Vase ebenfalls, nur wieder anders. Der Stab existiert wiederum für die "beobachtende" Blume, die sich bei ihm anlehnen kann, denn er verlängert ihren Halt an der Vase, welche nun auf *zwei* Wegen die Blume beeinflusst. Der Mensch ist nur einer von unendlich vielen und vielfältigen Beobachtern, von denen jeder einen charakteristischen Beobachtungsstandpunkt einnimmt.

Was können wir aus dem bisherigen schließen?

Die Existenz eines konkreten Objektes wird gegenüber seiner Nichtexistenz in seiner Umgebung gemessen (und daraufhin erst gegenüber *deren* Nichtexistenz an *seiner* Stelle). Das kann auch eine zeitliche Umgebung sein, wie zum Beispiel die Vase vor ihrer Herstellung oder nach ihrem Zerbrechen. Das Objekt existiert stärker, wenn es für uns wesentlicher ist; entweder nur im Rahmen ausgewählter Wirkungen (zum Beispiel Lichtreflexion in Form einer Vase) oder sogar aller für uns erkennbaren Einflüsse (zum Beispiel Vase fliegt mit 80 km/h auf unseren Kopf zu). Diese Wesentlichkeit, die es gegenüber seinem Halo hervortreten lässt, möchte ich auch als Existenzstärke bezeichnen, um auszudrücken, dass etwas Unwesentliches zugleich weniger *ist*. Ein Objekt geht zwar selten so allmählich in seine Umgebung über wie eine Nebelschwade, so dass sich meist ein qualitativer Unterschied zwischen Objekt und Halo abzeichnet. Da aber der Beobachter alle Wirkungen auf sich *vereint*, also auch von ihren qualitativen Unterschieden *abstrahiert*, kann ein Objekt innerhalb dieser Gesamtheit nicht nur sein oder nicht sein, sondern auch *mehr oder weniger* existieren.

Existenz bedeutet eine *bestimmte* Wirkung. Alle Dinge im Universum sind indes mittelbar mit allen anderen verbunden - sonst wäre es nicht *ein* Universum. Jedes Ding existiert für irgendein anderes. Auf diese Weise kann jedoch alles Beliebige existieren. Denn nur für *einige* Beobachter ist es bestimmt. Für die übrigen existiert es vielmehr *als* jene anderen Dinge, die seine Wirkung aufnehmen und dann wahrgenommen werden.

Dementsprechend ist für einen konkreten Beobachter zunächst nur die *empfangene* Wirkung (existenz-) relevant.[1] Falls er selbst auf ein Objekt einwirkt, empfängt er natürlich mit dessen Rückwirkung auch eindeutig seinen eigenen veränderten Einfluss. Doch die meisten Wirkungen ruft unser Beobachter wohl in seinem unbestimmten Halo hervor. Wer weiß schon, was seine Handlungen außer dem Offensichtlichen noch alles bewirken: Die Zerstreuung von Wirkungen ist wahrscheinlicher als ihre Konzentration auf einen bestimmten Punkt, das heißt, Rückwirkungen werden zunehmend unscharf. Der Grund hierfür liegt im asymmetrischen Verhältnis zwischen dem Beobachter und seinem größeren, letztlich unendlich ausgedehnten Halo, der alle nicht wieder einigermaßen direkt auf ihn gerichteten Einflüsse schluckt. So bleibt auch deren Ursprung im Dunkeln.

---

[1] Das Ausbleiben einer solchen kann zwar ebenfalls "wirken", aber nur indem es sich auf bestehende Einflüsse bezieht und so *über diese* vermittelt wird.

Fassen wir unsere Überlegungen zusammen, ist die Existenz jedes Dinges relativ. Sie hängt vom Standpunkt "des" Beobachters ab. Ein bestimmtes Objekt wie die Vase kann nur für einen *bestimmten* Beobachter existieren; ihre Existenz für *mehrere* Beobachter wird dagegen erst möglich, wenn diese miteinander querverbunden sind - miteinander kommunizieren - um jene gemeinschaftlich festzustellen.

Für die *Gesamtheit* der Beobachter besitzt das Objekt dann einen größeren Existenzumfang und daher mehr Existenz. Selbst für den einzelnen Beobachter wächst seine Existenzstärke, da es über die Verbindung mit den anderen Beobachtern intensiver auf ihn wirkt. Nichtsdestoweniger wird die nur auf Sie heranschießende Vase intensiv existieren und durch Ihre Ausweichreaktion, bei der Sie schlimmstenfalls den Hans umstoßen, auch diesen nicht unbeeindruckt lassen, sozusagen auf ihn durchwirken und dadurch an Existenzumfang gewinnen. (Sie gewinnen dabei vermutlich nicht viel.) Innerhalb des beide Beobachter einschließenden, das heißt sie *verbindenden* Beobachtungsstandpunktes, bedeutet größerer Existenzumfang in der Regel auch größere Existenzstärke und umgekehrt.

Allerdings muss selbst bei hohem Existenzumfang *eines* Objektes dessen wesentliche Charakteristik erhalten bleiben und nicht durch die verschiedenen beteiligten Beobachter in unvergleichbare Varianten aufgespalten werden. Sonst haben wir am Ende ein Dutzend Betrachtungsgegenstände, ohne deren Zusammenhang zu erkennen, geschweige denn sie auf *eine* Ursache zurückführen zu können. Sie würden in diesem Fall als völlig Verschiedene existieren.

Nun kommt noch ein weiterer Aspekt hinzu. Eine *Wirkung* auf den Beobachter bewirkt ja eine Veränderung an ihm (oder was das Gleiche ist: Ruhe im Gegensatz zur Umgebung), und er nimmt anschließend auch seine weitere Umgebung anders wahr. Nachdem Sie die Vase doch mit voller Wucht am Kopf getroffen hat, träumen Sie beispielsweise von den Sternen. Sie haben mit der neuen Wahrnehmung Ihren individuellen Beobachtungsstandpunkt verändert, das heißt die Existenz Ihrer Umgebung, so wie ein Teil der alten Umgebung Sie verändert hatte. Gleichwohl hat diese passive Umweltveränderung wenig Auswirkungen auf andere Standpunkte wie den von Hans. Er sieht Sie zwar jetzt am Boden liegen, aber sonst ist für ihn alles normal. Auch im größeren *gemeinsamen* Standpunkt mit Hans besitzt die totale Veränderung *Ihres* Beobachtungsstandpunktes relativ geringen Existenzumfang. Nur wenn Sie vielleicht nach diesem Schlag durchdrehen, dem unschuldigen Hans einen Hieb versetzen und dieser anschließend auch aufbegehrt, haben Sie aktiv eine weiterreichende Umweltveränderung bewirkt.

Umgekehrt entscheidet der Existenzumfang einer Veränderung zusammen mit deren Ausgangspunkt über Aktivität oder Passivität des Beobachters. Ist der Existenzumfang einer gerichteten Bewegung groß, hat auch ihr *Urheber* viel bewirkt. Ist jedoch der Umfang der Bewegung oder ihres *vom Beobachter ausgehenden Anteils* kleiner (Sie zucken bloß kurz mit dem Arm, woraufhin Sie von Hans entschlossen fixiert oder gleich durchgeprügelt werden), muss die jeweilige *Umgebung* (in diesem Fall Hans) standhafter oder aktiver sein, also der Beobachter (Sie) passiver auftreten.

Jeder Beobachter bildet dennoch mit seiner Umgebung, *unabhängig* vom Existenzumfang ihrer Aktivitäten, eine individuelle Einheit. *Beide* bestimmen einander als Sender und Empfänger sowie als konkret aufeinander Bezogene. Deshalb können wir Beobachter und Umgebung unter dem Begriff "Beobachtungsstandpunkt" zusammenfassen. Das enthebt uns freilich nicht der Unterscheidung zwischen dessen Einzelheiten, denn eben deren Beziehungen aufeinander beschreiben ihn. Er verkörpert eine gewisse Menge von Unterschieden, die er relativ vereint.

Jetzt kann man wiederum verschiedene Beobachtungsstandpunkte miteinander vergleichen, was einen neuen, gesamten schafft. Der Unterschied zwischen "Realerem" und "weniger Realem" ist somit nur ein Unterschied des Existenzumfangs innerhalb dieses größeren Standpunktes. Jeder kann zum Beispiel seine Gedanken frei verändern, doch ohne großen Einfluss auf die kollektive Realität. Sie besitzt größeren Existenzumfang, ist daher räumlich und zeitlich stabiler, eben "realer". Ebenso wie die individuelle materielle Umgebung als kollektive Welt der verschiedenen Standpunkte, die *ein* Beobachter einnehmen und durch Vergleich miteinander verbinden kann; beispielsweise wenn er eine Vase zu verschiedenen Zeitpunkten betrachtet, um deren Existenzdauer zu ermitteln. Die materielle Welt erscheint nur deshalb außerhalb unseres Kopfes, weil sie auch für viele andere "Köpfe" existiert, mit denen wir eine gemeinsame Kommunikationsebene teilen. Diese enthält auch vergangene Bewusstseinsinhalte und "tote" Gegenstände. Um es noch einmal herauszustellen: Wir widersprechen hier nicht der Erkenntnis, dass Objekte von sich aus wirken können. Vielmehr ist deren Selbständigkeit, wie die der anderen Beobachter, ein *Teil* jedes Beobachtungsstandpunktes. Aber es existiert auch nichts völlig unabhängig von uns. Später werden wir darauf ausführlicher eingehen.

Wechseln kann der Beobachtungsstandpunkt lediglich zwischen Stadien mit gewissen Gemeinsamkeiten, so wie die Beobachter und Objekte in ihm der Ähnlichkeit bedürfen, um sich zu verbinden. Veränderungen und Verbindungen folgen bestimmten Regeln, welche den Beobachtungsstandpunkt charakterisieren. Wir können zum Beispiel nicht von einem Aussichtspunkt zum nächsten fliegen wie Superman, und wir müssen eine gemeinsame Sprache sprechen, um uns zu verständigen.

Ändern sich "innere" Regeln, wie die der Kommunikation, bleibt auch der Beobachtungsstandpunkt nicht derselbe. Andererseits verändert sich der Beobachtungsstandpunkt gemäß bestimmter "äußerer", oder besser *weiterer* Regeln, welche die Änderung der "inneren" beziehungsweise *engeren* nach sich ziehen. Wir können mit dem Flugzeug, das heißt in Einklang mit den physikalischen Gesetzen, in ein anderes Land reisen, wo wir uns aber mittels einer anderen Sprache verständigen müssen. Aufgrund dessen werden wir auch uns vertraute Handlungen, wie zum Beispiel Einkaufen, anders erfahren. Dagegen wird uns die Bedeutung von dem, was uns die Verkäuferin im lokalen Dialekt erwidert, verborgen bleiben. Etwas, das nicht den Regeln unseres Beobachtungsstandpunktes gehorcht, existiert in ihm nicht. Haben wir uns indessen an die örtliche Mundart gewöhnt, ändert sich unsere Situation erneut.[2]

Wir können natürlich nicht alle Varianten und Kombinationen besprechen, die sich aus der Relativität der Existenz ergeben mögen. Dazu würde der Platz nicht ausreichen, und darüber hinaus sind viele davon aus dem bisher Gesagten ableitbar. Sicher sind auch grundlegende Fragen unerwähnt geblieben, für deren Beantwortung der Existenzbegriff allein nicht genügt. Die ungewohnt relativistische Anschauungsweise ist aber die Voraussetzung für das Verständnis alles Weiteren, mit dem wir uns auch den offen gebliebenen Fragen stellen werden. Zunächst wollen wir eine wichtige Konsequenz der relativen Existenz besprechen und ergründen, wie sich ein vom Beobachter unabhängiges Sein einordnen lässt.

---

[2] Außerdem gibt es Dinge, die im Rahmen *eines* Beobachtungsstandpunktes einigen Regeln gehorchen und dabei anderen widersprechen. Aus der Mathematik ist folgendes Beispiel bekannt: $\sqrt{-1}$ ist eine "imaginäre" Zahl, da jede Umkehroperation $(-1) \times (-1)$ oder $(+1) \times (+1)$ immer $+1$ ergibt! Eigentlich darf es sie nicht geben, und sie wird deshalb mit einem Buchstaben bezeichnet: $\sqrt{-1} = i$. Doch wenn man dieses i, nachdem man es in diversen Rechenoperationen verwendet hat, mit sich selbst multipliziert, erhält man wieder eine reelle Zahl: $i \times i = -1$. Die "Halbexistenz", die nur unter der Voraussetzung ihres baldigen Verschwindens existierte, wurde wieder in "Vollexistentes" transformiert, nachdem sie zu einem realen Zweck erschaffen wurde, der nur mit ihrer Hilfe erreichbar war. Sie verhielt sich wie ein Katalysator, der eine chemische Reaktion erst ermöglicht und anschließend unverändert aus ihr hervorgeht, ein stabiles Ergebnis zurücklassend.
Diesem Verfahren werden wir in weniger strenger Form, und ohne dass ich immer darauf hinweise, noch mehrmals begegnen; beispielsweise in Bezug auf das Universalkontinuum, die implizite Ordnung und die Bewusstseinsdynamik, wobei sich hier das "Imaginäre" als gar nicht so irreal erweisen wird, wie es der von vornherein begrenzte mathematische Ansatz nahe legt.

2. Das absolute Universalkontinuum

Objekte müssen sich von ihrer Umgebung unterscheiden. Tun sie das nicht, existiert nur diese Umgebung. Und sollte es auch in ihr keine unterscheidbaren Objekte geben, haben wir ein Kontinuum, ein absolutes Kontinuum. Da es in einem solchen auch keine Bezugspunkte gibt, anhand derer man wenigstens unterschiedliche Positionen im Raum bestimmen könnte (etwa wie mit einem Zirkel auf einem unendlichen weißen Blatt Papier, auf dem man nur einen Punkt für die Nadel des Zirkels vermerkt hat), kommt dieses Kontinuum absoluter Identität gleich. Kein Punkt ist vom anderen unterscheidbar. Es ist unendlich, denn Grenzen würden ja eine Umgebung, einen Bezugsrahmen definieren. So wenig aussagefähig wie absolute Kontinuität ist auch absolute Diskontinuität. Sie wird durch die absolute Trennung jedes möglichen Punktes von allen anderen gebildet. Keiner dieser Punkte kann für irgendeinen anderen existieren, keiner ist vom anderen unterscheidbar. Wieder erhalten wir absolute Identität. Die Realität liegt notwendigerweise irgendwo dazwischen, sie muss relativ kontinuierlich und relativ diskontinuierlich sein, wie eine Hügellandschaft, in der zwar ein Hügel in den anderen übergeht, wir die Hügel aber nur unterscheiden können, indem wir die Täler *überspringen*. Andererseits weist natürlich jeder Talboden Unebenheiten auf, die wir *übergehen*.

Je kontinuierlicher ein Ding in das andere überläuft, desto mehr nähern sich beide einer einzigen Identität, wie zwei Flüssigkeiten, die sich zusehends vermischen oder zwei Seifenblasen, die sich erst zu einer Doppelblase verbinden, um dann vollends zu einer einzigen zu verschmelzen. Der Grad der Kontinuität gibt die Nähe einer Vielfalt zur Identität ihrer Teile an. Kontinuität *ist* fein unterteilte Identität, die Verschmelzung jedes Punktes mit seinem Nachbarn. Hingegen muss eine *grobe* Unterteilung wenigstens innerhalb ihrer einzelnen Abschnitte kontinuierlich sein, denn wenn nicht, wird die Unterteilung immer feiner und damit wieder *insgesamt* kontinuierlicher. Wenn wir einen Apfel in immer kleinere Stücke schneiden, raspeln und stampfen, bleibt am Ende nur Apfelmus übrig. Diskontinuität ist also nur relativ möglich. Kontinuität auch, doch mit ihrer Hilfe lässt sich die Identität unendlich fein annähern.

Zur besseren Unterscheidung von der Kontinuität möchte ich Diskontinuität künftig mit dem (mathematischen) Begriff "Diskretheit" bezeichnen und dabei auf das selbstverständliche Kennzeichen "relativ" verzichten.

Bringen wir jetzt unsere Überlegungen zur Existenz ein. Diese ist wie besprochen relativ. Und sie ist diskret, diejenige eines unterscheidbaren Objektes. Eine Veränderung der Existenz wird durch eine Verschiebung des Beobachtungsstandpunktes nach bestimmten Regeln erreicht, welche sich aber mit dieser Verschiebung ebenfalls wandeln können. Obwohl wir zum Beispiel unseren Aufenthaltsort gewöhnlich fahrend verlagern müssen, bietet sich uns, sobald wir einen Flughafen erreichen, die Möglichkeit zu fliegen.

Bei den folgenden Gedankenexperimenten verbinden wir nun die Relativität der Existenz mit unseren Erkenntnissen über die Kontinuität.

Indem wir den Gesetzen der Standpunktverlagerung folgen, werden wir zu zunehmend unbekannten Beobachtungsstandpunkten gelangen. Wir können in einem zusammenhängenden unendlichen Universum unendlich weit gehen. Irgendwann müssen wir dann auch in der Lage sein, einen Beobachtungsstandpunkt zu erreichen, an dem *nichts* für uns existiert. Stellen wir uns dort einen extrem dicken Nebel vor, der uns nichts in der Umgebung erkennen lässt, nicht einmal unseren eigenen Körper. Er schluckt ebenso allen Schall. Nun schalten wir noch unsere restlichen Sinnesorgane aus. Schließlich lassen wir den dichten Nebel unsere Gedanken durchdringen und voneinander isolieren. Sie können sich nicht mehr aufeinander beziehen und werden auch "einzeln" immer mehr zerfasert. Wir wissen nicht einmal mehr, wer wir sind, wir sind von uns selbst getrennt. Es gibt nichts mehr. Absolute Kontinuität, absolute Identität. (Dennoch sollten Sie weiterlesen.)

Von der unendlichen Vielfalt im Universum sind wir ohnehin weitgehend getrennt - in dem Sinn, dass sie nicht *als solche* mit uns in Verbindung steht, nicht für uns existiert. Es hat daher nicht

lange gedauert, sich von dem Rest auch noch zu trennen. Die Annäherung an diesen absolut kontinuierlichen Beobachtungsstandpunkt, an den Halo aus Nichtexistenz, die Überschneidung aller
Halos einer existierenden Vielfalt, war eindeutig feststellbar, denn
sie vollzog sich auf *endlichem* Weg.

Der Weg in die andere Richtung ist dagegen unendlich lang. Er
bedeutet zunehmende Existenz aller möglichen Dinge. Doch da
dieser Weg über unendlich vielfältige Erfahrungen führt, ist er
weitaus interessanter. Am "Ende" wartet indessen ebenfalls absolute Kontinuität = absolute Identität.

Der Unterschied zwischen den beiden Wegen lässt sich am besten mit einem einfachen Modell verdeutlichen: Nehmen wir einen
Bleistift und zeichnen auf einem leeren Blatt Papier einige ausgemalte Quadrate. Wir haben somit eine Welt, einen Beobachtungsstandpunkt geschaffen. Die jeweils äußersten Quadrate kennzeich-
nen die Grenzen unseres Standpunktes. Nun können wir nacheinander alle Quadrate wegradieren, und auch alles von dem letzten
bis auf einen Punkt, wodurch sich das Volumen unseres Standpunktes auf Null reduziert. Das ist der Punkt an dem nichts mehr
existiert.

Statt dessen können wir auch immer mehr Quadrate hinzufügen,
die sich hier nur durch ihren Ort voneinander unterscheiden. Das
ursprüngliche Volumen wird schließlich kontinuierlich mit Quadra-
ten gefüllt sein und sich nun unendlich ausdehnen, um weitere
Quadrate aufzunehmen.[3] In dieser Unendlichkeit gibt es letztlich
keine Bezugspunkte mehr, das heißt, alles ist identisch. Diese Identität wird zwar nie erreicht, aber nachweislich *angestrebt*.

Ähnlich verhält es sich mit der größeren Realität: In einer vielfältigen und *zusammenhängenden* Welt wird eine Ausdehnung, der
man folgt, auch zur Erweiterung des Zusammenhangs mit anderen
Dingen führen und dadurch zu *deren* Ausdehnung, die wiederum
andere Dinge erfasst usw. So wird ein wachsendes Wirtschaftsunternehmen auch die Zusammenarbeit mit seinen Kooperationspart-

---

[3] Auch *nicht* ausgemalte Quadrate würden gefüllt, sobald sie einander *überlagern*.
Sie beschränken die Unendlichkeit in keiner Weise. *Unendlich dünne* Linien hingegen ergäben kein einziges *existierendes* Quadrat.

nern ausweiten und zu deren Wachstum beitragen. Das Unternehmen wird zudem neue Partner finden und auf gleiche Weise einbeziehen. Es gibt hier keinen Grund für irgendeine unüberwindbare Grenze in einer unendlichen Welt. Sogar wenn nur *einer* der *unendlich vielen* möglichen Wege eine unendliche Ausdehnung verkörpert, genügt dies für die Feststellung, dass der imaginäre Halo *lückenlos* gefüllt sein wird, denn dieser Weg erfasst dann auch alle anderen Wege. Er erreicht alles *Beliebige*, auch das Unwahrscheinlichste, denn im *Un*endlichen ist letztlich *alles* möglich, innen wie außen. Deshalb ist dieser unendlich entfernte Beobachtungsstandpunkt ein absolutes *Kontinuum*. Es verbirgt sich hinter dem Existierenden und vorrangig hinter dessen jeweiligem Halo, wo es seiner Realisierung harrt. Wir kennen nicht den ganzen Weg, doch wir kennen das Ziel - die absolute Identität alles Existierenden und damit zugleich Nichtexistierenden.

An sich ist diese Identität nichtssagend und gleich einem infinitesimalen (unendlich kleinen) Punkt ohne Unterschiede. Nur für eine diskrete reale Welt kann sie *existieren*, sie *reflektiert* nach ihrem "Erreichen" sofort wieder auf irgendeine Teilung.[4] Da die absolute Identität nun in *jeder* Richtung liegt (siehe oben), ist sie in letzter Konsequenz an jedem beliebigen Punkt unserer Welt zugegen.

Mit Blick auf seine Herleitung möchte ich diesen Punkt als absolutes Universalkontinuum bezeichnen. Der unendliche Weg seiner Annäherung beschreibt, worum es sich dabei handelt; aber es gibt, wie schon angedeutet, auch kürzere. Ein Punkt an sich ist immer gleich. Nur die Wege zu ihm unterscheiden sich, weshalb ihm nur *mit* ihnen konkrete Bedeutung zukommen kann. Und diese ist hier enorm, wie wir noch sehen werden. Schon jetzt ahnen wir eine Verbindung zwischen unendlich Großem und unendlich Kleinem.

Bisher sprachen wir hauptsächlich über die *Ein*wirkungen der Umgebung auf den Beobachter. Wie in Kapitel 1 erwähnt, ist aber

---

[4] Dieser Reflexionspunkt hat viel Ähnlichkeit mit einem teilweise imaginären Katalysator, wie wir ihn in Kapitel 1 (Fußnote 2) beschrieben haben. Wir kommen noch dazu, *was* er katalysiert. Doch er ist mehr als das, denn er kann in Übereinstimmung mit *allen* Regeln realisiert werden. Er ist der Punkt, der alles vereint.

auch umgekehrt jeder Beobachter für andere ein Objekt, er wirkt auf andere Beobachter ein. Besonders aus der *näheren* Umgebung können seine Einwirkungen relativ *unverfälscht* zurückgegeben werden (wie bei Ihrer Schlägerei mit Hans) und sich dadurch zur Wechselwirkung schließen. Indem ein Beobachter die Objekte seines näheren Umfeldes beeinflusst, existiert er über deren Rückwirkung für sich selbst - vorausgesetzt, dass er eine solche Wechselbeziehung *feststellt*. Andernfalls existiert die *Wechsel*wirkung für ihn nicht. Kein Tennisschläger kann sich merken, welcher Ball zuletzt in welche Richtung von ihm abgeprallt ist. Also wird er auch nicht bemerken, dass ihn derselbe Ball schon wieder trifft. Wohl aber kann ein *dritter* Beobachter, ein Spieler oder der Schiedsrichter, diese Beziehung ganz anders sehen: als Wechselspiel und als (teilweise) Selbstexistenz des Tennisschlägers (und natürlich des Spielers, des Trainers usw.).

Allerdings ist jede solche Wechselwirkung im durch sie definierten System Beobachter-Objekt-Beobachter *enthalten* und muss demzufolge in diesem System existieren. So existiert das Untersystem Zwei-Schläger-ein-Ball in Form seiner inhärenten Wechselwirkung für sich selbst. Auf die gleiche Weise existiert jeder Beobachter, der ja seinerseits aus aufeinander bezogenen Objekten besteht, für sich selbst, indem er die Ganzheit seiner inneren Wechselwirkungen verkörpert.[5] Er ist ein Beobachtungsstandpunkt. Wenn er seine Umgebung wechselwirkend *einbezieht, erweitert* er diesen nur. Die Selbstexistenz des Beobachters ist darum *zumindest in ihm* - sogar ausschließlich, wenn er nicht zwischen sich und anderem unterscheidet.

Reine Selbstexistenz eines *anderen* Dinges natürlich bedeutet das Gleiche wie dessen Nichtexistenz, das heißt, es geht im Imaginären auf. Denn *nur* selbstexistierend kann alles Beliebige sein. Das "Imaginäre" ist somit eine Fülle selbstexistierender Dinge, "reines Sein" unabhängig von einem fremden Beobachter. Dennoch wird es beobachtet. Und die Relativität der Existenz beschreibt den Übergang zu ihm.

---

[5] Er existiert "für sich" ebenso im Hegelschen Sinn, wenn man bedenkt, dass seine Ganzheit aus der Wechselwirkung mit seinen Teilen *resultiert*.

Das absolute Universalkontinuum, das sich hinter diesem Übergang verbirgt, aber Objekte und Beobachter *einbezieht*, existiert dabei nicht weniger für sich selbst als jeder reale Beobachtungsstandpunkt, der einen imaginären *Halo* einschließt. Jede Welt ist eine bestimmte Form universeller Selbstexistenz. Doch *innerhalb* einer solchen Welt (beziehungsweise unterhalb ihrer Ganzheit) *unterscheiden* wir verschiedene Objekte und Beobachter, weshalb dort Selbstexistenz (Wechselwirkung) und Existenz von anderem (Einwirkung) miteinander verflochten sind.

3. Die Einheit des Verschiedenen

Einwirkung bedeutet das Übertragen von Wirkungen eines Senders durch einen Übermittler auf einen Empfänger. Sender und Übermittler sowie Übermittler und Empfänger *wechselwirken* natürlich miteinander, doch da kein Übermittler vom Empfänger auf den Sender zurückwirkt, können wir nur von einer *Ein*wirkung des Senders auf den Empfänger sprechen.

Zunächst aber registriert der empfangende Beobachter eine *Wirkung* auf ihn. Dass sie übermittelt wurde, weiß er nicht, denn um dies zu erfahren, müsste er den Weg des Übermittlers, den *Verlauf* seiner Bewegung, "von der Seite" betrachten, also auf einem *anderen* Übermittlungsweg durch einen weiteren Übermittler. Einen Schlag muss man kommen sehen oder im Nachhinein seinen Weg rekonstruieren, um ihn als solchen zu erkennen. Andernfalls existiert nur ein dumpfes "Tock!" Auch wenn Sie eine heransausende Vase *direkt* auf sich zukommen sehen, ergibt sich deren perspektivische Vergrößerung nur, indem Sie das Auseinanderstreben der Ränder "seitlich" wahrnehmen, mittels des von der Vase reflektierten Lichtes als weiterem Übermittler.

Wollen Sie noch den Werfer der Vase ausfindig machen, muss er Sie ebenfalls auf einem anderen Weg beeinflussen, indem er zum Beispiel ruft: "Hallo, hier bin ich!" Er ruht relativ zu der geworfenen Vase, die *für ihn* eine Wirkung übermitteln soll. Deshalb ist er das Objekt und die Vase ein Übermittler seiner Existenz. Andererseits ruht die übermittelnde Vase in seitlicher Richtung zu ihrem Weg und kann daher selbst ein existierendes Objekt sein, vom Licht an einen Beobachter vermittelt. Die Änderung des einfallenden Lichtes zeigt ihm die Bewegung der Vase an, doch der Verlauf dieser Änderung muss wiederum im Gehirn *gespeichert* werden, um anschließend wie ein ganzes Objekt betrachtet werden zu können usw. Jede Veränderung oder Bewegung ohne Übermittlung und deren Empfang in einer anderen Richtung, in welcher die Bewegung ruht, "existiert" nur einen unendlich kurzen Moment ("Tock!"). Sie ist infinitesimal, das heißt bloße Ruhe, ein Punkt in Raum und Zeit.

Etwas absolut Ruhendes kann aber gar nicht existieren, nicht *wirken*. Und noch eine Bewegung, die wir bisher vernachlässigt haben, ist unerlässlich, um ein Objekt von seinem Halo zu unterscheiden: die Vergleichsbewegung zwischen ihnen. Beispielsweise müssen Sie zur Unterscheidung eines Autos von seiner Umgebung Ihren Blick zwischen beiden hin und her wandern lassen. Indem sich Objekt und Halo auf verschiedene Weise relativ ruhig gegenüber dieser vermittelnden Bewegung verhalten, werden sie unterscheidbar. Doch da es sich hier um eine *wechselseitige, wiederholte* Bewegung handelt, ruht schließlich auch die *Gesamtheit* von Objekt, Halo und Blick. Dadurch können Sie Auto und Umgebung *insgesamt* wahrnehmen. Desgleichen identifizieren Sie das Auto als solches im zusammengefassten Vergleich seiner erkennbaren Teile.

Objekt, Beobachter und Wirkungsübermittler sind folglich ebenso als Ganzheit zu begreifen: Der Übermittler übernimmt hier die Funktion des Blicks - nur in "realerer" beziehungsweise "objektiver" Form, da er von uns schwerer zu beeinflussen ist und Objekte verändern kann, die unserem Blick standhalten.

Der Vermittler zwischen zwei unterschiedlichen Objekten überbrückt ihre Nichtexistenz in ihrem Zwischenraum oder während des Überganges von einem in das andere. Daher muss er, als konkrete Zwischenform, eine Einheit ihrer Existenz und Nichtexistenz verkörpern - aber außerdem auch seine *eigene* Existenz und Nichtexistenz *an sich selbst*, denn er ist ein relativ selbständiger Anschauungsgegenstand.

Letzteres tut er im Hegelschen Sinn, indem er "Sein und Nichts" zur Bewegung vereint: Konkret ist er in jedem Moment ein anderer als im vorhergehenden.[6] Die Aufeinanderfolge dieser unendlich fein auflösbaren Momente ergibt die Bewegung, doch ist diese nur durch den wechselseitigen Vergleich von vorherigen und nachheri-

---

[6] Wer diese und die folgenden Betrachtungen mit denen G. W. F. Hegels vergleichen will (sie stimmen nicht hundertprozentig überein!), dem sei dessen "Enzyklopädie der philosophischen Wissenschaften" mit den mündlichen Zusätzen empfohlen, speziell Band 1 über die Wissenschaft der Logik.

gen Momenten feststellbar, die in ihrer Gesamtheit wieder ruhen. Bewegung setzt sich also einerseits aus ruhenden Momenten zusammen und ist andererseits nur durch das Zurücklassen einer relativ ruhenden "Geschichte" existent, ohne auf eines von beiden reduziert werden zu können. Umgekehrt gibt es keine Ruhe ohne Bewegung, kein Objekt ohne Vermittlung auf ein anderes. Seine Wirkung besteht in der *Veränderung* des Beobachters, welche dieser wiederum *fest*stellt. Das von der Vase kommende Licht löst in uns ständig Nervenimpulse aus, die wir zu einem konstanten Bild aufstauen. Wir vergleichen es dann mit den durch die übrige Umgebung hervorgerufenen Bildern (ebenfalls gespeicherte Veränderungen in uns), wobei wir die Dynamik dieses Vergleichs in einem scheinbar statischen Unterschied erstarren lassen.

All diese Aspekte der Existenz - Vermittlung, Wirkung und Unterscheidung - sind durch Bewegung als Übergang von spezifischem Sein und Nichtsein ineinander vereint. Deren Abgrenzung voneinander ist so relativ wie die der Ruhe von der Bewegung.

Die Untrennbarkeit von Bewegung und Ruhe trotz ihrer Verschiedenheit findet man überall und auf jeder Größenskala. Beide durchdringen einander an jeder Stelle. Da ihre Einheit der Existenz zugrunde liegt, ist sie zugleich Teil der Einheit von Übermittler und Objekt. Die Vermittlung verknüpft wiederum Objekt und Beobachter zu einer Einheit, obwohl sie beide gleichermaßen trennt.

Über den anderen, "seitlichen" Vermittlungsweg können wir diese Einheit unabhängig davon betrachten, ob es sich um eine Einwirkung oder eine Wechselwirkung handelt. Indem wir die Bewegungszustände von Objekten und Übermittler vergleichen, erfassen wir immer die *wechselseitige* Beziehung zwischen ihren "seitlichen" Übermittlern (beziehungsweise deren "Wirkungsknoten") *in uns*. Auch das Feststellen einer gerichteten Bewegung setzt also eine Wechselbeziehung voraus.

Besonders wichtig erscheint dies, wenn wir uns klarmachen, dass Einwirkung auch einen Kausalzusammenhang unterstellt: Die Aussendung des Übermittlers als Ursache erzeugt die Wirkung seines Empfangs. Das Erkennen der Ursache ist jedoch ebenfalls eine

Wirkung. Die ganze Kausalkette ist selbst eine Wirkung, welche in der Existenz einer gerichteten Bewegung besteht.

Wir akzeptieren die ihr zugrunde liegende Wechselbeziehung eher, wenn wir sie, statt nur uns, wenigstens teilweise den Akteuren "an sich" zusprechen können: Der letzte Aufschlag eines Tennisspielers (Matchball) möge eine vergebliche Reaktion seines Gegners verursachen. Hier formt die Wechselbeziehung von *beabsichtigter* Wirkung und *gewählter* Ursache ein sich nach einer Seite veränderndes Gesamtobjekt: das zu Ende gehende Spiel. Sowohl für uns als auch für die Spieler. Anschließend verlassen Ball und Spieler den Platz. In der Tat wird sich noch herausstellen, dass das Ergebnis in *allen* Fällen sein Zustandekommen mitbestimmt, und zwar nicht nur durch die Absicht, es zu erreichen, sondern durch sein *Eingetretensein*.

Falls der Gegner den Ball zurückspielt, das heißt die fixierte Einwirkung *als solche* zur Wechselwirkung schließt, existiert das Gesamtobjekt natürlich als zyklisches, weitgehend ruhendes Gebilde: Ball und Spieler bleiben auf dem Tennisplatz, es ist immer noch das gleiche Spiel. Indessen verdankt es gerade der verbliebenen Bewegung seine Struktur.

Sie haben sicher bemerkt, dass sich die Begriffe "Vermittlung" und "Übermittler" nicht nur auf gewöhnliche räumliche Bewegungen beschränken, sondern *alle* Zustandsveränderungen betreffen. *Jede* Veränderung vollzieht sich in einem sogenannten Zustandsraum, der die möglichen Veränderungswege beschreibt. Ein Übermittler verkörpert demnach die Übergangsform eines Zustandes (eines Punktes im Zustandsraum) in einen anderen. Beispielsweise lässt sich die Vermittlung einer grünen Banane mit einer späteren braunen durch ihren reifen gelben Zustand nur eingeschränkt (als Veränderung der Lichtwellenlänge) in der gewöhnlichen Raumzeit erklären. Für die Veränderung jeder Eigenschaft der Banane, die nicht vollständig auf andere Eigenschaften zurückführbar ist, benötigen wir eine eigene Dimension. Raum und Zeit sind nur *Teilaspekte* dieses multidimensionalen Zustandsraumes, in welchem sich die Farbänderung abspielt.

Da sich nun jede Struktur auf Vermittlungen gründet, die in die vermittelten Seiten übergehen und sie auch miteinander verschmelzen, kann man sagen, dass nur Verflechtungen von konkreten Veränderungen ein konkretes Objekt bilden. Im Gesamtzusammenhang spielt alles zugleich die Rolle des Objektes, des Übermittlers anderer Objekte sowie der Ganzheit innerer Wechselwirkungen. Jeder scheinbar selbständige Teil existiert, ebenso wie die Gesamtheit, allein kraft rückkoppelnder Bewegung - innen und außen, entweder in der Form "subjektiven" Vergleichs mit geringem Existenzumfang oder "objektiver" Wechselwirkung mit großem Existenzumfang. Nichts ist *ohne* Bewegung, weder Unterschied noch Ganzheit, weder Existenz noch Selbstexistenz. Und auf die Frage, *was* sich bewegt, lautet die Antwort: *andere* Bewegungen.

So wie Ruhe und Bewegung eine Einheit von Unterschiedenen bilden, tun es folgerichtig auch ihre konkreten Formen wie Autos, Bananen und Tennisspiele. Weil es sich dabei aber nicht um eine abstrakte, sondern um viele *konkrete* Einheiten handelt, sind sie auch konkret auflösbar. Nach dem Tennisspiel, das die Spieler aneinander band, können sie sich trennen. Sie treten *nach* der Aufhebung ihrer Einheit als *andere* Komponenten auf, da sie jetzt nicht mehr durch *diese* Einheit bestimmt werden. Sie spielen jetzt zum Beispiel Familienväter. Doch als *bestimmte* Komponenten einer *bestimmten* Einheit sind sie *untrennbar*. Ohne Tennisspiel keine Tennisspieler und umgekehrt.

Mit dem Empfang oder der wechselseitigen Übermittlung von Wirkungen wird ein Objekt in den Beobachtungsstandpunkt eines anderen einbezogen. Beide sind nunmehr zu einer *Einheit* verknüpft, die umso stärker ist, je mehr die Qualität der jeweils beobachtenden Komponente von ihr abhängt. Die Gegenseite kann so wesentlich für den Beobachter sein, dass ihn die Sprengung der Einheit vernichten beziehungsweise in einen grundlegend anderen verwandeln würde. Er wäre auf diese Einheit angewiesen wie der Schwerkranke auf den Arzt. Die Ärzte wirken mittels Ratschlägen und Arznei auf die Kranken ein, während sie selbst von Dank und Geld ihrer Patienten leben oder einem anderen Beruf nachgehen müssen. Keine Seite bliebe dieselbe ohne die andere, sie bilden eine *untrennbare* Einheit von Unterschiedenen. Ähnlich wie zwei spezialisierte Chirurgen für den Mann auf dem Operationstisch. Die Einheit des Operationsteams ist für ihn lebenswichtig. Andererseits wäre es ohne Patienten kein Team. Außerdem haben sich die Chirurgen gerade deshalb spezialisiert, um *zusammen* arbeiten zu können. So könnten wir noch viele mehr oder weniger eng miteinander verknüpfte Einheiten Unterschiedener anführen, wollen aber bei einem einfachen Beispiel bleiben, um jetzt einige früher angedeutete Aspekte *asymmetrischer* Wesentlichkeit zu vertiefen.

Konzentrieren wir uns auf die Seite eines Patienten. Er erkennt einen Arzt an dem, was er von ihm bekommt und dessen Wirkung auf die Krankheit. Das Wesen des Arztes *erscheint* also *durch* Übermittler und *in* deren Wirkung am Patienten. Nachdem dieser die Arznei aufgebraucht hat, kommt er wieder, um sich weiter behandeln zu lassen: Sein Arzt ist immer noch Arzt, also eine Konstante, relativ unabhängig von einem *bestimmten* Übermittler. Deshalb kommt der Kranke zu *ihm* und versorgt sich nicht einfach aus der Apotheke. Es ist für ihn wichtig, dass ihm *geholfen* wird, egal womit.

Der Herr Doktor indes hat noch andere Patienten, und so ist es für seine Arztrolle eigentlich unwesentlich, ob er ausgerechnet *diesem* Patienten hilft. Als Therapeut besitzt er nicht nur einen größeren Existenzumfang als seine Wirkungsübermittler, sondern auch einen über die individuelle Arzt-Patient-Beziehung hinausgehenden. Deshalb könnte er die Beziehung zu einem *einzelnen* Kranken ohne Folgen für sein (berufliches) Wesen auflösen. Dieses Wesen ist allgemeiner. (Aber es ist spezieller als sein, den Patienten weitgehend unbekanntes, menschliches Wesen.)

Unser Schwerkranker unterhält sich darüber mit den leichten Fällen im Warteraum, bezieht sie in seinen Standpunkt ein. Dennoch ist der gemeinsame Doktor für diese Leute nicht annähernd so wichtig wie für ihn, dessen Leben und Entfaltung im Extremfall so stark von ihm abhängen, dass er ihn - wie ein Gelähmter seinen Betreuer - mit einem Großteil seines eigenen Wesens identifiziert:

Während Allgemeines sich durch seinen größeren Existenz*umfang* innerhalb des Beobachtungsstandpunktes auszeichnet, fällt Wesentliches durch seine größere Existenz*stärke* in demselben auf. Wie in Kapitel 1 beschrieben, bedingt jedoch eines in gewissem Maße das andere, so dass ein Wesen auch ein relativ *allgemein* wesentlicher Betrachtungsgegenstand sein muss. Es wird ja ermittelt im Vergleich mit dem vielen Unwesentlichen, das es beeinflusst oder dessen Wirkungen es aufwiegt (im obigen Fall schließlich die meisten Handlungen des Patienten). Enge familiäre Bindungen zwischen den Patienten würden wiederum die Existenz des Arztes für alle verstärken, indem das Leben jedes Einzelnen die anderen mehr berührt. Noch aber schafft diese Gemeinsamkeit der Bezugsperson kein gemeinsames Wesen. Ein solches müsste jeden Einzelnen *dominieren*.

Besonders um Hierarchie zu verstehen, sollten wir uns diese Zusammenhänge von Existenz, Wesentlichkeit und Allgemeinheit vertraut machen. Mit jeder Unterscheidung schätzen wir zwangsläufig Wesentlichkeiten ein, denn es geht immer um die Abgrenzung *spezifischer* Existenzen, die in einem charakteristischen Bereich wesentlich sind, aber möglicherweise nicht in einem anderen. Hierbei können wir von der jeweiligen Wirkungsübermittlung abstrahieren. (Doch jeder Unterschied ist vermittelt.)

Einige dialektische Beziehungen

4. Wesen, Relativität und Gegensatz

Ein Wesen sehen wir gewöhnlich als relativ eigenständig an, so wie ein Objekt, ohne uns über die Vermittlung seiner Existenz Rechenschaft abzulegen. Bei etwas Nachdenken wird allerdings klar, dass es nur in Form der Erscheinung existiert. Es verkörpert einen Aspekt *mehrerer* Erscheinungsformen, die durch ihn *verbunden* werden. Immerhin geht dieser Aspekt über jede einzelne Erscheinung *hinaus.* Er ist das Wesen einer Erscheinungs*gruppe.* Freilich - wie wir im letzten Kapitel sahen - nur wenn er das Verhalten der einzelnen "Mitglieder" dominiert. Wesentlich ist zwar schon *jede* Allgemeinheit auf ihrem charakteristischen Niveau, sie greift aber nicht unbedingt auf die anderen Aspekte der "Mitglieder" über.

Bei einer Jugendclique sprechen wir beispielsweise vom Gruppenzwang, aber der beruht kaum auf dem gemeinsamen Tragen von Lederjacken, sondern entspringt tieferen Beziehungen der Mitglieder zueinander. Das Wesen der Gruppe kann das Verhalten der Jugendlichen auch bestimmen, wenn sie gar keine Lederjacken anhaben. Die Lederjacke ist ein einzelnes Merkmal jedes Mitgliedes und, obwohl ihnen gemeinsam, relativ unwesentlich. (Nicht aber, wenn wir *ausschließlich* diesen Gesichtspunkt betrachten.)

Worin liegt hier eine Vermittlung? Natürlich in der Kommunikation der Mitglieder, der Erscheinungen. Ihr Wesen vereint dabei aufgrund seiner größeren Stabilität (Existenzumfang!) viele verschiedene Erscheinungen auf sich, welche es in ihrer relativen Flüchtigkeit nicht so nachhaltig beeinflussen können, wie es umgekehrt die Erscheinungen beeinflusst. Letztere sind deshalb vor allem *seine* Erscheinungen, *seine* Ausdrucksformen. Ob ein paar Jugendliche über ihre Clique schimpfen, aus ihr aussteigen oder hinzukommen ist unwesentlich. Doch alle Mitglieder zusammen *verkörpern* das Wesen, als Clique. Es drückt sich im Verhalten der Mitglieder aus.

Hat die Gruppe einen starken Führer, kann ihr Wesen maßgeblich in ihm personifiziert sein; es kann aber genauso gut in der bloßen

Beziehung zwischen den Erscheinungen liegen, ohne teilweise in einem ruhigeren Objekt zu kondensieren. Und wenn wir jede Wirkungsübermittlung ausschließen, *identifizieren* wir das Wesen mit der Gesamtheit seiner Erscheinungen - dann allerdings *völlig*, als *ein* Objekt. Jedes Objekt ist zunächst eine solche Einheit von Wesen und Erscheinung. Erst wenn wir es *durchschauen, enthält* die Menge seiner unterschiedlichen Eigenschaften ein erscheinendes Wesen.

Dieses begrenzte Objekt betrachtend, gibt es kein tieferes Wesen als das, was es zu eben diesem konkreten Gegenstand bestimmt. Jede Jugendgang ist und enthält ihr eigenes Wesen. Eine Dachorganisation solcher Gangs muss von der Eigenart jeder einzelnen absehen, sie kann nur sehr begrenzt auf deren individuelle Auffassungen, Absichten und Tätigkeiten eingehen. Sie hält zwar die Gruppen bei der Stange und macht sich dadurch für jede einzelne wesentlich. Aber sie ist dennoch für jede Gruppe etwas Einzelnes, relativ unwesentlich für die Realisierung eines *konkreten* Vorhabens. Sie ist nicht deren individuelles Wesen.

Fragen wir jedoch, welches Wesen das Wesen einer speziellen Gruppe bestimmt, was diese also zu einer gewissen Art von Unternehmungen bewegt, gelangen wir zu einem tieferen Wesen, das dann auch mehr Erscheinungen (wie die der Gruppe) umfassen kann. So treffen wir zum Beispiel auf Motive, die ihre Ursache in ganz anderen Beziehungen haben, welche sogar der Dachorganisation zugrunde liegen mögen. Das tiefere Wesen eines Dinges führt uns zum Wesen anderer Dinge. Daraus folgt umgekehrt, dass das Wesen eines umfassenderen Beziehungsgeflechts auch das tiefere Wesen seiner einzelnen Maschen ist - sofern wir diese nicht *per Voraussetzung* in jeder Richtung begrenzen, wie etwa eine Untergruppe auf die nur ihr selbst eigene Spezifik.

Ein tieferes Wesen ist also das Wesen eines umfassenderen Beobachtungsstandpunktes. Wenn wir nun zu immer umfassenderen Beobachtungsstandpunkten übergehen, erhalten wir eine Hierarchie immer tieferer Wesen. Eine solche Hierarchie ist aber nur in einem begrenzten System möglich. Denn im absoluten Universalkontinuum ist die Unterscheidung von Wesen und Erscheinung offensichtlich bedeutungslos. Doch solange wir zwischen Universalkontinuum und diskreter realer Welt unterscheiden, können wir das Universalkontinuum selbst als das tiefste Wesen ansehen, denn es ist umfassender, also allgemeiner wirksam, als *alles* andere und demnach *überall* wesentlich. Und zwar *als solches* sehr konkret und letztlich immer dominant, wie Teil II zeigen wird. (Ein Buddhist würde wahrscheinlich von der Leerheit als dem einzig Wirklichen sprechen.)

In einer begrenzten Welt kann es nur eine begrenzte Anzahl von Gemeinsamkeiten geben, sonst wäre alles identisch. Gehen wir von den verbindenden Gemeinsamkeiten innerhalb einer Untergruppe aus, erleben wir daher beim Überschreiten der Gruppengrenze hin zum immer Umfassenderen ein Aussterben von allgemeinsten Einflussfaktoren. Das Oberhaupt einer Organisation, das durch Gebrauch seines Weisungsrechtes gegenüber allen Mitgliedern deren Verhalten eint, hat nur wenige oder keine Partner in dieser Organisation mit gleich umfassender Weisungsbefugnis. Andernfalls läuft die Organisation Gefahr zu zersplittern - so wie die vielfältigen Untergruppen *ohne* gemeinsamen Führer.

Erst in der allseitigen Unendlichkeit des Universalkontinuums ist diese Verödung des Allgemeinsten aufgehoben, denn dort ist alles mit allem direkt verknüpft, zur absoluten Identität. Gerade wegen dieses universellen Zusammenhangs wirkt sich, vom absoluten Universalkontinuum *ausgehend,* bereits eine einzige Diskretheit überall aus und erzeugt die gesamte Hierarchie von neuem. (Das Universalkontinuum beinhaltet auch das Nichtsein, weshalb es durch eine Lücke nicht gleich verschwindet, so wie ein Computer ausfallen mag, sobald man nur ein Bauteil zerstört. Sondern es wird eine ganze diskrete Welt existierender und nichtexistierender Dinge geschaffen: Der "Computer" muss sich neu organisieren.)

Diese Hierarchie diskreter Welten muss andererseits von einer *noch diskreten* obersten Stufe gekrönt sein, die alle anderen verbindet und auf jeder Stufe sowie für die gesamte Hierarchie gültig ist. Sie muss sich und damit alles andere grundlegend vom absoluten Universalkontinuum *unterscheiden*. Dieses Etwas kann nur relative

Unterscheidung als solche sein, die überall in den verschiedensten Varianten auftritt. Sie umfasst zugleich ihr eigenes Verhältnis zum Universalkontinuum, in dem sie das notwendige, von ihr selbst Verschiedene findet - als ein seinerseits Reflektierendes (siehe Kapitel 2).

Die Absolutheit des Universalkontinuums und die Relativität des Existierenden bilden somit noch auf höchstem Niveau eine Einheit von aufeinander Bezogenem und miteinander Wechselwirkendem. In allen konkreteren Verhältnissen schlagen "absolut" und "relativ" ineinander um, sobald man das jeweils "Absolute" wirklich verabsolutieren will: Von relativen Erscheinungen können wir uns zu deren "absolutem" Wesen vorarbeiten, aber sobald wir es für noch umfassender erklären und so über seine konkrete Form hinausgehen, wird es selbst relativ, die Erscheinung eines tieferen Wesens. Immerhin ist es absoluter als die Erscheinungen, von denen wir ausgegangen sind, und jedes tiefere Wesen ist noch absoluter bis hin zum absoluten Universalkontinuum. Dieses an sich jedoch ist wesenlos, es entzieht sich aller Charakterisierung.

Nur Relatives kann existieren. Die Relativität selbst zum Absoluten zu erklären ist gleichwohl falsch, denn etwas *absolut* Relatives könnte höchstens einen infinitesimal kurzen Moment "existieren", nach dem es wieder "relativiert" wird, in etwas anderes übergeht, verschwindet. Das Relative muss zu einem *anderen* Absoluten führen und an diesem *teilhaben*. Derweise wird auch ein (nach Hegel) 'in sich reflektiertes' Wesen, das als es selbst erscheint (wie jener Führer einer Gang), durch Relatives (die Mitglieder) *konstituiert* und muss sich in ihm (ihnen) *ausdrücken*.

Es bleibt nichts weiter übrig, als den *Weg* der Konstituierung des tiefsten Wesens beziehungsweise den Weg seines Ausdrucks als absolut anzuerkennen. In ihn gehen sowohl das absolute Universalkontinuum als solches wie auch das relative Diskrete ein. Beide Seiten bilden eine dialektische Einheit von Gegensätzen. Deren statischere Form einer diskreten realen Welt mit imaginärem Hintergrund findet ihren Meister in ihrem eigenen Gegensatz, in ihrer Aufhebung: 'Die Wahrheit beider Seiten liegt in ihrem Wechselverhältnis, im *Übergehen* einer Seite in die andere.' (Hegel lässt nochmals grüßen.

) Wir haben in Kapitel 2 gezeigt, dass es viele mögliche Wege gibt, sich dem absoluten Universalkontinuum zu "nähern", und der absolute Weg ist insofern relativ, als er in viele Wege gespalten ist. Letztlich indes sind sie alle verbunden und somit, nicht nur insgesamt, sondern auch jeder einzelne, absolut. Diese Einsicht wird uns später zu einem tiefen Bewusstseinsverständnis verhelfen. Zunächst aber wollen wir uns näher mit der Dialektik befassen, die den Boden dafür bereitet.

Jedes Objekt, wie zum Beispiel ein Schraubendreher, ist nur hinsichtlich bestimmter Bezugsgegenstände, in dem Fall Schrauben, es selbst, und vergisst man diesen wesenseigenen Zusammenhang, erhält man ein *anderes* Objekt - hier einen seltsam geformten Stock. Schrauben und ihr Dreher bedingen einander, sie bilden eine Einheit unterschiedener *Komponenten*.

Auch die überall zu beobachtende "objektivere" Wechselwirkung unterscheidet und vereint zugleich ihre agierenden Seiten, zum Beispiel Atomkern und Elektronenhülle, Land und Wasser, Mann und Frau. Sie stehen nicht statisch nebeneinander, sondern verändern sich gegenseitig, was auch ihr Verhältnis zueinander beeinflusst. Es kann sich auflösen oder beide Seiten können zusammenfallen. (Ja, sogar Mann und Frau!) Oder es bleibt bestehen und verändert nur die Art seines Ausdrucks, so wie sich Freundschaft in Liebe verwandeln kann und umgekehrt. Man kann die Seiten als (relative) *Gegensätze* bezeichnen, die ihr Verhältnis zueinander *selbständig erhalten*, indem sie Vermittler austauschen, miteinander kommunizieren, eine relative Einheit herstellen.

Erscheinungen offenbaren durch diese Wechselwirkung miteinander ihr unterschiedliches oder gemeinsames Wesen. Besonders in der Ehe. Doch wenn beide Seiten wesentlich (qualitativ) voneinander abhängen, *muss* ihr Wesen in ihrer Einheit bestehen, welche im - von der Wechselwirkung untrennbaren - Vergleich der gegensätzlichen Charaktere erscheint. Die intensive Wechselwirkung mit einem bestimmten "Objekt" hebt dasselbe gegenüber der weiteren

Umgebung hervor, zu der eine weniger intensive Beziehung besteht. Vom Halo aus möglichen Liebhabern sind die Partner vergleichsweise getrennt.

Ihre Umgebung formt sie natürlich noch immer mit; im Fall der Ehe als Konkurrenz und Lebensraum. Gleichwohl ist dieser konkrete Halo von weiteren Halos umgeben, deren Objekte die Partner immer weniger direkt beeinflussen. Intensivierung einer Wechselwirkung vereint die Pole, während Verringerung der Intensität sie trennt.

Einige Aspekte der Wechselwirkung können nun eine Intensitätserhöhung anstreben und andere eine Intensitätsverringerung. Meistens halten sich beide Tendenzen die Waage und wahren einen relativ konstanten Gleichgewichtszustand. Wenn wir jetzt die trennende Tendenz beseitigten, könnte die Dichte und Intensität des Verhältnisses bis zur Identität beider Seiten ansteigen. Wir würden ein endliches, beobachtbares Einzelobjekt erhalten. (Die Verschlingung nach dem erfolgreichen "Vollzug" der Ehe könnte sich nicht mehr lösen.)

Beseitigten wir hingegen die vereinende Tendenz, würde die Wechselwirkung versiegen, indem sich beide Partner voneinander entfernen. (Jeder geht künftig seine eigenen Wege.) Einer geht für den anderen im Halo auf, verschwindet. Für einen äußeren Beobachter könnten beide weiter existieren, hätten aber (auch nach dem Absterben ihrer Beziehung) die *Tendenz*, sich voneinander *unendlich* zu entfernen, wenn sie nicht aufgehalten werden. Ihr Ziel ist Bewegung als solche.

Die Bewegung infolge einer überwiegenden Vereinigungstendenz schließt sich dagegen selbst ab, indem sie die Partner aufeinander treffen lässt. Deshalb wird Einheit nicht nur durch das Streben nach ihr, sondern letztlich durch eine endliche Identität, ein Objekt, repräsentiert. Der *die Trennung* der Objekte anstrebende Gegensatz jedoch kann *nur* eine offene Tendenz sein, der Trieb zur Veränderung schlechthin.

Diese Asymmetrie von Einheit und Gegensatz liegt offensichtlich begründet in der Asymmetrie von endlichem Objekt und unendlichem Halo, die uns schon einmal bei der Unterscheidung von

Wechselwirkung und Einwirkung aufgefallen ist. Dort muss sich eine Wirkung immer auf einen *bestimmten* Empfänger richten, was angesichts der vielen anderen Möglichkeiten eine bestimmte Rückwirkung erschwert. Ähnlich bezieht sich Identität auf etwas *Bestimmtes*, Unterschied oder Trennung dagegen auf das Unbestimmte *zwischen* zwei dadurch Bestimmten. Zur Tendenz verstärkt, sind das Einheit und Gegensatz. Letzterer kann sich bis hin zum Widerspruch steigern, der weder die Folgen seiner auseinandertreibenden Wirkung selbst begrenzt, noch das Auffinden des Rückweges erleichtert. (Überhaupt verkörpern diese Tendenzen jene Kräfte, die ein wechselwirkendes Objekt zum Übermittler der Wirkung auf ein *drittes* Objekt machen können.)

Entscheidend für die zukünftige Entwicklung eines Wechselverhältnisses ist, welche Tendenz mehr mit der gegebenen Einheit oder *Identität* der Gegensätze identifiziert werden kann und dadurch für das *Verhältnis als Ganzes* stärker existiert. Das ist zugleich die Tendenz mit der größeren Intensität.

Allerdings können immer noch andere Verhältnisse und Tendenzen beteiligt sein, welche scheinbar die "reine" Form "verfälschen", aber allein nichts anderes darstellen. Aus der Kombination mit diesen ergibt sich der Gesamtverlauf. Beispielsweise kann jeder Partner neue Einheiten mit anderen suchen, was sein bestehendes, zu eng gewordenes Verhältnis lockert. *In* der gegenwärtigen Einheit der relativ selbständigen Partner überwiegt der Widerspruch, dem aber hier nicht die Abneigung der Partner zugrunde liegt, sondern das intensivere Vereinigungsstreben *mit anderen*. Doch auf dem gleichen Streben basierte einmal die Beziehung der derzeitigen Partner und ihre Einheit kann auch diesmal siegreich bleiben, wenn sich herausstellt, dass sie die Bedürfnisse jeder Seite *umfassender* befriedigt.

Die Umgebung ist *immer* ein Teil des vordergründigen Wechselverhältnisses, ohne die es nicht dieses bestimmte wäre, wie wir im ersten Kapitel erkannt haben. Ob als leerer Hintergrund, offener Halo oder strukturierte Vielfalt, die Umgebung steht in Wechselbeziehung zu allen in sie eingebetteten Strukturen, deren Entwicklung sie erst ermöglicht (wie die unendliche Entfernung einander widersprechender Gegensätze voneinander) oder sogar aktiv provoziert. In unserem Ehebeispiel stimmt die von der Umgebung intensiv geförderte Trennungstendenz mit der einer möglichen ausschließlichen Abneigung der Partner überein. Diese "Harmonie" lässt die Frage, welche Ursache nun Vorrang hat, zunächst in den Hintergrund treten. Beide Seiten trennen sich erst einmal. Doch für ihr weiteres Verhältnis ist ihre Beziehung *zueinander* wichtig, denn die Umgebung *allein* wird sie nicht wieder zusammenschweißen: Erstens wäre das Zusammentreffen der Partner unwahrscheinlich (siehe oben), und zweitens kann die hintergründige Umgebung nicht deren vordergründige Beziehung ersetzen.

So wie eine Einheit von Gegensätzen immer auch eine Einheit von Bewegung und Ruhe darstellt, bedeutet sie auch eine Einheit von Kontinuität und Diskretheit. Beide wechselwirkenden Objekte verkörpern diskrete Qualitäten im Verhältnis zu ihrer relativ kontinuierlichen Vermittlungsbewegung. Sie können deshalb gegenüber dieser auch als *eine* Gegensatzseite betrachtet werden: Die Qualität der Objekte (oder von Teilen derselben) wird durch eine vermittelnde quantitative Veränderung (die qualitative eines Teiles von ihnen) aufrechterhalten, die zwischen beiden Objekten *wechselt*, sich beiden gleichermaßen *qualitativ* gegenüberstellt. Der bewegliche Übermittler ist nicht nur ein Mittel für irgendetwas, sondern ein vollwertiger Teilnehmer an der Einheit aller beteiligten Seiten.

Wenn wir den Vorgang der Wechselwirkung nacheinander betrachten, beginnen wir mit einem bestimmten Bewegungszustand, aus dem eine neue Bewegung hervorgeht, welche zu einem anderen, entgegengesetzten Bewegungszustand hinführt. Dieser entlässt anschließend eine umgekehrte Bewegung, die letztlich wieder den Ausgangszustand erreicht, aber nun den ganzen bisherigen Weg "speichert". Das Ausgangsobjekt wurde zweimal verändert, zuletzt von dem Wechselwirkungspartner, den es zuvor mit der ersten eigenen Veränderung beeinflusste - oder sogar hervorbrachte, als weitere Vermittlungsstufe.

Falls der Übermittler so stark in beide Objekte eingebunden ist, dass diese ineinanderfließen (wie im Beispiel der reifenden Banane), unterscheidet er sich von ihnen dennoch in dem Maße wie wir die Objekte (hier Reifezustände) *voneinander* unterscheiden. Er kann dabei selbst die *totale* Veränderung des Ausgangsobjektes verkörpern, das in einen anderen Zustand übergeht, zum Beispiel von einer unreifen, ungenießbaren Banane zu einer reifen, wohlschmeckenden Banane, und von diesem ausgehend auf ein *neues* Niveau des alten, welches ein Ergebnis des bisherigen Prozesses ist und somit eine Synthese der beiden vergangenen Zustände: Da sich die Banane verändert, kann sie nicht ewig gut schmecken; die überreife, matschige Banane, die nun aus der grünen und der reifen hervorgeht, genießen aber immer noch wenige "Feinschmecker". Sogar die spätere faulige Banane auf dem Kompost dient noch als Nahrung für Pflanzen. Würde sie hingegen wieder grün, verschwände auch der vollzogene Prozess.

Jedes Objekt ist selbst ein Verhältnis, und ein Ehepaar, das nach einer Krise wieder zusammenfindet, hat nicht nur sein altes Verhältnis wieder hergestellt, sondern um eine wichtige Erfahrung bereichert und gefestigt. Es hat über die Zeit verteilte gegensätzliche Zustände eingenommen, zwischen diesen vermittelt und sie in einem neuen vereint.

Hier hat sich das Verhältnis *selbst* entwickelt, indem sein zunächst quantitativ wachsender Gegensatz eine qualitativ andere Einheit anstrebte, erreichte und auf gleiche Weise von selbst aus dieser zurückkehrte, aber mit neuem Inhalt. Die eine Ehe hat mit sich selbst gewechselwirkt, über ein anderes Stadium, welches in ihr potentiell angelegt war (genauso wie das "Endstadium", das sich ebenfalls vom Ausgangspunkt unterscheidet). Dadurch konnte sie sich auf eine *bestimmte* Weise verändern. Eine Rückkoppelung und eine gerichtete offene Bewegung wurden *zugleich* vollzogen, was uns wieder einmal die Einheit von Ruhe und Bewegung vor Augen führt. Sie ist nicht *in dieser Form* notwendig, aber *wahrscheinlich*, wie das nächste Kapitel beweist.

Wir meinen auch, im geschilderten *Zusammenspiel* von Einheit und Gegensatz einen wahrscheinlicheren Drang zur Erweiterung statt zur abschließenden Beschränkung zu erkennen und wie er sich verwirklichen könnte. Wieder muss ich Sie noch etwas vertrösten und möchte an dieser Stelle nur hervorheben, dass:

- die Wirkungsübermittlung ein Merkmal jeder Einheit von Gegensätzen ist,
- die Tendenzen der Trennung und Vereinigung, beziehungsweise deren Gleichgewicht, letztlich auf diese Wirkungsübermittlung zurückgehen,
- andererseits diese Tendenzen zu neuen Wirkungsübermittlungen führen können, indem sie die wechselwirkenden Objekte ihrerseits zu Übermittlern machen,
- jedes Wechselverhältnis auch als Ganzes nicht nur Objekt ist, sondern sich selbst zum Übermittler und eigenen Gegenobjekt entwickeln kann.

Die beiden letzten Punkte zeigen, wie Einheiten von Gegensätzen zu weiteren solchen führen können, und die daraus folgende Verflechtung der vielfältigsten Wechselverhältnisse, von denen wir nur einige Idealformen besprochen haben, gestaltet das dynamische Zusammenspiel der Dinge. Sie bilden auf diese Weise ein System, das sich als solches wiederum von anderen Systemen unterscheidet, aber mit diesen vermittelt ist.

5. Kombinatorik und Rückkoppelung

In einem System haben sich viele verschiedene, aber miteinander wechselwirkende Elemente zu einer Einheit zusammengeschlossen. Obwohl zum Beispiel in geologischen, biologischen oder sozialen Systemen eine Unmenge von Teilen direkt oder indirekt aufeinander wirken, haben wir es meist nicht mit einem bloßen Sammelsurium ineinandergreifender Einflüsse zu tun, sondern mit wenigen vorrangigen Wechselverhältnissen, die sich aus der Gesamtheit aller beteiligten Beziehungen ergeben. Sie sind wesentlicher für das System und seine äußeren Beobachter als die anderen, aus denen sich das System zusammensetzt.

So wird ein Bienenstaat mehr durch das Wechselspiel zwischen Königin, Drohnen und Arbeiterinnen charakterisiert als durch die "Unterhaltung" einiger Arbeiterinnen über die besten Nektarvorkommen. Aber jene maßgebliche Dreiecksbeziehung funktioniert nicht ohne koordinierte Nahrungssuche. Das Wesentliche beruht auf dem Zusammenwirken des weniger Wesentlichen (zu dem hier fraglos noch einiges mehr gehört). Es unterscheidet sich indessen qualitativ von einer losen Summe, indem es wiederum das Verhalten der Teile regelt. Keine Arbeiterin kann sich reproduzieren, ja nicht einmal allein überleben. Also sammelt sie viel mehr Nektar als für sich selbst. Sie folgt ihrer übergreifenden Rolle und verschmilzt zum Teil mit dem Ganzen. Sie ist selbst ein Produkt des Systems! Ihre Wechselbeziehungen mit anderen Bienen sind *für sie* vorrangig. Doch ohne das *relativ* unabhängige Wirken der Elemente wäre das System nicht strukturiert, sondern ein Punkt, absolute Identität.

Desgleichen wenn seine Struktur absolut symmetrisch wäre. Dies entspräche absoluter Kontinuität. Ein System muss sich daher aus verschiedenen Asymmetrien zusammensetzen, die insgesamt nur einen *relativ* symmetrischen Aufbau ergeben, wie etwa die Zähne eines Zahnrades. Wäre das Zahnrad am Rand *absolut* symmetrisch, nämlich glatt, könnte es in kein anderes greifen. Allein Asymmetrie gestattet die Kombination mit anderem, denn Symmetrie ist bereits vollständig. *Absolute Asymmetrie* wäre freilich wieder gleich absoluter Symmetrie, da sie bedeuten würde, dass eine

Seite mit Null identisch ist und die andere mit dem allseitig Unendlichen - beides absolut "kontinuierlich". Deshalb finden wir überall *relative* Asymmetrie und *relative* Symmetrie.

In der allseitigen Kontinuität ist alles gleichberechtigt. Die Reflexion von diesem Punkt aus führt deshalb zu einer Struktur, der vorerst nur beliebige Kombinationsmöglichkeiten beliebiger Dinge zugrunde liegen. Wie häufig etwas in der entstehenden Welt vorkommt, hängt ausschließlich davon ab, mit wie vielen anderen Dingen es sich kombinieren lässt beziehungsweise von der Anzahl der möglichen Neukombinationen seiner Teile, die es verträgt. Erst mit dem Entstehen solcher Kombinationen beginnen Beziehungen die Wahrscheinlichkeit des Auftretens mitzubestimmen.

Die Beziehungsstruktur erscheint dabei natürlich *zugleich* mit den zufälligen Kombinationen, welche ja Beziehungen darstellen. Das erklärt, warum statistische und logische Gesetzmäßigkeiten *grundsätzlich* übereinstimmen.

In einer diskreten realen Welt jedoch sind Zufall und Notwendigkeit unterschieden. Wenn wir uns beispielsweise einem diffusen Halo gegenübersehen und aus dieser Umgebung plötzlich etwas auf uns wirkt, sagen wir mit Recht, dies sei zufällig. Für diesen Zufall gab es eine Wahrscheinlichkeit, die dem Beobachter bekannt oder unbekannt sein kann. Ist sie unbekannt, dann ist sie gleich der Wahrscheinlichkeit für alles Beliebige. Wenn sie aber dem Beobachter bekannt ist, dann muss bereits eine Einwirkung des (somit bestimmten) Objektes vorliegen. Die Wahrscheinlichkeit seiner *erwarteten* Wirkung besitzt nun einen konkreten Wert im Vergleich zur Wahrscheinlichkeit anderer möglicher Einflüsse. Sie ergibt sich aus den bekannten Eigenschaften und Beziehungen des Objektes. Für einen *anderen* Beobachter kann dessen Wirkung sogar *völlig* determiniert und somit gar nicht zufällig sein, wenn er eine umfassendere Beziehung zu ihm unterhält.

Zufälligkeit ist demnach genauso relativ wie Existenz, hier die Existenz von Informationen über ein möglicherweise wirkendes Etwas. Eine Beziehung, die für den einen notwendig ist, kann für den anderen zufällig sein und umgekehrt. Je umfassender der Beobachtungsstandpunkt, desto besser überschauen wir alle

Verbindungen, doch den Zufall werden wir nicht los. Denn wie der Mathematiker Kurt Gödel 1931 bewies, reicht das System der bekannten Zusammenhänge, in denen wir stehen, niemals zur vollständigen (widerspruchsfreien) Erklärung dieser Zusammenhänge aus. Wir müssten dazu über das System hinausgehen, also Unerklärtes hinzuziehen. Es bleibt bis zum - die absolute Gleichberechtigung selbst verkörpernden - Universalkontinuum immer Unbekanntes übrig. (Zunehmende Vielfalt und Komplexität der Zusammenhänge erhöht sogar dessen Wirksamkeit, wie wir bald sehen werden.) Statistik besitzt eine *grundsätzliche* Natur, die auf die Identität aller Dinge im umfassendsten Beobachtungsstandpunkt zurückgeht und sich (unter anderem) über den imaginären Halo ausdrückt.

Die absolute Gleichberechtigung setzt sich aus den Ungleichberechtigungen in und zwischen allen diskreten realen Welten zusammen, so wie sich eine Symmetrie aus vielen Asymmetrien und Allseitigkeit aus Einseitigkeiten zusammensetzt. Durch die Kombination verschiedener Asymmetrien entstehen aber nicht nur Symmetrien, sondern auch *neue* Asymmetrien. Es gibt zum Beispiel nur eine Möglichkeit, dreieckig-asymmetrische Kuchenstücke zu einem symmetrischen Kuchen zusammenzufügen, aber unbeschreiblich viele andere Arten, die Stücke asymmetrischer anzuordnen. Die Zahl der relativen Asymmetrien ist so unendlich wie die der relativen Teilungen, und erst in dieser Unendlichkeit erreichen wir die *absolute* Symmetrie des Universalkontinuums. Asymmetrie ist vielfältiger und kombinationsfreudiger, also häufiger, "mächtiger" als Symmetrie.

Derartige Mächtigkeiten, die Mächtigkeiten von Mengen, können selbstverständlich nur in einer diskreten realen Welt bestimmt werden, wo man die Mengen unterscheidet und die jeweils zu vergleichenden auswählt. Handelt es sich um unendliche Mengen, wird die Unendlichkeit in einer bestimmten Höhe "abgeschnitten" und der Inhalt der Abschnitte miteinander verglichen. (Nichts anderes bewirkt die paarweise Zuordnung der Elemente einer unendlichen Menge zu denen einer anderen, was den endlichen Raum zwischen jeweils zwei Elementen jeder Menge "herausschneidet".)

Damit hängt das Ergebnis des Vergleichs auch vom "Schnitt", sprich: Beobachtungsstandpunkt, ab, von dem aus es dann ins Unendliche extrapoliert (hochgerechnet) werden muss. Endliche und anderweitig begrenzte Mengen sind, wie in Kapitel 2 erläutert, immer Ausschnitte aus einem unendlichen Kontinuum. Jede ermittelte Mächtigkeit wird daher außerhalb klar definierter Grenzen ungenau, sozusagen statistischer. (Genauso wie die logischen Zusammenhänge, die sich nicht aus sich selbst heraus erklären lassen, aber als Regeln den Beobachtungsstandpunkt mit beschreiben.) Um absolut umfassende Genauigkeit zu erlangen, müssten *alle* Beobachtungsstandpunkte erfasst werden, was keine diskrete reale Welt mehr ergibt. Doch dieser Genauigkeit kann man sich in Richtung Universalkontinuum beliebig genau nähern (wenn auch nicht unbedingt stetig).

Auf diesem Weg kommen wir, analog unserer Suche nach dem allgemeinsten Wesen, der mächtigsten Asymmetrie auf die Spur: der gerichteten *Bewegung* (oder Veränderung). Wie beschrieben, geht nichts ohne Bewegung und selbst die Ruhe existiert nur durch sie. Die logische Notwendigkeit der Bewegung trifft sich mit ihrer statistischen Mächtigkeit, der wir uns jetzt kurz zuwenden wollen.

Offene, unterschiedlich ausgerichtete Bewegungen sind viel häufiger als in sich geschlossene, welche relative Ruhe zur Folge haben und nur in *ausgewählte* Richtungen weisen können, in solche, die wieder zu ihrem "Ausgangspunkt" führen. Ferner gibt es viel mehr Geschwindigkeits- und Beschleunigungszustände als solche mit dem Wert Null. Geht man bei der Betrachtung eines ruhenden Systems in dieses hinein oder über dasselbe hinaus, bis man irgendwann eine Bewegung des Systems feststellen kann, so erscheint seine vorherige Ruhe *relativ*, da sie sich offenbar aus einer bestimmten Bewegung ergibt, wie zum Beispiel aus einer geschlossenen oder einer mit dem Beobachter in Geschwindigkeit und Richtung übereinstimmenden.

Umgekehrt kann man jedoch keine Bewegung aus bloßer Ruhe zusammensetzen, denn Ruhe ist bereits symmetrisch und dementsprechend wenig kombinationsbereit. Man kann zwar einen Ruhezustand in Einheiten der Bewegung ausdrücken (10 km / h – 10 km / h = 0 km / h), aber nicht Bewegung in "Ruheeinheiten" (0 km / h + 0 km / h = 0 km / h). Unter der Vielzahl möglicher Zustände nimmt die Ruhe eine Minderheit ein. Sie ist logisch *und* statistisch gesehen ein Extremfall der Bewegung.

Zwischen Ruhe und Bewegung besteht also ein asymmetrisches Verhältnis. Doch Bewegung bedarf der Ruhe als Gegensatz ihrer selbst und zu ihrer Unterscheidung von anderen Bewegungen, denn sonst würde sie eine *absolute* Asymmetrie darstellen, mit den beschriebenen Folgen. Die Asymmetrie der Bewegung muss ständig die Symmetrie der Ruhe anstreben, um sich selbst zu relativieren. (Das gilt stellvertretend auch für alle anderen Asymmetrien.)

Jede Entwicklung wird deshalb von relativen Ruhephasen "unterbrochen", nach sogenannten qualitativen Sprüngen, bei denen eine kontinuierliche quantitative Veränderung in eine *andere* übergeht, die in Bezug auf die vorhergehende in mancher Hinsicht ruht wie ein Objekt, aber insgesamt nie die Bewegung beendet. Schließlich kann auch die abgelöste Bewegung wieder aufgenommen werden.

Wenn wir noch einmal unser Ehepaar zu Hilfe rufen, dann wird es die unterschiedlichsten Phasen durchleben, aufregende und eintönige, solche, in denen ihr Verhältnis zueinander stark schwankt und solche, in denen sie nicht mehr wissen, ob sie überhaupt noch ein Verhältnis haben. Sie werden neue Seiten ihrer Beziehung entdecken und alte in den Hintergrund treten lassen, die später vielleicht wieder aufleben. Dies geschieht unabhängig davon, ob durch äußere Einflüsse bedingt, wie zum Beispiel eine erzwungene Trennung, oder durch das Erreichen innerer Grenzen, wie jene der gegenseitigen Toleranz.

Doch jedes Mal siegt die Bewegung, denn andernfalls wäre das Verhältnis *absolut* abgeschlossen, *nur* selbstexistent, sogar tot für sich selbst. (Ein derartiger Zustand wird auf jedem beliebigen Weg zum Universal*kontinuum* letztlich aufgehoben.) Auch alle anderen Menschen, die das Paar auf *vielfältigste* Weise wahrnehmen, tun dies nur durch Verflechtung ihrer eigenen Veränderungen mit dessen Veränderungen. Nur so ist die Verbindung des Paares mit seinen Bekannten und seine häufige Präsenz (Mächtigkeit) möglich. Das eine Ehepaar existiert *durch Bewegung* in vielen verschiedenen Zuständen und wirkt auf unterschiedliche Weise in allen Menschen, zu denen es Beziehungen unterhält. Letztlich beruht sogar die Trennung von ihnen auf dem Wahrnehmen dieser Trennung, der Vergleichs*bewegung*, einer *Verbindung* mit den "Abgetrennten".

Alles ist mit allem vernetzt, und das Überwiegen der Bewegung in diskreten realen Welten kann erst im Universalkontinuum in absolute Ruhe übergehen, die sich aus allen Bewegungen symmetrisch zusammensetzt, aber auf deren Asymmetrie (asymmetrisch!) *reflektiert*. Jene "Ruhe" ist andererseits als Kontinuität des imaginären Halo und infinitesimales Moment der Bewegung stets gegenwärtig ...

Eine engere Verflechtung von offener Bewegung mit Ruhe, zum Beispiel mit der Ruhe eines Kreislaufs, bringt weitere statistische Vorteile. Im Idealfall erhalten wir spiralförmige Prozesse, für die es noch mehr Entwicklungsvarianten gibt und die daher über eine größere Mächtigkeit verfügen als zum Beispiel lineare und kreisförmige Prozesse in ihrer Summe. Wir treffen sie dementsprechend häufig an; ja sie erzeugen sich mit Vorliebe selbst:

Einem Stück offener Bewegung mag zunächst eine Ruhephase rückkoppelnder Bewegung folgen, eine qualitative Neuheit, ein Objekt. Anschließend gibt es verschiedene Möglichkeiten. Eine Weile nachdem sich unser Ehepaar doch hat scheiden lassen, bleibt die Frau beispielsweise bei ihrem gesuchten Liebhaber (Fall 1) oder wird von ihm rausgeworfen (Fall 2).

Fall 1: Warum sollte sich ihr neues Verhältnis besser entwickeln als das alte? Ihr Ex-Mann wird ihr irgendwann wieder einfallen, spätestens dann, wenn sie das Verhalten des Neuen an ihn erinnert. Auf die Suche nach einem Liebhaber folgte nicht nur ein neues Rückkoppelungsverhältnis mit einem solchen, sondern auch eine Rückkoppelung mit dem "Ehemaligen". Und ob sie nun zurückkehrt oder nicht, wahrscheinlich wird sie daraus *differenziertere*

Verhaltensweisen für sich ableiten, als sie sie jemals für möglich hielt. Erinnern wir uns: Veränderung ist nur durch den Vergleich mit früheren Zuständen feststellbar. "Subjektiv" ist diese Vergleichsrückkoppelung zwischen *beliebigen* Abschnitten einer Bewegung möglich. Doch "objektiv", das heißt mit größerem Existenzumfang, nur zwischen *allgemeiner* gültigen Polen: den qualitativ verschiedenen Bewegungsphasen (hier den beiden Liebesverhältnissen). Die "objektive" Rückkoppelung zeitlich versetzter Phasen resultiert aus dem gleichen Grund wie ihr "subjektiver" Vergleich: Die Bewegung wird *(nach-) vollzogen*, sie *existiert*. Die Zukunft folgt mithin nicht nur auf die Vergangenheit, sondern ist auch viel direkter mit ihr verbunden. Aus dieser Verflechtung können mehr neue Bewegungen entspringen als bloß aus dem jeweils letzten Zustand.

Fall 2: Der Rauswurf bedeutet noch nicht, dass die Frau jetzt brav zu ihrem Ex-Mann heimkehrt. Vielmehr kann nun eine Odyssee zwischen verschiedenen Liebhabern folgen, welche sie offenbar immer wieder mit dem bereits Durchgemachten konfrontieren. Sogar wenn ihr das Spaß macht, lernt sie daraus mit der Zeit etwas Neues schätzen: den Wert von Stabilität und Tiefe einer Beziehung. Damit sind wir wieder am Ausgangspunkt, der Ehe, - aber auf einem neuen, höheren Niveau, das auch die entgegengesetzte Erfahrung einschließt. Eine neue Dauerbeziehung wird wahrscheinlich größere Stürme überstehen, denn unsere Dame verfügt nun über ein bedeutend umfangreicheres, aus ihrer vielfältigen Erfahrung gewonnenes Repertoire an Reaktionsmöglichkeiten *innerhalb* des neuen Verhältnisses. (Ich bitte um Verzeihung, dass ich den Beitrag der männlichen Seite außer acht ließ.)

Die gegenwärtige Lebensgemeinschaft steht in mindestens so starker Beziehung zu den jüngsten Affären wie zur ersten Ehe. Diese wird zwar jetzt auf neue Weise *wiederholt*, aber nur nachdem sie sich *in Richtung* der nachfolgenden Geschehnisse *entwickelt* hat - was wiederum erst mit der Rückkoppelung zwischen allen Lebenssituationen *geschehen* ist. So besteht auch jede einzelne Partnerschaft der Frau aus einer ständigen inneren Entwicklung

und Rückkoppelung, als relativ ruhende mit ihren anderen Partner-
schaften verflochten.

Wir halten fest, dass ein bestimmtes Wechselverhältnis immer
das jeweils vorrangige eines *sich entwickelnden Systems* von Beziehungen ist. Dieses System wäre unmöglich, ohne dass offene
Bewegungen vorübergehend in mehr oder weniger geschlossene
Kurven übergehen, welche die Form von strukturierten Objekten
annehmen und das System mit *Details* anreichern.

All die wechselnden Liebesverhältnisse spiegeln den Weg jener
Frau auf ihrer Suche nach Erfüllung wieder. Dieses Bedürfnis, die
Vereinigung mit einem "Ziel", dem wir uns später widmen werden,
bestimmt ihre Wünsche. Wenn sie auf ihrem Weg in Konflikte und
Widersprüche gerät, geben diese den Anstoß zu neuen Bewegungs-
richtungen, zur Korrektur der ruhenden Aspekte einer ständigen
Bewegung "irgendwo dorthin". Insofern bedeuten Widersprüche
einen Trieb zur Veränderung, zum Verlassen einer zu starr gewordenen Einheit. Die Bewegung aber ruft, indem sie sich in Sackgassen manövriert, erst die inneren Widersprüche jener Einheit hervor,
welche nun auf die einzig mögliche Fortsetzung verweisen. Innere
Widersprüche erzeugen die Bewegung nicht, sondern *steuern und
strukturieren* sie nur, zusammen mit *äußeren* Verlockungen und
Widerständen. Sie alle formen den Lebensweg der einzelnen Partner als Ausdruck von deren *übergreifenden* Bedürfnissen und *tieferen* Konflikten, welche die Bewegung jedes Partners *grundlegender* bestimmen.

Dabei wird die Einheit der Seiten selten völlig gesprengt; sie
bleibt eher rückkoppelnd in die neu entstehenden Verhältnisse einbezogen. So wirken viele verschiedene Entwicklungsphasen zusammen in einer expandierenden Spirale.

Wir alle schießen leicht über unser nächstes Ziel hinaus, das uns
noch gar nicht richtig bewusst geworden ist, erkennen die Grenzen
dieses Weges und pendeln uns schließlich auf eine "goldene Mitte"
ein, die wir meist nur in einem solchen mehr oder weniger weit ge-
spannten Prozess finden konnten. (Was nicht heißt, dass wir bewusst Fehler machen sollen.) Ein Spiralprozess ist demnach nicht

nur *statistisch* wahrscheinlich, weil er vielfältigere Beziehungen ermöglicht, sondern auch *logisch* begünstigt, weil er zu optimaleren Lösungen führt. (Optimalität wiederum hat nur Bedeutung unter vielen anderen Möglichkeiten und im Hinblick auf ein bewusstes Ziel.) Statistik ist statistische *Logik* und Logik beschreibt statistische Häufungen. Kombinatorische Schlüsse erlangen indessen erst bei grundsätzlicher Gleichberechtigung aller "Dinge", wie im absoluten Universalkontinuum, volle Gültigkeit. Andererseits machen sie Aussagen über Ungleichberechtigungen und sind nur in einer durch Beziehungen strukturierten Welt aussagefähig. Der Übergang ist fließend:

Das absolute Universalkontinuum an sich ist homogen und ermöglicht die Reflexion in *jede* Teilung (Vielfalt), doch es lehrt durch sich selbst zugleich die *Verbindung* von allem. Beides zusammen ergibt eine Hierarchie vom Einzelnen bis zum Allgemeinsten. Das Universalkontinuum kann nur für verbundene diskrete Zustände "existieren" (als Reflexionspunkt) und ist somit nur *ein* Zustand unter unendlich vielen *diskreten*. Daher bedeutet absolute Gleichberechtigung im Universalkontinuum die Gleichberechtigung aller *verschiedenen* potentiellen Zustände, *einschließlich* dem des Universalkontinuums selbst.

Wir erkennen daran zum einen die extrem hohe Wahrscheinlichkeit von relativer Diskretheit, also realen Welten. Und zum anderen, dass das absolute Universalkontinuum die realen Welten *als solche* enthält. Es *ist* alle realen Welten! Diskretheit, Bewegung, Relativität, Einseitigkeit sind sein Ausdruck. Genauer gesagt, es sind Seiten seines Ausdrucks, und wir werden noch viele weitere finden.

Sich entwickelnde Systeme

6. Unumkehrbare Bewegung

Das Wasser läuft nur in einer Richtung aus dem Wasserhahn. Zu vielfältig sind die Formen, die es außerhalb der Leitung annehmen kann, als dass es freiwillig wieder zurückflösse. Die Erdanziehung überwindet es zwar schließlich, indem es verdunstet, aber darauf, dass sich alle Wassermoleküle wieder demselben Rohr versammeln, müssten wir wohl ewig warten.

So wie ein Wesen in seinen Erscheinungen und durch sie agiert, wirkt auch die Unerschöpflichkeit des Universalkontinuums ganz real in jedem System. Die Mächtigkeit der Vielfalt beziehungsweise die Kraft des Potentials zur Vielfalt zeigt sich am einfachsten in der Unumkehrbarkeit einer Bewegung, der Irreversibilität.

Wir haben erkannt, dass Bewegung während ihres Verlaufes in vorübergehende Ruhe umschlägt. Diese Ruhe aber ist eine sich *wiederholende* (rückkoppelnde) Bewegung, ein ständiges Umkehren der Richtung. Wie also könnte eine Bewegung unumkehrbar sein?

Sie wird es kaum dadurch, dass wir sie von allen Rückkoppelungen befreien, weder von den "subjektiven" - dann könnten wir keine Bewegung mehr feststellen - noch von den "objektiveren", den *Wechsel*wirkungen mit anderen Bewegungen - denn wenn niemand *wirklich versucht* die Bewegung umzukehren, kann auch niemand bestätigen, dass dies erfolglos bliebe.

Nun ist ein beliebiges Objekt innerhalb eines realen Systems meist von vielen relativ unabhängigen Teilen umgeben. Jedes Molekül eines Gases kann sich zum Beispiel losgelöst von allen anderen Gasteilchen bewegen. Dennoch stößt es dauernd mit ihnen zusammen, wodurch die Teilchen miteinander wechselwirken. Sie befinden sich in einem Vielteilchensystem. Jedes der Teilchen ist sowohl Objekt als auch Wirkungsübermittler anderer Teilchen. Derweise finden Einwirkungen und Wechselwirkungen statt, offene und rückkoppelnde Prozesse. Die geschlosseneren bilden dabei den äußerlich ruhigen Aspekt des jeweils betroffenen Teilchenpaares und *insgesamt* denjenigen des Systems - seine Ganzheit. Dennoch bleibt sich auch jedes einzelne Molekül weitgehend gleich. Genauso bleibt ein Stern ein Stern, ob er sich im Vielteilchensystem einer Galaxie bewegt oder nicht. Sogar eine Ameise ist noch ein recht unabhängiger Teil des Ameisenstaates, obwohl sie nicht lange ohne dieses System existieren kann. Immerhin handelt sie *relativ* selbständig.

Wenn sie einen Brotkrümel transportiert oder sich mit einer anderen Ameise aufgeregt betastet, ist sie kaum für Störenfriede zu sprechen: Die unbeirrte Fortsetzung ihrer gegenwärtigen Bewegung oder Beziehung ist praktisch vorbestimmt. Erst wenn ihre vorrangige Wechselbeziehung eine relative Ruhephase erreicht, vermögen die vorher unwesentlichen Störungen wesentliche Bedeutung zu erlangen. Jetzt können andere Ameisen die ausruhende Arbeiterin in neue Richtungen führen, zu neuen Arbeiten heranziehen, in ein neues Wechselverhältnis einbinden. Dieser neue Bewegungsprozess der Arbeiterin ist relativ abgeschlossen von ihrem alten, und für ihn gilt nun das Gleiche wie für jenen.

Die Erinnerung an die frühere Tätigkeit tritt in den Hintergrund, sie reiht sich in die Vielfalt der gegenwärtigen Umwelteinflüsse ein. Es wird immer unwahrscheinlicher, dass eine der *vielfältigen* möglichen Störungen aus der Umwelt genau zu einem vormaligen Bewegungszustand hinführt. Vielmehr wird sich der Arbeits- und Kommunikationsprozess der Arbeiterin ständig in neue Richtungen entwickeln. Er ist statistisch irreversibel. Doch er beinhaltet immer die zunehmend unwahrscheinliche *Möglichkeit* zur Umkehr in ein bestimmtes vergangenes Stadium.

Teilweise umkehrende Bewegungen sind während der langen, offenen Zick-zack-Bewegung von einer Arbeit oder Unterhaltung zur nächsten sogar wahrscheinlich, denn die möglichen neuen Bewegungszustände sind von den alten *nicht völlig* verschieden. Es wird zum Beispiel nicht der letzte Brotkrümel sein, den die Ameise schleppt.

Im letzten Kapitel haben wir begründet, warum jede Bewegung und Entwicklung vergangene Zustände einbeziehen *muss*. Die Rückkoppelung bildet unter anderem den notwendigen Gegensatz und Abschluss einer bestimmten Bewegung, an dem sich diese misst. Hier in einem Vielteilchensystem gewährleistet nun die relative Umkehrbarkeit eines Prozesses dessen *letztendliche* Unumkehrbarkeit, indem vom gegenwärtigen Punkt ausgehend *alle* potentiellen Bewegungsrichtungen als gleichrangig gelten und sich die Irreversibilität *aus dieser Gleichberechtigung* ergibt, die nichts von vornherein ausschließt.

Die Beteiligung der Vergangenheit schafft auch noch zusätzliche, mit früheren Optionen *kombinierte* Fortsetzungsmöglichkeiten, das heißt, sie trägt aktiv zur Irreversibilität bei. Wieder bilden Offenheit und Geschlossenheit der Bewegung eine Einheit wie in einer Spirale, wobei sich in einer unendlich vielfältigen Welt immer die Offenheit durchsetzt.

Mit den Begriffen "Umkehrbarkeit" beziehungsweise "Reversibilität" und "Unumkehrbarkeit" beziehungsweise "Irreversibilität" betrachten wir *Möglichkeiten* in einem System. Es geht nicht mehr nur um diese oder jene Beziehung, sondern um *Wahrscheinlichkeiten* für dieselben. Der Zufall bestimmt mit, ob eine mögliche Beziehung zustande kommt.

Ein einzelner Vorgang in einem Ameisenstaat wirkt sich auf nicht benachbarte Ameisen kaum aus, und ebenso wenig auf die Gesamtheit. Nur einige, wie die Eiablage der Königin, sind allgemein bedeutsam. Aber gerade die Gesamtheit der relativ unabhängig voneinander wechselwirkenden Elemente ist aufgrund des wirksamen Potentials, das sie bietet, *statistisch* wesentlich für die Handlungen jeder einzelnen Ameise - und damit auch für die Entwicklung des ganzen Systems, des Ameisenstaates.

Die Irreversibilität bewirkende Vielfalt liegt hier *innerhalb* des von ihr betroffenen Systems. Dieses strebt also die Verwirklichung seines ureigenen Potentials an. Obgleich der Ameisenstaat seinen Bestand wesentlich wiederholten Abläufen und Wechselwirkungen verdankt, entwickelt er sich unumkehrbar: Eine der Gegenwart *völlig* identische Situation tritt nie wieder auf.

Für jeden *Teil*prozess, wie den Lebensprozess einer Ameise, gehört das Vielteilchensystem hingegen zur *Außenwelt*, mit der er wechselwirkt. Subjektiven Vorrang besitzt das unmittelbare Geschehen, während der "Rest" des Systems sich ins Ungewisse erstreckt.

Der Ameisenstaat als solcher wechselwirkt ebenfalls mit seiner äußeren Umgebung, dem umliegenden Wald, und desgleichen mit seiner *inneren* Umgebung, den einzelnen Ameisen, von denen er sich qualitativ abhebt. Sowohl diese "objektive" als auch die "subjektive" Sicht des Ameisen-Staat-Wald-Systems ist gültig, und beide individuell erfahrenen Systeme sind *offen*. So beteiligt sich über den imaginären Halo auch das Universalkontinuum:

Viele Einflüsse kommen direkt aus dem diffusen Halo gleichberechtigter Möglichkeiten und diejenigen, die aus der bekannten Umgebung kommen, kann man weiter ins Unbekannte zurückverfolgen. Genau diese unberechenbare Wechselwirkung mit der aktuell *und* potentiell vielfältigen Umwelt regt die irreversible Veränderung des jeweils vordergründigen Objektes (zum Beispiel einer Ameise) an. In Richtung der (solcherart mit diesem Objekt *verbundenen*) Umgebung gibt es mehr Kombinations- und Entwicklungsmöglichkeiten, weshalb sich das Objekt dorthin zu entwickeln trachtet. Es strebt danach, sein nur *mit* ihm gegebenes Potential zu verwirklichen, auf seine Weise die Gleichberechtigung im Universalkontinuum auszudrücken, zu dem hin die Umgebung führt.

Nur wenn wir ein System *scheinbar* abschließen, bietet es einen "letzten" Gleichgewichtszustand, wie ein Ballon für seinen gasförmigen Inhalt. Natürlich gibt es keine völlig abgeschlossenen Systeme. Doch *relative* Abgeschlossenheit ist so wahrscheinlich wie die teilweise Umkehr eines Prozesses. Ja, objekt- und systembildende Rückkoppelungen *erzeugen* erst die Vielfalt, die der Irreversibilität zugrunde liegt.

Die Elemente eines Vielteilchensystems können auch empfindlicher sein, stärker voneinander abhängen, bis dahin, dass die Veränderung nur eines von ihnen eine Veränderung aller anderen bewirkt.

Eine solch enge Bezogenheit aufeinander finden wir in *komplexen* Systemen wie den Organismen. Die Bewegungen jedes Teiles mögen durch die der anderen vollständig determiniert (bestimmt) werden, doch wegen der Vielfalt der Zusammenhänge und der hohen Empfänglichkeit jedes Teiles für die kleinste Veränderung irgendeines anderen, erscheinen alle Bewegungen "pseudounabhängig" voneinander. Damit meine ich, dass die Veränderungen der Teile genauso unvorhersehbar sind wie in einem loseren Vielteilchensystem, wo die Statistik wegen ihrer weitgehenden *Trennung* voneinander angewendet werden muss.

Beispielsweise werden mehrere Organkrankheiten eines Menschen mitunter sehr ungenau prognostiziert, weil ihre komplexe Wechselbeziehung unklar bleibt - obwohl man durchaus weiß, wie sie *grundsätzlich* miteinander zusammenhängen.

Der entscheidende Unterschied zum reinen Vielteilchensystem besteht darin, dass sich das Ganze aufgrund der *wesentlicheren* Verbindung seiner Teile mehr wie *ein* Objekt (*ein* Organismus) verhält - im Gegensatz zu einem loseren System, auf das es sich nur unwesentlich auswirkt, wenn man Teile von ihm verändert. Wenn Sie zehn Prozent aller Bewohner eines Ameisenhaufens entfernen, wird sich in dessen Wirtschaft nichts Bedeutendes ändern. Aber kürzen Sie mal einen Menschen um zehn Prozent!

Unbegrenzt steigende Abhängigkeit der Elemente voneinander lässt allerdings die Geschlossenheit des Systemverhaltens wieder verloren gehen, indem sich nun jedes Teil unabhängig vom Schicksal der anderen chaotisch bewegt. Das System könnte sich ohne Weiteres auflösen, wie eine Armee, in der plötzlich jeder die oberste Befehlsgewalt hat.

Ein stabiler Komplex setzt also das richtige Verhältnis zwischen intensiver Wechselwirkung und *realer* Unabhängigkeit seiner Teile voraus. In den meisten menschlichen Gemeinschaften sind Merkmale eines Komplexes mit denen eines lockeren Vielteilchensystems *kombiniert*; denken wir daran, wie eng wir in unser familiäres Umfeld eingebettet sind, wie uns zufällige Begegnungen unwiderruflich von unseren Plänen abbringen können und wie eines das andere beeinflusst. Gleichwohl bewegen wir uns hier noch auf einem recht oberflächlichen Niveau, auf dem vieles zufällig und chaotisch erscheint, was sich bei tieferem Verständnis als unglaublich koordiniert und dabei alles andere als mechanisch herausstellen wird. Die oberflächliche Erscheinung bildet indes einen unverzichtbaren Teil des Ganzen und wir werden uns daher noch ein wenig mit ihr beschäftigen.

7. Höherentwicklung

Betrachten wir nun die mögliche Höherentwicklung eines Vielteilchensystems zu einem autonomen Komplex, der lernt, auf wechselnde Umwelteinflüsse koordiniert und angemessen zu reagieren. Man ist leicht geneigt, einen solchen Prozess nur mit der Entstehung und Entwicklung des Lebens in Verbindung zu bringen. Um jedoch deutlich zu machen, dass die mit ihm stattfindenden Veränderungen auf eine allgemeinere Anwendbarkeit hinweisen, möchte ich ihn nicht an diesem Beispiel erläutern, sondern in abstrakter Form, was ihn vielleicht sogar verständlicher macht.

Wir beginnen mit einer lockeren Vielteilchenwelt, wobei "viel" auch vielfältige Beziehungen und Qualitäten der "Teilchen" bedeutet. Ihre zufälligen Wirkungen aufeinander werden irgendwann dazu führen, dass sich einige von ihnen enger zusammenschließen und eine "Startkomplexität" schaffen, ein System unterschiedlicher, aber intensiv wechselwirkender Bestandteile.

Dieses wird sofort wieder durch die zufälligen Einflüsse der Umgebung bedroht. Können sie den Zusammenhang des jungen Systems auflösen, dann bestand es nur momentan. Wenn sie jedoch nur einen kleinen Teil von ihm zerstören, und das nächste Mal vielleicht einen anderen, erfolgt dadurch eine innere Auslese seiner Elemente, so dass mit der Zeit ein relativ unempfindlicher Torso übrig bleibt. Wahrscheinlich war dieser ein besonders eng geknüpftes Fragment der neu entstandenen Struktur, welches sich durch das "Opfern" der loseren Teile retten konnte. Wäre dieser Systemkern zerstört worden, hätte sich der Startkomplex aufgelöst.

Enthält aber der überlebende Kern wesentliche Rückkoppelungsschleifen zwischen seinen füreinander sensiblen Elementen, dann hat er reale Chancen, auch eine *totale* Bedrohung zu überstehen, indem er als *Gesamtsystem* reagiert: Bereits die geringfügige Störung eines Teiles ruft eine Reaktion aller anderen hervor, die auf den Bedrohungsgrad des direkt betroffenen Bereiches mildernd rückwirken kann, wie in einem Regelmechanismus. (Verstärkt sie hingegen die Störung, muss die Beziehung zu dem gestörten Teil auf andere Weise abgeschwächt oder unterbrochen werden - oder wir sind wieder am Ende.) Da ein bedrohtes Segment Gefahr für den empfindlichen Gesamtkomplex signalisiert, rettet dieser sich damit ebenfalls.

Innerhalb des Systems werden jetzt weniger die System*elemente* ausgelesen als vielmehr ihre *Beziehungen* zueinander, die sich zudem mit den äußeren Wechselwirkungen ständig ändern. *Es verändert sich also der Systemzusammenhang* - zugunsten von störungsmildernden Rückkoppelungen. Dem können auch bestimmte verstärkende (aufschaukelnde) Rückkoppelungen dienen, um die Empfindsamkeit gegenüber Gefahrensignalen *angemessen* zu erhöhen, ausbleibende *notwendige* Beziehungen anders auszugleichen und die wenigen *günstigen* Einflüsse besser zu nutzen. Nicht mehr nur die Umwelt selektiert, sondern vor allem das innerlich aktive System selbst. Es ist bestrebt, sich zu erhalten. Bei einer *zu engen* Verflechtung der Systemelemente wäre dies nicht möglich und der Komplex würde sich mit einer chaotischen Reaktion zerstören.

Sehen wir, was weiter geschieht: Das System unterhält immer noch - teilweise für seine Erhaltung wichtige - Beziehungen zur Außenwelt. Es hat sein Verhalten dem Wechsel dieser Beziehungen angepasst, auch dem Mangel an Notwendigem, der in besonderem Maße einen Rückgriff auf innere Möglichkeiten erfordert. Das Gewicht von denjenigen Prozessen, die Fehlendes zu kompensieren halfen, wuchs, denn es ist in der Regel schwieriger, etwas Bestimmtes zu finden, als solchem auszuweichen.

Je vielfältiger und wechselhafter die Umwelt, desto mehr musste dabei die Anfälligkeit des Systems in Flexibilität umgesetzt werden. Das konnte nur mittels zunehmender Komplexität seiner *inneren* Beziehungen geschehen, indem sich zum Beispiel deren vormals gleichgerichtete Prozesse nach diversen Wechselwirkungen *unterschiedlich* aufeinander bezogen und als vorteilhafte Kombinationen erhalten blieben beziehungsweise an Bedeutung gewannen. Das System wurde noch sensibler, da vielseitiger in seinen Reaktionen, aber insgesamt stabil: eine autonome Einheit.

Es wirkt jetzt vielfältiger auf seine Umgebung ein, was noch abwechslungsreichere - von Natur aus schon kaum wiederholbare - Rückwirkungen provoziert. Irreversibel verändert sich auch das Innere des Systems (aufgrund seiner real- oder pseudounabhängigen Elemente), womit es *von sich aus* neue äußere Beziehungen anstrebt, das heißt seine weitere Komplexierung stimuliert. Indessen ringt die umgebende Vielteilchenwelt nach wie vor mit der Entstehung und Entwicklung von Startkomplexen. Doch beides wird jetzt zusätzlich angeregt von den mannigfaltigen Wechselbeziehungen mit dem bereits vorhandenen Komplex. Dessen Umgebung reagiert also wie er selbst immer differenzierter und wird so unaufhaltsam in die Komplexität einbezogen.

Damit kann die nächste Entwicklungsetappe folgen: Entsprechend vielgestaltige Rückwirkungen fördern wiederum den Komplexitätsanstieg des Komplexes, bis sich sein Kern einem chaotischen Zustand nähert und nur überleben kann, indem er seinerseits relative Autonomie gegenüber den äußeren Schichten anstrebt. Es entfaltet sich eine Hierarchie relativ selbständiger, nach innen zunehmend und nach außen abnehmend komplexer Untersysteme. Letztendlich müssen sich die äußeren von ihnen sogar *innerlich* dezentralisieren, um nicht mangels direkter Verbindung zum bisherigen Zentrum instabil zu werden. (Hier wie im Folgenden ist wieder klar das Pendeln zwischen auseinander hervorgehenden, scheinbar gegensätzlichen Prozessen und ihre schließlich bereichernde Synthese erkennbar.)

Fassen wir erst einmal zusammen: In einer statistischen Vielfalt bilden sich zufällig kompaktere Systeme, deren Komplexität sich durch Auslese, zunächst ganzer Systeme, dann auch von deren Elementen und veränderlichen Strukturen, erhöht. Während innere und später äußere Rückkoppelungen die Komplexität eines überlebenden Systems verstärken, steigt dementsprechend seine Empfindsamkeit, insbesondere die seines Zentrums. Sie begrenzt erst dann den Komplexitätszuwachs, wenn sie sich nicht mehr in der schützenden *Flexibilität* des Organismus äußert, sondern in chaotisch-selbstmörderischen Reaktionen.

Schon vorher haben äußere Wechselwirkungen die Umgebung immer mehr in den Komplex eingebunden. Doch nun muss sich derselbe hierarchisch aufteilen. Interessanterweise gestattet gerade dies dem *Kern* der Hierarchie, im Schutze seiner äußeren dezentralisierten Hüllen ein Maximum an Komplexität und Flexibilität zu erreichen. Die stabilisierende Verflechtung mit seinen weniger komplexen Schalen verhindert jetzt den Absturz ins Chaos.

Dem Zentrum wächst die Rolle des genialen Theoretikers zu, der seine selbständigen Mitarbeiter an der mehr oder weniger langen Leine führt, wobei diese ihn ab und zu auf den Boden der Tatsachen zurückholen. Eine Seite stützt sich auf die andere, und es ist kein Geheimnis, dass ein ausgewogenes Verhältnis von Zentralisation und Dezentralisation jede Organisation am weitesten bringt. Beim Ameisenstaat liegt die Betonung auf dezentraler Steuerung, wogegen sich Ameisenkörper und menschlicher Organismus bevorzugt ihrem jeweiligen Gehirn unterordnen. Indes vereint der menschliche Staat (normalerweise) beide Organisationsformen gleichermaßen.

Die beschriebene Höherentwicklung erscheint nicht zwingend. Auch unter günstigen Bedingungen ist sie bestenfalls wahrscheinlich. Dennoch kommt sie mit wesentlicher Beteiligung determinierender Prozesse zustande und führt uns das Zusammenwirken von Notwendigkeit und Zufall vor Augen. Während wir in der irreversiblen Veränderung eines Systems die Verwirklichung seines unendlichen Potentials erkennen, offenbart uns die Höherentwicklung das Bestreben, die vielfältige Verflochtenheit, welche wir in Richtung des Universalkontinuums erwarten, *lokal* anzunähern. Die intensive Stimulation der Teile und die höhere Flexibilität des Gesamtsystems steigern zugleich die Anzahl der Kombinationsmöglichkeiten und helfen dadurch - über die gewöhnliche Irreversibilität hinaus - ein umfangreicheres Potential zu realisieren. Mit der Ausweitung auf die Umgebung schließlich überschreitet der Komplex seine Lokalität und strebt auch extensiv dem absoluten Universalkontinuum zu.

Hierarchie und Ganzheit

8. Harmonie, Zufall und Vorbestimmung

Ich bitte Sie nun, sich zu erinnern, was wir in Kapitel 4 und 5 über Einheit und Gegensatz herausgefunden hatten, denn deren Zusammenspiel bleibt vom Komplexitätszuwachs nicht verschont. Was genau ändert sich?

In einem Komplex gehen die Teile trotz ihrer Unterschiede viel intensivere Beziehungen miteinander ein als in einer losen Vereinigung. Darum beziehen sich hier auch Einheit und Gegensatz der Komponenten stärker aufeinander. Jede Teileinheit ist ständigen "Störungen" durch den eng mit ihr verbundenen Rest des Komplexes ausgesetzt und auseinanderstrebende Teilstrukturen werden von den umgebenden wieder "zusammenreflektiert". Gegensätze können dabei aus zu bedrückender Einheit folgen und eine Einheit mag durch äußere Gegensätze erzwungen werden. Einheit und Gegensatz schlagen schnell ineinander um, sie sind bei dieser hohen Dynamik kaum voneinander zu unterscheiden (wie auch die Beziehungen und Objekte innerhalb eines Komplexes). Doch sie fließen nicht wirklich ineinander: Wir wissen, dass ein Komplex, wie zum Beispiel ein Gehirn, eine *Vielfalt* enthält, eben mehr Einheit von Einheit *und* Gegensatz, keinen Einheitsbrei. Sonst hätten Sie kaum bis hierher gelesen.

Gegensätze können so allerdings nicht als intensive Widersprüche auftreten, denn innerhalb des sensiblen Komplexes bedeutet eine intensive Beziehung entweder vorrangig Einheit oder Zerstörung. Die hohe Empfindlichkeit lässt Gegensätze allenfalls relativ statisch zu, in Form von qualitativen Unterschieden. Sie ergeben sich aus der gesamten Dynamik, beispielsweise von Gedanken und Gefühlen, als voneinander unabhängige Stabilitäten, etwa gegensätzliche Charakterzüge. Diese können auch abwechselnd dominieren, wie vielleicht in der Erfüllung suchenden Frau unseres Ehebeispiels.

Wenn also einfache Einheiten und Gegensätze nicht ausreichen, um das Zusammenwirken in einem Komplex zu beschreiben, was wäre treffender?

Ich schlage den Begriff "Harmonie" vor. Ohne Harmonie wird der Komplex entweder zerstört (Überwiegen eines inneren Widerspruchs) oder chaotisch (Überwiegen der Tendenz zur übermäßigen Vereinigung der Teile). Beides betont den gegenseitigen Ausschluss von Einheit und Gegensatz, anstatt eines ausgewogenen Wechselverhältnisses zwischen ihnen. Solch eine Isolation finden wir auch in einem loseren Vielteilchensystem (zum Beispiel einem Gas oder einem Mückenschwarm), wo die Teilchen vor allem als getrennte Einheiten agieren und meist nur zufällig wechselwirken. Sie arbeiten relativ disharmonisch zusammen, was wir als gegenseitige "Störung" beschrieben haben. (Den Ameisenstaat ordne ich bereits in den Grenzbereich zur Komplexität ein. Aber selbst komplexe Organismen kommen nicht ohne eine gewisse Selbständigkeit ihrer Organe aus, womit die Tür zu inneren Konflikten stets offen bleibt.)

Ein funktionierender Komplex vereint hingegen Einheit und Gegensatz in hohem Maße durch die intensive Wechselbeziehung pseudo(!)unabhängig beweglicher Teile. (*Außerdem* enthält er auch realer Unabhängiges.) Diese Harmonie offenbart sich zuerst in ständiger und vielfältiger Bewegung, denn Bewegung verbindet mit *anderem*. Auch ist eine fortdauernde Wechselbewegung - welche eben *nicht* zur Trennung führt - nur im abgestimmten Zusammenspiel aller Beteiligten möglich.

Ruhe trennt die Dinge. Zwar gehen Ruhe und Bewegung ineinander über, aber wie sollten sich zueinander *überwiegend* ruhende Komponenten aufeinander abstimmen? Wer sich kaum mit anderen austauscht, wird kaum auf sie eingehen können. Die Restbewegung zwischen den Seiten kann als *Teil* eines vorrangig ruhenden Verhältnisses nur noch eine disharmonische Beziehung verwirklichen - wie gar im Krieg, wo man sich auf den Austausch von Granaten beschränkt.

Demgegenüber erscheint schon eine einfache offene Bewegung harmonischer, da sie wenigstens immerfort über ihre ruhenden

Momente hinauswächst, statt sie zu konservieren. Andererseits bleibt sie eintönig ohne Bewegungen in andere - auch umgekehrte - Richtungen.

Harmonie bedarf bis zu einem gewissen Grad "disharmonischer" Brüche, Rückkoppelungen und Stabilitäten, um vielgestaltig und in umfassenderem Sinn überhaupt erst harmonisch zu werden. Keine Musik bar aller (oder mit ausschließlich) wiederholenden Passagen empfinden wir als sehr harmonisch. Jede Passage muss Variationen ihrer selbst zulassen, mit denen zusammen erst ein komplexes Stück entstehen kann. Wirklich neu ist indessen nur etwas Unvorhergesehenes. Das Gehirn schließt die Unvorhersagbarkeit pseudounabhängiger Gedankengänge ein und der Ameisenstaat die reale Selbständigkeit seiner "Bürger". (Wir werden später sehen, dass beide Arten der Unabhängigkeit im Grunde identisch sind.)

So bilden Harmonie und Disharmonie eine *höhere* Harmonie. Sie wird weniger durch wechselwirkende Objekte als durch Schwingungen beschrieben. Diese stoßen nicht zusammen, sondern interferieren (überlagern sich), werden moduliert (gemischt) und resonieren miteinander (verstärken sich gegenseitig). Nicht die vermittelten Gegenstände stehen im Mittelpunkt, sondern die Einheit von Ruhe und Bewegung, nicht die strukturierte Flöte und die strömende Luft, sondern der Ton. Wir wissen auch nicht genau, was einen Maler zu welchen Ideen inspirierte, aber wir genießen sein lebendiges Werk. Im gleichen Sinn können wir Harmonie nicht nur hören oder sehen, wir müssen sie *empfinden*.

Bedeutet der Weg zum absoluten Universalkontinuum eine harmonische Entwicklung? *Grundsätzlich* sollte es so sein, da er ja zur allumfassenden Einheit des *Vielfältigen* führt. Um dem Universalkontinuum zuzustreben, muss ein System an Harmonie und Vielseitigkeit gewinnen, was es durch zunehmende Komplexität erreicht - die es allerdings *vorher nicht* verkörpert. Die höhere Harmonie seines Weges beinhaltet also zwar Disharmonien, aber ohne dass diese zur Entwicklung seiner Harmonie *beitragen*. Irrwege sind keineswegs *notwendig*. Auch verlangt erfolgreiches Ausweiten der Komplexität im Wechselspiel mit der Umgebung das Übertragen innerer Harmonie nach außen, nicht die Aufnahme äußerer Disharmonien. Übermäßige Trennung ist auf Dauer niemals fortschrittlich. Begrenzte Disharmonien lassen sich jedoch in eine höhere Harmonie integrieren. Beispielsweise sollten auf dem Weg zu einer in jeder Hinsicht reicheren Gesellschaft *alle* Nationen einbezogen (aber nicht vermengt) werden, sogar die kriegstreibenden. Nur gemeinsam lernen *alle* Seiten voneinander und können Konfliktursachen *auflösen*, anstatt sie zerstörerisch wirken zu lassen. *Im Rahmen grundlegender Kooperationsbereitschaft* wiederum mag die Signalwirkung gezielter Boykotte durchaus sinnvoll sein.

Hohe Komplexität zeigt uns außerdem, wie Determination und Zufall harmonisch verbunden sein können. Kausale Beziehungen und unvorhersagbare Reaktionen formen eine funktionierende dynamische Struktur. Mit steigender Dichte freilich werden deren innere Vorgänge immer weniger logisch nachvollziehbar. Logik und Statistik vereinigen sich auf der zufälligen, scheinbar chaotischen Seite. Spiegelbildlich dazu sind in einem lockeren System vielfältiger, aber verstreuter Teile alle bestimmenden Beziehungen so weit voneinander getrennt, dass sie höchstens zufällig ineinandergreifen können. Die Veränderung eines vorbestimmten Ablaufs ist unvorhersehbar, die Teileinheiten des Systems beeinflussen sich nur zufällig, aber wenigstens so oft, dass wir noch von *einem* System sprechen können. Letzteres hat mit Harmonie offenbar nicht viel zu tun, während wir dem unberechenbaren Komplex immerhin eine *verborgene* Harmonie zuschreiben können (ohne Garantie).

Beide Extremstrukturen, dichtester Komplex und loses Vielteilchensystem, werden von *statistischer* Logik beherrscht. Diese kommt zur Geltung, wenn zwar noch Strukturen erkennbar sind, aber nicht der *Weg* ihrer gegenseitigen Beeinflussung. Daher verbleiben in solchen Systemen, sowie den mit ihnen kombinierten, immer Wirkungsmöglichkeiten für das Unbekannte. Der strukturell scheinbar geschlossene Organismus enthält weitere versteckte Beziehungen. Er ist nicht wirklich geschlossen. Dazu müssten alle Wege bekannt und nachvollziehbar sein, was Logik und Statistik auf der deterministischen Seite vereinen würde, in einer idealen Maschine.

In einer offenen diskreten realen Welt sind zufällige und determinierende Beziehungen naturgemäß so weit voneinander getrennt wie die Teile des jeweils betrachteten Systems. Dementsprechend unterscheiden sich in der Regel logisch-deterministisches und tatsächlich-statistisches Ergebnis. Die unsichere Wettervorhersage springt als treffendes Beispiel ins Auge. Ferner wird jeder Autofahrer bestätigen können, dass selbst das Verhalten seines durchkonstruierten Gefährtes manchmal nur intuitiv zu verstehen ist. Unbekanntes ist überall am Werk, und in erster Linie dessen relative *Trennung* vom Bekannten (nicht so sehr die Harmonie mit ihm) ermöglicht die wenigstens eingeschränkte Gültigkeit logischer Bestimmungen.[7]

Die mächtigsten Relationen, wie die Einheit Unterschiedener oder einfach Bewegung, erreichen die größte Spanne *gleichberechtigter* Übereinstimmung von Logik und Statistik: Man kann entweder sagen, dass die Mächtigkeit der Bewegung aus ihrer Logik folgt oder dass diese Logik aus ihrer statistisch-kombinatorischen Mächtigkeit resultiert. Eine solche Mächtigkeit ähnelt aber einem abgeschlossenen (von allem Unbekannten getrennten) System, da sie konkretere Beziehungen *auszuschließen* scheint. Aufgrund dessen kann sie ebenfalls nicht gut für Harmonie zwischen Logischem und Tatsächlichem stehen.

Von wirklicher Harmonie zwischen Determination und Zufall können wir nur dann sprechen, wenn diese auch als sie selbst auftreten und dennoch miteinander kooperieren. Das geschieht in einzelnen Momenten oft spontan. Dagegen verbirgt sich eine mögliche *komplexere* Harmonie zwischen beiden Seiten gern hinter ei-

---

[7] Diese Aussage ist deshalb etwas abgeschwächt, weil Regelkreise (wie sie in "intelligenten" Steuermechanismen enthalten sind) gewisse *mögliche* Störungen auf einen vorherbestimmten Weg umleiten können. Und "chaotische" Regelungen (wie die des Herzrhythmus) *benutzen* zufällige Schwankungen dazu, einen stabilen Zustand aufrechtzuerhalten. (Ständige kleine Unregelmäßigkeiten verhindern das Aufschaukeln von Schwingungen.) Aber auch hier ist das Ungewisse im Endeffekt *eliminiert*. Erst ein komplexes System integriert es harmonisch zur *Autonomie* seines Gesamtverhaltens.

nem disharmonischen Wechselspiel: Vorbestimmte Bewegungen werden durch ebensolche zufällig beeinflusst, unberechenbar verändert, aber eindeutig fortgesetzt. (Zwei alte Herren laufen gedankenversunken geradeaus, stoßen plötzlich zusammen und reißen die aufmerksame Oma daneben mit um.) Doch hinter den vordergründigen Ereignissen mag - potentiell erkennbar - eine tiefere Harmonie wirken, die sich sozusagen in die diskretere Form entfaltet. (Die unfreiwillige Begegnung der beiden ständig zerstreuten Professoren und Omas Fehleinschätzung - "Die sind doch nicht blind!" - wird alle drei künftig vorsichtiger machen und schwerere Unfälle verhindern.) Allein einer Harmonie dieser höheren und - nach vorläufigem Erkenntnisstand - eher ungewissen Art kann auch allumfassende Gültigkeit zukommen, zumal sie selbst relative Disharmonie einschließt. Wir werden ihr besonders in den Aktivitäten des Bewusstseins noch mehrmals begegnen.

9. Verwobene Pyramiden

Nach diesen Vorrunden wollen wir uns endlich dem Hauptthema des Abschnitts widmen, der ja mit "Hierarchie und Ganzheit" überschrieben ist. Die Notwendigkeit, beide Ordnungsmerkmale im richtigen Verhältnis wahrzunehmen, leuchtet ein, wenn wir uns den übertrieben hierarchischen Aufbau vieler menschlicher Organisationen bewusst machen und den mangelnden Sinn für ganzheitlichen Zusammenhang in einer konkurrenzbetonten Gesellschaft. Wir neigen dazu, hierarchische Strukturen einerseits als natürlich und notwendig aufzufassen, andererseits aber als hinderlich für die Entfaltung der rangniederen Individuen. Hinterfragen wir also zunächst einmal das *Allgemeine* von Hierarchien anhand ihres umfassendsten und unausweichlichen Auftretens, bei dem sie sogar den Zufall beherrschen.

Hohe kombinatorische Mächtigkeit eines Dinges weist ihm zweifellos einen oberen Platz in der Bekanntheitspyramide zu. Sie beschreibt seinen wahrscheinlichen Existenzumfang, die Anzahl der unterschiedlichen Beziehungen, die es auf sich vereinen kann, letztendlich seine tatsächliche Allgemeinheit. Diese Allgemeinheit kann nahezu alles umfassen und ist oft logisch begründbar. Indes mag die Hervorhebung jenes Dinges aus der absoluten Gleichberechtigung des Universalkontinuums völlig willkürlich gewesen sein.

Es spricht zum Beispiel einiges dafür, dass ein beliebig aus der allseitigen Unendlichkeit herausgegriffenes Etwas Rückkoppelung aufweist. Denn logischerweise ist nur in Verbindung mit Rückkoppelung relative Stabilität und Struktur möglich. Die Wahrscheinlichkeit, Rückkoppelungen zu enthalten, beträgt demnach für jedes Ding hundert Prozent! Logisches und statistisch ermittelbares Ergebnis stimmen hier überein.

Das verwundert nicht: Ähnliches haben wir schon hinsichtlich der Bewegung festgestellt, aus der sich ja Rückkoppelung "zusammensetzt". Die zum Verbinden jenes Dinges mit anderen Dingen erforderlichen *offenen* Bewegungen bilden nun als solche mit seinen Rückkoppelungen eine dialektische Einheit. Rückkoppelung

allein kann nicht *existieren*, weshalb sie spiralförmig über sich hinauswächst, sich selbst transzendiert, *ohne sich aufzugeben*. In der
offenen Bewegung ist sie weiterhin enthalten, denn die ist ohne sie
ebenfalls bedeutungslos (siehe Kapitel 3). Transzendenz, nicht
Ausschließlichkeit, macht Rückkoppelung so mächtig. Alle Einwirkungen kehren erst nach einem unendlichen Umweg *vollständig* zurück. Transzendenz meint *Beziehung zu anderem*, das Enthaltensein in diesem. Das eben *ist* Allgemeinheit, und sie setzt voraus, dass keine Seite *absolut* vorherrscht.

Es muss nicht einmal eine Seite weniger allgemein sein als die
andere, sie können einander alle zu *gleichen* Teilen enthalten, im
gleichen Maße allgemein und speziell - eben als *Teil* alles anderen
- auftreten.

Allerdings ist es unwahrscheinlich, dass etwas beliebig aus dem
Universalkontinuum (oder dem imaginären Halo) Gegriffenes eine
spezielle Eigenschaft, wie zum Beispiel Viereckigkeit, aufweist.
Das wäre genausowenig logisch zu begründen, wie die Tatsache,
dass die bekannten physikalischen Gesetze gerade so und nicht anders beschaffen sind. Wir begäben uns damit viel weiter in die beschränkte Diskretheit, in der vermeintliche Logik und empirische
Statistik oft voneinander abweichen. Zum Ausgleich dafür könnte
der Bereich der verfügbaren Möglichkeiten künstlich begrenzt
werden, so dass Abweichungen vom "logisch" Erwarteten gering
bleiben: Wir legen uns Scheuklappen an. Doch selbst dann entgehen wir nicht dem Einfluss des bereits *vorher* Unbekannten, das
zur Symmetrie auch des kleinsten Kuchens *fehlt* und uns immer
mal wieder über die Asymmetrie zwischen wenig Allgemeingülti-
gem und viel Unvollständigem stolpern lässt.

In Kapitel 4 und 5 haben wir einige sehr allgemeine dialektische
Beziehungen besprochen. Die Mächtigkeit dieser Relationen, welche ein Rückkoppelungsverhältnis meist *zweier* gegensätzlicher
Seiten beschreiben, beruht offenbar auch auf Einfachheit. "*Duo*lek-
tik" verwirklicht die Mindestanforderung der Diskretheit, zwei sich
voneinander unterscheidende ... (Jede weitere Spezifizierung wäre
schon weniger allgemein.) Sie wirkt in *allem* Konkreten - aber

nicht allein: Mächtigkeit ist nicht Ausschließlichkeit. Eine "duolektische" Beziehung ist die vorrangige eines ganzen *Systems* von Zusammenhängen. In hochkomplexen Systemen kann sie sich überdies nur aus der *Gesamtheit* aller Verflechtungen formen, wenn auch immer unter *einem* bestimmten Gesichtspunkt. So können sich die inneren Bewegungen eines Volkes im Wechselspiel zweier politischer Parteien ausdrücken und in der Scheidungsquote als Maß des durchschnittlichen Eheglücks. Beides kann nicht ganz unabhängig voneinander sein, doch je nach Blickwinkel erhält der parteipolitische oder familiäre Aspekt Vorrang.

Dabei ist jeder Aspekt der allgemeine derjenigen Beziehungen, die er auf sich vereint. Er liegt an der Spitze seiner *individuellen* Hierarchie - auch in puncto Wesentlichkeit, denn ohne *diese* Vereinigung gäbe es nicht *diesen bestimmten* Bezug seiner verschiedenen Komponenten aufeinander: Sie würden niemals über Parteipolitik oder die Zukunft der Ehe diskutieren. Einige Beziehungen zu "niederen" Ebenen sind wiederum verzichtbar oder veränderbar, ohne dass sich das *Wesen* der individuellen Hierarchie - eben ihr vorrangiger Aspekt - ändert. Die spezielle Ganzheit von Beziehungen, die in diesem Wesen gerinnt, ist relativ stabil.

Je umfassender eine Ganzheit mit einer größeren verwoben ist, desto abhängiger ist sie natürlich auch von *deren* Stabilität, so wie sich Parteien und Familien nicht nur auf den Zusammenhalt ihrer Mitglieder, sondern auf die Beständigkeit ihrer ganzen physischen und biologischen Umwelt stützen. Stabilität entsteht hier gegebenenfalls aus hoher Dynamik, ähnlich wie jeder einzelne Mensch aus seinen komplexen inneren und äußeren Wechselbeziehungen.

Dennoch erscheinen die unterschiedlichen Aspekte, in denen die vielfältigen Abläufe zusammentreffen, voneinander relativ getrennt, so wie Arme und Beine, deren vollständigen Zusammenhang wir vernachlässigen können oder nicht zu kennen brauchen, um ihr Verhalten beim Gehen zu verstehen. Sie pflegen Beziehungen, die von ihrer *genauen* Tiefenstruktur qualitativ unabhängig sind.

Im Extremfall des absoluten Universalkontinuums ist die gegenseitige Abhängigkeit der Dinge und Beziehungen bis ins Unendliche gesteigert, so dass jeder beliebige Punkt mit dem *insgesamt ruhenden* Ganzen *zusammenfällt*. Doch in einer sich bewegenden realen Welt bedarf die Stabilität einer Wechselbeziehung, und noch mehr die eines Komplexes, *auch* der Trennung der beteiligten (Unter-) Ganzheiten. Und deren bescheidenste Vermittlung miteinander ist zunächst wieder *zweiseitig*.

Ein Seminar setzt sich zum Beispiel aus den jeweils aktuellen *Zwie*gesprächen der Teilnehmer zusammen, von denen jeder einzelne den bisherigen vielseitig verzweigten Gesprächsverlauf speichert und in seinen Worten ausdrückt. Die Multiganzheitsbeziehung des Seminars kommt nicht zustande ohne solch duolektische Teilbeziehungen, die Vorrang auf *ihrer* speziellen Ebene haben und von den anderen Gesprächen *in dem Maße* getrennt sind wie die jeweiligen *Teilnehmer* (und ihr Gedächtnis) voneinander.

So erhalten wir auch ganz allgemein eine Hierarchie von den einfachsten duolektischen Verhältnissen über "multilektisch"-komplexe Ganzheiten bis hin zur absoluten Identität aller Seiten im Universalkontinuum. Andererseits gibt es die Hierarchie, an deren Spitze die mächtigsten dia(-duo-)lektischen Beziehungen stehen, die aus der Ganzheit der unteren Hierarchiestufen hervorgehen.

Sicher erwächst *jede* Hierarchiestufe, ob einfach oder komplex, aus den gesamten Einzelheiten der unter ihr liegenden Stufe, die sie zusammenfasst. Gleichwohl geht jene Gesamtheit immer über eine duolektische Beziehung hinaus, sie transzendiert sie multilektisch und gibt sie schließlich im Universalkontinuum (aber erst dann!) auf, wo alle Hierarchiestufen zusammenfallen.

Legen wir beide entgegengesetzten Hierarchien übereinander (die eine oben einfach-duolektisch - unten komplex-multilektisch, die andere oben komplex-multilektisch bis identisch - unten duolektisch, aber vielfältig), erhalten wir eine Hierarchie, in der sich vorrangige Duolektik (jeder *einzelnen* der Gesamtheit entspringenden Beziehung) mit vorrangiger Multilektik (der Gesamtheit aller Einzelheiten) abwechselt, wobei beide in Richtung Universalkontinuum immer mehr vereint werden (*mächtige* Duolektik mit steigender Komplexität) und zugleich die Ganzheit überhand nimmt bis zur absoluten *Identität* aller Dinge.

Grober ausgedrückt: Alles, was für relative Trennung steht, liegt am unteren Ende und alles, was für mehr Einheit steht - einschließlich der Einheit mit dem Gegensatz - am oberen. Dabei ist zu beachten, dass die oberste Stufe, die universelle Ganzheit, auch die untersten in sich *vereint*, das heißt die Hierarchie *beseitigt*. Die unteren Stufen *gehen in den oberen auf*, wie Gemeinden und Städte in einem Staat aufgehen. Der absolute Reflexionspunkt schließlich "erzeugt sie alle neu" beziehungsweise umfasst sie *auch* als getrennte. Der Staat braucht die Städte und Gemeinden auch *als solche*. Ganzheit und Trennung sind in ihm gleichberechtigt, *aufgrund ihrer Identität*. (Was nicht heißt, dass diese Harmonie *realisiert* wird.)

Jedes Objekt (oder Subjekt) steht immer noch an der Spitze seiner individuellen Hierarchie, unabhängig davon, auf welcher *globalen* Hierarchieebene es sich befindet. Es ergibt sich aus all jenen zusammenhängenden Dingen und Ebenen, es schließt sein Verhältnis zu ihnen, seine hierarchische Position, ein. Ein Abteilungsleiter ist gerade deshalb ein solcher, weil er eine Position zwischen Direktor und Arbeiter einnimmt. Entsprechendes gilt für die letzteren beiden. Jedes Individuum stellt eine Zusammenfassung des Ganzen dar, als Gipfel einer Hierarchie, die sich unendlich weit in *alle* Richtungen erstreckt und mit allen anderen Hierarchien verflochten ist. Diese individuellen Hierarchien unterscheiden wir so, wie wir Personen voneinander unterscheiden. Und nur wenn wir sie hinsichtlich eines beschränkten Merkmals, wie der Weisungsbefugnis oder der Gehaltsgruppe, vergleichen, bilden wir eine *neue* Hierarchie der Hierarchien, mit dem Direktor an der Spitze.

Nun *muss* eine Verbindung vielseitiger hierarchischer Geschöpfe auf etwas Allgemeinem und - zumindest im Hinblick darauf - Wesentlichem beruhen, das die Top-Position dieser globalen Hierarchie einnimmt. *Andere* Verbindungen derselben Geschöpfe küren ein *anderes* verbindendes beziehungsweise bestimmendes Wesen zum "Oberhaupt": In der Betriebsfußballmannschaft ist wahrscheinlich ein anderer der Kapitän.

Die auf unterschiedlichen Gebieten kompetenten Chefs (und ihre zugehörigen Hierarchien) können jetzt wiederum nach einem bestimmten Merkmal verglichen werden, was eine noch globalere Hyperhierarchie begründet. Deren mögliches Oberhaupt, eine Person, welche sowohl den Direktor als auch den Mannschaftskapitän anweisen darf, ist in der Lage, über diese Vermittler sowohl die berufliche Tätigkeit als auch die Freizeitbeschäftigung der Arbeiter zu steuern. Sie kann jede Ebene der ihr untergeordneten Hierarchien stärker beeinflussen als die dort zuständigen Oberhäupter, indem sie *vielseitiger* auf jedes Element einwirkt. Erreicht sie darüber hinaus *direkt die Abteilungsleiter*, wächst ihr Einfluss auf jeden Arbeiter noch mehr.

Treiben wir dies immer weiter, gelangen wir schließlich zu einer höchsten Hierarchieebene, die unmittelbar bis in jede kleinste Verästelung des Hierarchiebaumes wirkt. Bewegung schlechthin befindet sich auf einer solchen, wie wir schon sahen. Dennoch "respektiert" sie die individuelle Hierarchie jeder ihrer konkreten Formen, denn als *Abstraktion* ist sie weiterhin nur ein *Teil* derselben (wenn auch *jedes* beliebigen Bereiches).

Kurven, Wellen und Kreise sind unterschiedliche Äste des Bewegungsbaumes, die zusammen wieder unterschiedliche Wipfel (Objekte) formen. Veränderungen an einem Wipfel spüren über das innere Signalsystem des Baumes (die Vermittlungsbewegungen) auch alle anderen. Die individuelle Hierarchie jedes Wipfels ist gültig (existent), trotz oder gerade wegen ihrer Einheit mit allen anderen in einem mächtigen Stamm (der allgemeinen Bewegung), dessen Holz in alle Wipfel reicht.

Es ist daher wenig sinnvoll, eine Hierarchie überzubetonen und die Ganzheit jedes Individuums zu missachten. Gerade die höchsten Hierarchieebenen sind ganzheitlich, sie vereinen *alle* Individuen und jedes einzelne; und sie wirken nur durch alle und jedes einzelne. Allein die Trennung und Teilung der Individuen schafft ein Übergewicht *beschränkter* Hierarchien, die dann gegeneinander ausgespielt werden können.

Der Abteilungsleiter engt die Individualität des Arbeiters, an der er lediglich einen unbedeutenden Anteil hat, auch keineswegs ein (solange der Arbeiter ihn nicht selbst zum Zentrum seines Lebens macht). Der Arbeiter kann notfalls die Abteilung, die Firma oder sogar den Beruf wechseln - er bleibt doch weitgehend derselbe.

Wie indessen zunehmend erkannt wird, profitieren alle Beteiligten am meisten - *am umfassendsten* - voneinander, wenn ein Unternehmen gleich auf *Individuen* setzt und ihnen so viel Freiraum und Verantwortung als möglich zugesteht.

TEIL II

Die Logik der Umschreibung

10. Das infinitesimale Zentrum

Im ersten Teil dieses Buches haben wir viele wechselseitige Abhängigkeiten beschrieben: Die Eigenschaften jedes Objektes hängen vom Beobachtungsstandpunkt ab und damit auch vom Beobachter. Ein konkretes Etwas wird immer mit seiner Umgebung verglichen und geht erst aus der Wechselbeziehung mit ihr hervor. Auch seine scheinbar einseitige Wirkung auf den Beobachter entpuppt sich als Ganzheit, denn keine Seite ist denkbar ohne die andere. Alles, von den seltensten Formen bis zu den allgemeinsten Inhalten, tritt als Ganzheit unterschiedlicher Komponenten auf.

Worin genau besteht diese Ganzheit? Auf keinen Fall nur in einem Objekt, sondern sie schließt dessen *Verhältnis* zu weiteren Objekten, eine Wechsel*bewegung*, ein. Um etwas wahrzunehmen, müssen Sie ständig zu einem anderen hinüberwechseln, wobei Sie die *Veränderung* des gerade Beobachteten bemerken und in *einem* vorrangigen, mehr oder weniger scharfen Unterschied festschreiben - demjenigen, welcher das Objekt Ihrer Aufmerksamkeit abgrenzt.

Erinnern Sie sich an unser Beispiel mit dem Auto, das Sie nur im Vergleich mit seiner Umgebung erkennen können? Auch unabhängig von *Ihnen* als Beobachter wechselwirkt das Auto mit seiner Umwelt: Es saugt Luft an und stößt Abgase aus, es steht oder rollt auf dem Boden, wird gelenkt, reagiert darauf usw. Ohne diese Vermittlung mit der näheren und ferneren (Tankstelle, Bohrinsel, Herstellerwerk) Umgebung wäre es kein Auto oder zumindest nicht *dieses* Auto. In diesem Objekt manifestiert sich eine Vielfalt von Wechselwirkungen und anderen Objekten, es kann nicht auf *ein* bestimmtes Ding zurückgeführt werden.[8]

---

[8] In Kapitel 1 betrachteten wir die Existenz eines Objektes als unabhängig von der *Struktur* seines Halos (nicht aber von seiner eigenen und der des Beobachters). Hier berücksichtigen wir nun auch seine *mannigfaltige* Nichtexistenz in den nicht nur *anders,* sondern *relativ selbständig* existierenden Gegenständen der Umgebung. Diese unterscheiden sich zunächst *voneinander* und werden für das Objekt erst wesentlich, wenn sie sich in ihm *verbinden.*

Allerdings erkennen wir nie die ganze zugrunde liegende Viel-falt. Was wir jeweils als Auto bezeichnen - typische Karosserie, rollendes Transportmittel, stinkender Benzinverbraucher - kann also nur eine Annäherung an jene Totalität sein, die sich in ihm verkörpert.

Offenbar tritt diese Näherung selbst nicht als formlose Masse auf, sondern zusammengesetzt aus vielen verschiedenen Teilen, wie Sessel, Räder, Motor. Nur in deren charakteristischer Verbin-dung, in einer Menge eingrenzender Wechselverhältnisse, erken-nen wir den wesentlichen Kern. Während wir zwischen den Teilen hin und her schwanken, sie vergleichend zueinander ins Verhältnis setzen beziehungsweise ihre Wechselwirkungen nachvollziehen, *umschreiben* die dabei stattfindenden Bewegungen ein Auto. Ohne diese seitlichen Bewegungen verbliebe nur eine undifferenzierte, infinitesimale "Wirkung". Das "Auto an sich" gibt es nicht, denn es besteht nur in seinen Details. Nichtsdestoweniger ist es mehr als sie: ihre *Einheit*.

Was bedeutet das "Mehr" dieser Einheit? Neue Funktionen (fah-ren, befördern usw.), die nur dem ganzen Auto und nicht seinen Fragmenten zukommen? Gewiss. Doch auch sie sind ja eine Um-schreibung. Selbst jede *einzelne* Funktion - wie "fahren" - um-schreibt und ist ihrerseits eine Umschriebene. Sie steht für Wechsel-wirkung. Dabei wäre es ein Widerspruch in sich, das Auto auf ir-gend*eine* Seite (oder - als weiteren Schritt - auf alle Seiten in ihrer *Summe* oder den *Wechsel* zwischen ihnen) zu reduzieren. Sobald wir einen Aspekt der Ganzheit festhalten wollen, entgleiten uns die anderen, nun fehlenden, und so pendeln wir konstant zwischen mehreren Momenten - ein relativ geschlossener Vorgang. Genau auf dieser Rückkoppelung - nicht auf einer "Substanz" - beruht die relative Stabilität der Wahrnehmung. Es entsteht ein *Kondensat* der komplizierten Wechselbewegungen, das natürlich als solches, als *Näherung* des vollständigen Gegenstandes, genügt.

Geben wir uns trotzdem weder mit dieser Näherung noch mit dem ständigen Hin- und Herschwingen zwischen Teilen und Funk-tionen zufrieden, bleibt uns nur übrig, auf ein(ig)e Seite(n) zu ver-zichten (der "Widerspruch in sich" führt zur Trennung) oder, soll das Fahr-Zeug erhalten bleiben, die verflochtenen Kreise zu *durchdringen*, um jene umfassendere Struktur zu entdecken, welche zu ihnen *hinführt*. Wir können zum Beispiel die Motorhaube öffnen, die Konstruktionspläne einsehen oder den Produktionsprozess studieren. Sicher stellt die tiefere Struktur ebenfalls eine Näherung dar, wenn auch eine detailliertere. Sie enthält eigentlich noch mehr Wechselbewegung als die Ausgangsoberfläche. Doch *relativ* zu der letzteren kann sie statischer wirken, so wie die ferne Montage von Motor und Lichtmaschine gegenüber dem wirbelnden Keilriemen vor unserer Nase.

Der Blick in die Tiefe einer Umschreibung eröffnet uns indes *nicht zwangsläufig* mehr Details. Als wir über das abstrakte Verhältnis von Bewegung und Ruhe sprachen, konnten wir beobachten, wie sich die Rückkoppelung zwischen beiden oft bis ins kleinste Detail wiederholte, ohne vielfältigere Formen anzunehmen. Recht armselig auch gerinnt der äußere Detailreichtum eines Jeeps im abstrakten Begriff "Auto". Allerdings bietet der Jeep über diese lapidare Einschätzung hinaus viel mehr Möglichkeiten. Es ist wahrscheinlicher, dass wir seine innere Vielfalt entdecken (hineinsetzen, untersuchen, losfahren), als dass wir in einer Sackgasse begrifflicher Beschränkung *verweilen*.

Ob die Tiefe einer Umschreibung aus einer Vielfalt oder einer Abstraktion besteht - ihre Beziehung zu den oberflächlichen Wechselverhältnissen ist in gleichem Maße rückkoppelnd: Eines existiert nicht ohne das andere. Keine Umschreibung ohne Umschriebenes, keine Tiefe ohne Oberfläche, kein Objekt ohne Grund.

Das Tiefste, auf das wir stoßen können, ist das absolute Universalkontinuum. Einerseits mögen wir es als vollständig entfaltetes Geheimnis ansehen, das letztlich alles verbindet. Andererseits finden wir seine absolute Identität, wie in Kapitel 2 begründet, an jedem infinitesimalen Punkt der realen Welt. Einerseits ist jede Umschreibung eine individuelle Verkörperung des universellen Ganzen, andererseits zeichnet sie *ein* bestimmtes Zentrum aus. Indem wir eine bestimmte Umschreibung konzentrisch immer mehr verengen, wird sie immer diffuser, bis hin zu jenem unendlich kleinen Punkt, welcher der infinitesimalen undifferenzierten "Wirkung" entspricht, die wir ohne seitliche rückkoppelnde Bewegungen "wahrnehmen" würden. Und da wir immer nur ein *beschränktes* Rückkoppelungsverhältnis erkennen, fällt für uns das Universalkontinuum zunächst mit dessen infinitesimalem Zentrum zusammen.

Wir sprachen bisher fast ausschließlich davon, dass sich das Universalkontinuum unendlich hinter jedem diskreten Objekt erstreckt. Hier aber sehen wir es komplett in der "greifbaren" Nähe des Zentralpunktes. Wie harmoniert das miteinander? Nun: Bis zum Universalkontinuum müssen wir eine unendliche Strecke zurücklegen, auf der die wahrgenommene Vielfalt ins Unendliche wächst. Doch gerade die Unendlichkeit dieser Entfernung erlaubt die *Überlagerung* des Vielfältigen zu einer einfachen Erscheinung, die wir in unserer begrenzten Welt erfassen können. *Beschränken* wir uns auf einen bestimmten Beobachtungsstandpunkt, *nimmt* die Vielfalt eines Wechselverhältnisses zur Mitte hin *ab*, so dass wir den zugrunde liegenden Reichtum nicht erkennen. Die für uns noch wahrnehmbare Vielfalt verschmilzt, die Dinge *konvergieren*. Letzter Treffpunkt und letztes Detail beim Blick in die Umschreibung ist die zentrale Infinitesimalität.

Erst wenn wir eine Durchdringung hin zu erweiterten Beobachtungsstandpunkten gestatten, also in das Zentrum *hinabtauchen*, *entfalten* wir die dort miteinander identifizierten Dinge und streben sozusagen *divergent* nach dem Absoluten. *Verwirklichen* können wir es nur in unendlicher Entwicklung. Dennoch nehmen es beschränkte Objekte, Beobachter oder Beobachtungsstandpunkte mit ihren Zentralpunkten *insgesamt vorweg*. Obwohl das absolute Universalkontinuum an sich nichts aussagt, sondern nur in seiner Reflexion existiert, erhält es in diesen konkreten Standpunkten eine *individuelle* Bedeutung.

Jede weitere Entfaltung verborgener Strukturen verändert zwar diese Bedeutung, enthält aber das Universalkontinuum weiterhin in Form der *neu* umschriebenen Infinitesimalpunkte, wie auch den unverwüstlichen imaginären Halo. Wir werden die Identität des

Kontinuums einfach nicht los: Speziell von deren Infinitesimalität können wir sagen, dass sie durch alles potentiell Entfaltbare *hindurchreicht* - in unendliche Tiefe.

Und genauso unablässig *wirkt* sie. Im folgenden Kapitel beginnen wir, uns mit diesen Wirkungen zu beschäftigen.

11. Innerer Druck und äußerer Sog

Im Gegensatz zur Bestimmtheit und Identität des infinitesimalen Zentrums kann man im ausgedehnten imaginären Halo *verschiedene* Punkte in Bezug auf den diskreten Beobachter unterscheiden. Von einem konkreten Beobachtungsstandpunkt ausgehend führt der Weg zum Universalkontinuum in viele Richtungen, der Weg nach außen ist offen, unbestimmt, divergent. Diese Asymmetrie zwischen innerer Konvergenz und äußerer Divergenz erinnert an die Asymmetrie zwischen Einheit und Gegensatz: Während sich zunehmende Einheit selbst abschließt, existiert der Gegensatz nur als *Tendenz* zur Trennung. Ein Objekt identifizieren wir mit seiner *Einheit*, nicht mit (wohl aber mittels) der Differenz zwischen seinen Teilen.

Eine Rolle spielt auch, dass rückkoppelnde Bezogenheit der Komponenten aufeinander die lineare Logik von Ursache und Wirkung durchbricht. Vorrang erhält jene Logik der Umschreibung. Wir gewinnen nicht viel, wenn wir sagen, dass die Regenwolken auf den Wald einwirken und dieser dann wieder auf die Wolkenbildung usw. Wichtig ist, welches Klima sich aus dem *Ganzen* ergibt. Die Seiten gehen ja selbst erst wesentlich aus ihren Beziehungen zueinander hervor und schließen weitere ein.

Einem verschnupften Zuhörer umschreiben wir das ihm unbekannte Aroma eines Weines, den wir gerade trinken, mit den blumigsten Ausdrücken, deren Bedeutung er *kennt*. Und erst wenn wir uns während der umwälzenden Bewegungen unserer Zunge noch die *Entstehung* dieses Weines, sein Reifen in der südlichen Sonne und im dunklen Fas vergegenwärtigen, schmeckt er uns richtig. Nichts ist elementar, sogar jedes sogenannte Elementarteilchen stellt einen ganzen Haufen von Wahrscheinlichkeiten dar und kann mehrere andere Teilchen entfalten, durch die wir es "analysieren".

Eine Ganzheit beschreibt also nicht, was fundamental "ist" und auf anderes einwirkt, sondern sie *entsteht* aus der Umschreibung dessen, was *an sich nichts* ist. Diese Umschreibung, diese ausgedehnte Rückkoppelung, hebt erst ein Objekt aus dem infinitesimalen Universalkontinuum, um mit anderen (Beobachtern) zu wechselwirken und auf diese Weise eine neue Ganzheit zu bilden.

Es sollte zu denken geben, dass selbst unser "ruhender" Augapfel winzige, blitzschnelle Vibrationen ausführt, ohne die die Sehzellen kein Signal mehr registrieren würden. Sie nehmen nur die *Änderung*, die Schwingung, zwischen unterschiedlichen, aber ähnlichen Eindrücken wahr, welche die *unselbständigen* Seiten des Gesamteindrucks darstellen. Die Ähnlichkeit der Seiten ist dabei mindestens so sehr Folge wie Voraussetzung ihrer rückkoppelnden Verbindung. Im größeren Maßstab vergleichen wir viele gespeicherte Bilder oder Teilbilder, um uns "ein Bild zu machen". Alles betrachten wir so. Auch Musik entsteht als Überlagerung - genauer: Rückkoppelung - verklungener und erwarteter Tonfolgen im dadurch umschriebenen, gegenwärtig existierenden Harmonieerlebnis. Dies muss man nur einmal bewusst *erfahren*.

Je mehr dabei die unterschiedlichen Seiten aufeinander angewiesen sind, desto *zentraler* konzentriert sich ihre Einheit in dem ganzen Verhältnis, da äußerliche Einzelheiten unwichtiger werden. Die wechselweisen *Bewegungen* umschreiben stabil eine relativ *statische* Mitte und verbinden sie mit der Außenwelt. Für eine Veränderung des Ganzen werden sogar die einzelnen Rückkoppelungen relativ unbedeutend. Viel wichtiger ist nun das Verhältnis zwischen Einheit und Gegensatz aller Seiten, das eben durch das Verhältnis zwischen Zentrum und Peripherie (wo die Seiten getrennter auftreten) beschrieben wird.

Betrachten wir hierzu zwei Staaten, die miteinander Handel treiben oder sich bekriegen (was einander in den meisten Fällen ausschließt). Wenn sie das eine oder andere sehr intensiv tun, werden beide Seiten wesentlich von diesem Geschehen geprägt. Ihr allgemeiner Zustand hängt von ihrem beiderseitigen Verhältnis, ihrer *Einheit* ab. Man spricht nur noch von *dem* Handel oder *dem* Krieg, weniger davon, was die Beteiligten zu ihm beitragen. Das *zentrale Wesen* dominiert die Ganzheit.

In Kapitel 4 erkannten wir die Rolle der Gewichtsverteilung zwischen vereinender und trennender Tendenz für die Veränderungen eines Wechselverhältnisses: Entscheidend ist, welches Streben mehr mit der *Einheit* des Verhältnisses identifiziert werden kann. Da wir nun diese Einheit vornehmlich im statischen Zentrum ausmachen, muss diesem auch das *Potential* zur Veränderung seiner Umschreibung zukommen! Im Fall der beiden interagierenden Staaten wird sich die weitere Entwicklung danach richten, ob das zentrale Geschehen (die aktuelle Einheit) auf dem Streben nach Einheit oder nach Trennung beruht. Entweder will jeder mehr vom anderen profitieren als die entlegene Peripherie, das heißt das Zentrum stärken, oder ihn mit Gewalt noch weiter ausgrenzen als sie es peripher schon sind, das heißt das Zentrum auflösen.[9] Aus der gegenwärtig vereinenden Mitte (dem Handel oder dem Krieg), welche diese Tendenzen in unterschiedlichem Maße *einschließt*, geht die Veränderung hervor: die Ausweitung der Einheit durch Handel oder der sich vertiefende Bruch durch Krieg.

Das Streben jeder *Seite* entsteht natürlich auch aus ihren ganz individuellen gesellschaftlichen Rückkoppelungen. Über die Entwicklung des *Ganzen* entscheidet indessen die *Kommunikation* aller Beteiligten. Erst wenn man diese Kommunikation *analysieren* will, *entfaltet* man sie in Teilnehmer, Kommunikationsmethoden usw., wobei für alles Einzelne wieder das gleiche Schema gilt usf.

Solange die Ganzheit im Vordergrund steht, entfaltet sich ein Widerspruch aus *deren* Zentrum und führt zur Auflösung, wenn dieses *Zentrum* das Ganze nicht mehr zusammenhält. Dennoch ist das Zentrum nichts ohne seine bestimmende Umgebung!

Wir sollten auch nicht vergessen, dass jedes Wahrnehmen einer Umschreibung die *ganze* jeweils entfaltete Komplexität einbindet - einschließlich der des Beobachters. Besonders bei "an sich" relativ statischen Unterschieden, wie dem zwischen Front- und Heckspoiler eines Autos, dominiert der Beobachter mit seiner Aktivität. Finden wir zum Beispiel, dass beide Teile nicht zusammenpassen, demontieren wir sie *aus der Mitte unseres Vergleiches heraus* und

---

[9] Die "Unterdrückung" einer Seite durch die andere kann sowohl das eine als das andere bedeuten. Die hierüber entscheidenden Faktoren Selbstverantwortung, Harmonieempfinden und Werterfüllung behandeln wir später.

wählen andere, deren gemeinsames Zentrum stark genug ist, um sie zusammenzubringen.

Folgende Eigenschaften von Ganzheiten begünstigen nun deren *Ausdehnung* (1), die sich durch *symmetrische* Veränderung auszeichnet (2) sowie durch die *Erhaltung* älterer Zustände *im* System (3):

1. das innere Potential zur Veränderung, das letztlich nur nach außen drängen kann,
2. die relative Symmetrie der umschreibenden Rückkoppelung und des imaginären Halos, die keine Richtung bevorzugt,
3. die relative Stabilität der Rückkoppelung, die das System weitgehend abschließt.

"Ausdehnung" meint dabei nicht nur eine quantitative räumliche Vergrößerung, sondern die möglichst allseitige Zunahme der inneren *Vielfalt*. Mit ihr wächst die Anzahl der Dimensionen des Zustandsraumes, der *qualitativen* Unterschiede (siehe Kapitel 3); zugleich führt die Umschreibung des Ganzen durch eine vielgestaltigere Welt.

Wir haben bereits gesehen, wie der offene Halo mit seinem unerschöpflichen Angebot an Entwicklungsmöglichkeiten die Irreversibilität und Komplexität fördert. Dies wollen wir als "Sog" des äußeren Potentials bezeichnen, im Unterschied zum "Druck" des inneren Potentials der Umschreibungen.

Die *infinitesimale* Mitte eines Rückkoppelungssystems ist, wie gezeigt, das absolute Universalkontinuum. Es drückt sich in der realen Welt aus, es reflektiert auf sie, auf den Weg seiner Realisierung. Nur tut es das eben nicht allein aus der unendlichen Ferne, sondern als zentraler Bestandteil jedes *Teiles* dieser Welt. *Es bringt sich durch jedes einzelne Ding zum Ausdruck.*

Derweil die Stabilität eines Systems auf seinen Rückkoppelungen beruht, geht die *Selbständigkeit seiner Entwicklung* auf deren inneren Druck oder Drang zurück. Nur dieser Antrieb (nicht der äußere Sog) wird mit dem System identifiziert. Und das Universalkontinuum besitzt als innere Infinitesimalität das gleiche Potential, wie es von ihm als äußere Unendlichkeit geboten wird!

Druck und Sog sind seine Ausdrucks"kräfte", die beide in die gleiche Richtung wirken. Am Beispiel eines sich ausweitenden Komplexes haben wir beobachtet, wie sie Hand in Hand arbeiten: in diesem Fall über das dichte Pseudochaos im Kern und die lockere statistisch-deterministische Vielteilchenwelt draußen. Die Verbindung eines Systems mit der konvergenten und divergenten Erscheinungsform des absoluten Universalkontinuums wird durch ganz konkrete Beziehungen vermittelt, auf die wir noch ausführlich zu sprechen kommen werden.

Ohne auf diese Beziehungen einzugehen, erkennen wir aber, dass sich das Universalkontinuum aufgrund der umschriebenen Bestimmtheit *in* jedem Rückkoppelungsverhältnis *durch* letzteres *individuell* ausdrücken muss. Der einzige Weg zur realen Verbindung des infinitesimalen Zentrums mit dem imaginären Halo führt über die individuelle Struktur der existierenden Umschreibung, muss also durch *deren* Erweiterung vermittelt werden. Das konkrete System (beziehungsweise die existierende Welt) schränkt die aktuellen Ausdrucksmöglichkeiten ein.

Dies harmoniert mit der Tatsache, dass jedes Objekt und seine Bewegung eine individuell beschränkte Verkörperung und Ausdrucksform der zugrunde liegenden, aber verborgenen Ganzheit ist. Die vielen verschiedenen Beziehungen, die zu einem bestimmten Objekt führen, falten sich zu dessen vordergründiger Gestalt zusammen. Während deren verbliebene Vielfalt an einer Art "Kraterrand", den sie umschreibend formt, ihr Maximum erreicht, nimmt sie nach innen und weiter außen ab, so dass wir von den tieferen Formen immer weniger wahrnehmen. Das Verborgene *kann* zwar nach oben gefördert, das heißt zu äußerem Reichtum entfaltet werden, bleibt dabei aber auf die Weiterentwicklung des Bekannten ausgerichtet, mit dem es wechselseitig verbunden ist. (Wie alles Verborgene kommt auch eine äußere Überraschung *von innen*, wenn wir den existierenden Halo konsequenterweise zur Umschreibung zählen. Genaueres dazu in Kapitel 13 und 18.)

Die bestehende Vielfalt umschreibt zum einen ein bis zur Ungewissheit verdichtetes Zentrum, welches zum anderen das *wesentliche* Potential zur Veränderung des Ganzen einschließt; und das angesichts des einladend offenen Halos. Diese Konstellation schreit förmlich nach Expansion! Folgen wir der Vermittlungsbewegung zwischen Tiefe und Oberfläche, beziehungsweise Kern und Peripherie, *können* wir letztlich nur die Entfaltung des Verborgenen erleben, da jede Beschränkung in einer Sackgasse aufgestauter Energie endet.

Alle Dinge streben also einzeln und zusammen, langfristig und wahrscheinlich in diesem Moment die Realisierung des absoluten Universalkontinuums an. Sie greifen dabei ineinander, um das Ganze zu vollenden.

Etwas Ähnliches wird in vielen Theorien beschrieben, wo man von einer allumfassenden Einheit ausgeht, welche in die Diskretheit "fällt", um wieder zu jener Einheit aufzusteigen. In einigen davon, zum Beispiel in Hegels "Wissenschaft der Logik" und in der Theosophie, verkörpert diese neuerliche Einheit aufgrund ihrer Vermittlung durch die reichhaltigen diskreten Zustände eine *höhere* Stufe. Wichtig ist jedoch, dass die höhere Einheit *ohne* Diskretheit wieder verschwinden würde, dass die Bewegung des Diskreten diese Einheit *ist*. Jede konvergente Bewegung - beispielsweise hin zu formloser Einheit oder auch mächtigen Abstraktionen (!) - schränkt sich selbst ein, wenn sie nicht zu einer weiteren Vielfalt führt und somit in Divergenz übergeht. Im Endeffekt muss die ganze konkrete Fülle einer jeden möglichen und "unmöglichen" Welt realisiert werden.

Ein sich höherentwickelndes System produziert darum, wie in Kapitel 7, viele einfachere, dezentralisierte Untersysteme, womit es die Entwicklung ständig erneuert. Für diese beschränkteren "Babys" bleibt die Komplexität ihrer höheren "Mutter" vorläufig nichtexistent. Sie entwickeln sich relativ selbständig weiter. Doch die unbekannte Ganzheit wirkt in ihnen *durch* sie.

In diesem Abschnitt sind sicher viele Fragen offen geblieben, was hoffentlich nicht zu Missverständnissen geführt hat. Wir werden alles nach und nach klären. Etwas Wesentliches wurde aber schon deutlich: Während wir im ersten Teil dieses Buches noch der gewohnten Logik folgen konnten, kommen wir in Zukunft nicht ohne Intuition aus. Denken allein genügt nicht mehr. Wenn die lineare Logik an ihre Grenzen stößt, muss die wirkliche Erfahrung weiterhelfen - und diese besteht zu einem großen Teil aus ganzheitlichem, *intuitivem* Verstehen. Dabei handelt es sich keineswegs um eine primitivere Form der Erkenntnis, sondern vielmehr um eine *vollständigere* - wenn sie auch die begrenzteren logischen Strukturen *einschließt*.

In dem Maße wie wir das hier eingeführte Konzept weiterentwickeln, wird sich auch unser Verständnis von Logik und Intuition vertiefen.

Ordnung, Chaos und Holobewegung

12. Einfaltung und Entfaltung

Obwohl die grundsätzliche Beziehung jedes Dinges zu allen anderen - meist vermittelt über "Zwischenhändler" - leicht einzusehen ist, betrachten wir die jeweils vordergründigen Zusammenhänge oft isoliert und ignorieren das größere Ganze, das in ihnen zum Ausdruck kommt. Dies ist zweifellos angebracht, wenn wir uns auf bestimmte Wirkungen konzentrieren wollen. Nicht aber, wenn wir ihre Ursachen erschöpfend zu beschreiben gedenken. Zu leicht erliegt man der Versuchung, das Erkannte bereits für vollständig zu halten, die Lücken im Wissen zu übersehen.

Hinterfragt man jedoch die erkannten Bezüge immer weiter, gelangt man zu dem, was David Bohm die "implizite Ordnung" nannte, die verborgene Beziehung aller Dinge untereinander.

Wir haben gesehen, wie ein Objekt seinen komplexeren Hintergrund einfaltet, wie es aus einer Überlagerung oder Verflechtung kompliziertester Wechselwirkungen hervorgeht. Wir beobachten eine umschriebene Ganzheit, deren verborgene Reichhaltigkeit wir bei "genauerem Hinsehen" entfalten können.

Andererseits faltet sich jene komplexe Ordnung in *unterschiedliche* Formen (Unterganzheiten) ein. Wir beobachten *mehrere* Objekte. Die implizite Ordnung des Hintergrundes *ent*faltet also deren *Vielfalt*, eine *explizite* Ordnung.

Nach dieser Entfaltung vom Verborgenen ins Offenbare muss das Explizite seinerseits das Implizite beeinflussen, denn die von den expliziten Formen ausgehenden Wirkungen sollten in einer letztlich allseitig zusammenhängenden Welt auch die implizite Ordnung erreichen; und zumindest teilweise schon vorher, da wir sonst nicht von einer Entfaltungs*bewegung* sprechen könnten. (Bewegung bedarf der Rückkoppelung, siehe Kapitel 3.) Zum Beispiel beeinflusst die entfaltete Wirkung eines Autotyps auf die Käufer die darin eingefaltete Produktion; und bereits vor dem Kauf setzen wir das Auto zum Hersteller in Beziehung (Marke, Nationalität usw.).

Insgesamt haben wir es mit einem permanenten *wechselseitigen* Übergang von einer Ordnung in die andere zu tun, wobei jede Seite (auf der einen der Produktions- beziehungsweise Konstruktionsplan und auf der anderen das produzierte Fahrzeug) durch diese Dynamik erhalten wird: der Konstruktionsplan durch die positiven Fahrberichte und das Fahrzeug durch die Erfüllung des geplanten Zwecks. Jede Seite faltet die andere auf bestimmte Weise ein (enthält, kodiert, verarbeitet sie) und entfaltet sie wieder in veränderter Form. Es ist eine Ganzheitsbewegung (Holobewegung).

Der Austausch zwischen eingefalteter und entfalteter Ordnung ist freilich nicht immer sichtbar und kann die verschiedensten Wege nehmen. In der Quantenphysik funktioniert er - Bohm zufolge - sehr viel direkter als über die klassischen Wechselwirkungen. Allgemein ist jedoch klar, dass jedes Teil auch dann mit der umfassenden Gesamtheit verbunden ist, wenn dies durch *entfaltete* Bewegungsformen nicht so scheint. So wie die implizite Ordnung verbergen sich auch die Wirkungsübermittler irgendwann auf dem Weg zu ihr.

Das hindert diese Vermittler nicht daran, selbst das Ganze einzufalten beziehungsweise als entfaltete Aspekte desselben aufzutreten. Ihre Bewegung kann, wie die aller Objekte, als fortlaufender Wechsel zwischen verborgenen und offengelegten Strukturen gedeutet werden. Die Post vermittelt beispielsweise zwischen den Bevölkerungen zweier Städte. Die Briefpartner kodieren ihre Gedanken schriftlich (falten sie ein) und entschlüsseln die ankommenden Mitteilungen (entfalten ihre Bedeutung). Die Postangestellten müssen ab und zu essen, nach Hause gehen und wiederkommen. Die Transportfahrzeuge werden regelmäßig aufgetankt und in die Werkstatt geschafft, aus dem Verkehr gezogen und wieder eingebracht. Sie tauschen über ihre Fahrer mit anderen Fahrern und Fahrzeugen Informationen aus (Formen der eigenen beziehungsweise fremden Existenz!), das heißt, sie verändern sich über die Kommunikation mit ihren Beobachtern. Sie entstehen und vergehen und sind in jedem Moment Zentren einer anderen Weltordnung. Mit dieser verschwinden sie ständig in nicht mehr existierenden beziehungsweise erscheinen aus noch nicht existierenden Formationen. All diese Querbewegungen vermitteln die Vermittler ihrerseits mit der umfassenderen Sphäre.

Dennoch erkennen wir etwa ein relativ stabiles Postauto, da wir seine periodischen Veränderungen *zusammenfassen*. Jene Wechselwirkungen und Zustandswechsel *umschreiben* es nur. Das Auto "an sich" gibt es auch hier nicht, wenngleich uns einige umschreibende Aspekte weniger bewusst sein mögen als das umschriebene Kondensat.[10] Die wahrgenommenen Ganzheitsmomente eines fahrenden Wagens stellen auf diese Weise die explizite Seite einer Holobewegung dar, die Reihe ihrer entfalteten Umkehrpunkte. Schließlich muss jeder erkennbare Bewegungsabschnitt ein Ausdruck sämtlicher Bewegungen im Universum sein, die zwar nie vollständig zu sehen sind, aber ebenso wenig ausgeschlossen werden können. (Insbesondere nicht in Anbetracht der letztendlichen Kontinuität des Alls.) Sie ahnen schon, was dies für unsere menschlichen Handlungen bedeutet, denn natürlich faltet dann auch jede von ihnen die Bewegung des ganzen Universums ein.

Wir verstehen, dass ein Ganzes etwas Einzelnes wesentlich bestimmen kann. Doch die oft über viele Zwischenstufen vermittelten Wirkungen werfen die Frage auf, wie denn das Einzelne einen nennenswerten Einfluss auf die unvergleichlich größere Ganzheit ausüben könnte. In dem Zusammenhang sollte uns wieder einfallen, dass die (in Richtung des Universalkontinuums) höhere Komplexität des Ganzen auch die Empfindsamkeit gegenüber anfänglich kleinen Wirkungen steigert. Das Einzelne wirkt also im Grunde recht umfassend. Dafür drückt sich der Komplex nur sehr beschränkt im Einfachen aus, da es naturgemäß weniger Reaktionsmöglichkeiten bietet. So stellt sich von selbst eine gewisse Symmetrie der Existenzstärke ein.

Zwei scheinbar getrennte Ereignisse können immerhin ganz ohne erkennbare Zwischenstufe verbunden sein. Sie wirken synchron.

---

[10] Das Ganze funktioniert natürlich auch per E-Mail, das heißt mit Personalcomputern, Elektronen, Wellen, Servern, Stromquellen und – Informationspaketen. Besonders letztere werden künstlich konstant gehalten.

Vermutlich befanden Sie sich auch schon einmal in der Situation, in der Sie "zufällig" den gleichen Einfall äußerten wie Ihr Partner oder Kollege. Sie beide entwickelten, möglicherweise auf unterschiedlichen Wegen, denselben Gedanken. Plötzlich offenbarte sich eine tiefere Ordnung, doch der verschlungene Pfad zu ihr blieb verborgen. Das Implizite wirkte "direkt".

Im Gegensatz dazu falten wir das Universum über *nachvollziehbare* Bewegungen auf *entfaltete* Weise ein, durch die existierende Wechselwirkung mit anderen Objekten. Diese beziehen wir am eindeutigsten ein, im Vergleich zu den unbekannten im Hintergrund. Dennoch falten jene Bewegungen den Hintergrund, wie beschrieben, auch "quer" ein. Das heißt, die implizite Ordnung *umgibt* die realen Objekte: Sie entfaltet deren Wechselwirkung als Ganzes!

Nehmen wir noch einmal den Briefverkehr, mittels dem wir am Leben unserer Freunde teilhaben. Er wird aus der im Detail unbekannten Ordnung unserer Gesellschaft und der Natur enthüllt, welche die Beteiligten über weitere Austauschprozesse vereint. Sie entfaltet unsere explizite Wechselwirkung (eine *entfaltete* Holobewegung) mittels allem, was uns zum Briefeschreiben veranlasst, befähigt und den Transport gewährleistet. Auch wenn wir keinen derartigen Vermittler kennen, wissen wir, dass es eine übergreifende Ordnung geben muss, aus der erst diejenige der vordergründigen Bewegung auftaucht.

Weshalb wir das wissen? Zunächst natürlich weil jede Bewegung aus einer anderen entstehen muss (Kapitel 3). Erinnern wir uns aber auch daran, dass Bewegung nur als Rückkoppelung zwischen ihren Momenten existiert. Sogar die Wechselbeziehung zwischen infinitesimalen Momenten umschreibt eine Ganzheit, die über ihre Details hinausgeht; die aber diese Details ... ja genau! - einfaltet und entfaltet. Diese Holobewegung von Verschmelzung und Teilung *ist* die Wechselbeziehung! Wenn sie eine fortlaufende Bewegung ausdrückt, dann die eines Wirbels in einem größeren Wirbel, wobei alle Strudel durch den einen Fluss - jenen übergreifenden Kontext - verbunden sind, aus dem sie hervorgehen.

Andererseits mündet jeder Wirbel im Zentrum in eine Infinitesimalität, in einen Punkt, über den wir nicht hinausschauen. Alles Unbekannte, was von da (beziehungsweise aus dem imaginären Hintergrund) aufsteigt, wirkt *für uns* direkt, unmittelbar. Es wirkt aus der *total* vereinten Vielfalt des Universalkontinuums heraus. Nichtsdestotrotz können wir diese entfalten. *Nur aufgrund ihrer Entfaltbarkeit* steht die Grenze des Beobachtbaren für den Rest des Universums. Ja, die verborgene *Nähe* von dessen letztendlich allseitiger (!!!) Vielfalt begründet die Nähe einer verborgenen *Komplexität* - unabhängig davon, in wie viele bekannte Zwischenstufen sie sich einfaltet.

Ordnung kann sich in verschiedener Form zeigen: in einem klar strukturierten Gebilde, wie zum Beispiel einem Baum; als scheinbar chaotisches System, wie die Atmosphäre, deren Bewegung ein so komplexes Abbild verborgener Prozesse darstellt, dass Ordnung selbst zuweilen kaum noch erkennbar ist; oder an einem Komplex, der empfindsam auf verschiedenste Einflüsse reagiert, aber trotz oder wegen seines scheinbar chaotischen Innenlebens Autonomie und eine stabile Gesamtstruktur bewahrt (siehe Kapitel 7).

Solch eine stabile Struktur, die sich auf Instabilität gründet, entspricht dem sogenannten "seltsamen Attraktor" in der Chaostheorie. Unter einem Attraktor (von Attraktion = Anziehung) versteht man dort einen beständigen Zustand, der aus einer Reihe von Bewegungen entsteht. Beispielsweise den Punkt, auf dem ein freies Pendel zur Ruhe kommt. Ebenso die Bahn auf die ein Uhrenpendel nach kleinen Bewegungsstörungen immer wieder zurückkehrt. "Seltsam" heißt ein Attraktor nur dann, wenn er aus Bewegungen besteht, die sich nie genau wiederholen aber *insgesamt* dennoch ein beständiges Muster bilden. Das Paradebeispiel dafür ist die Umlaufbahn eines Asteroiden, dessen Bewegung immerzu und unvorhersehbar durch die Schwerkraft anderer Himmelskörper gestört wird. Trotzdem weicht er nicht über einen bestimmten Bereich hinaus von seiner "Bahn" oder vielmehr einem "begrenzenden Schlauch" ab.

Was hat das mit uns zu tun? Nun: Als sich selbst erhaltende komplexe Systeme sind wir alle seltsame Attraktoren der letztlich allseitigen, aber verborgenen Vielfalt, die wir einfalten (zum Beispiel über die biosoziale Evolution und unsere Empfänglichkeit für äußere Reize). Im Schaltplan unseres Gehirns ist sie noch immer recht chaotisch entfaltet. Erst in unseren nicht allzu seltsamen Schöpfungen kondensiert diese undurchschaubare Entfaltung des Verborgenen zur eindeutigen Struktur. Das Haus, das wir bauen, verkörpert somit nach unserem Gehirn eine weitere *Ein*faltung der allseitigen Fülle - und andererseits eine *ent*faltete Ordnung der *für uns* diffuseren Hirnstruktur.

Mit anderen Worten: Eine verborgene Ordnung kann mehrere Ordnungs*grade* entfalten. Hier entfaltet eine weitgehend unbekannte Komplexität zunächst ein Scheinchaos - das elektrochemische Flirren in unserem Kopf. Diese noch undurchschaubar komplizierte Ordnung entfaltet wiederum das in ihr geplante Gebäude. Dabei kann die umfassendere Ordnung des Kosmos (in Anlehnung an David Bohm) als "supraimplizite" Ordnung gelten, da sie das Haus mittels der impliziten Ordnung des Gehirns entfaltet.

Wir erkennen eine Hierarchie zunehmend komplexer und verborgener (Bohm: subtiler) Ordnungen, die sich *insgesamt* in beschränktere Formen *ein*falten und dadurch auf *bestimmte* Weise *ent*falten. Das jeweils Verborgene beinhaltet die Urformen der gerade nicht entfalteten Objekte ebenso wie bedeutend vielschichtigere Verbindungen zwischen den aktuellen Existenzformen.

Das absolute Universalkontinuum besitzt allerdings keine Information außer der des Entfaltungsdranges (der Reflexion, welche dann zunächst einer statistisch-kombinatorischen Ordnung folgt). Seine Ordnung ist das Diskrete.

Analog dazu offenbart sich eine implizite Ordnung, wie die eines Musikstückes, nur in ihrer Entfaltung. In impliziter Form, zum Beispiel auf dem Notenblatt, existieren *andere* Beziehungen der Elemente zueinander und zum Beobachter, die einen anderen - *anders entfalteten* - Beobachtungsstandpunkt beschreiben. Jemand, der Noten nicht versteht, erkennt darin keine Musik. Für ihn beinhaltet das Notenblatt andere Informationen, vielleicht den Spielstand beim Sackhüpfen.

Beide Informationsordnungen mögen zwar relativ eindeutig ineinander übergehen können - Noten in Musik beziehungsweise Musik in geschriebene Noten. Aber erst diese *Beziehung* der Ordnungen zueinander ist ihre *gemeinsame* Ordnung. Sie wird durch die Fähigkeiten des Musikers beziehungsweise Komponisten repräsentiert, der sie ineinander umwandelt. Diese Umwandlung, die Holo*bewegung*, entfaltet jene getrennt erscheinenden Ordnungen der Melodie und der Notenfolge aus der supraimpliziten Ordnung des musikalischen Wissens, ihrem Wesen (!). Ohne Musiker gibt es weder Musik noch Noten.

Ich möchte damit herausstellen, das die Informationen einer Ordnung durch Holobewegung *verändert* werden, und zwar aktiv. Sie *wechseln nicht nur* zwischen zwei unterschiedlichen Ordnungen, sondern während ihres Überganges ineinander bringt der Musiker seinen individuellen Akzent ein, er bietet seine persönliche Interpretation dar.

Diese Offenheit jeder beteiligten Ordnung lässt außerdem die existierende Informations*menge* schwanken. Schon wenn wir sagen, dass eine komplexe Ordnung in einer einfacheren eingefaltet ist, meinen wir, dass sie aus letzterer entfaltet werden *kann* - es aber nicht bereits *ist*. Ihr Informationsgehalt muss erst aus dem Einfacheren *entstehen*. Und umgekehrt kann er wieder verschwinden.

Jede Holobewegung reicht an sich schon ins Unendliche hinaus. Doch die Chaostheorie setzt noch eins drauf und folgert unendlich empfindsame Verzweigungspunkte, an denen die weitere Richtung eines Weges durch unendlich kleine Einflüsse mitbestimmt wird. Ob es regnet oder schneit hinge auch vom Wetter im Andromedanebel ab. Das unendlich Entfernte, die unerschöpfliche Ganzheit des Universums, wird ins Endliche vorgezogen. Unzählige (fast) infinitesimale Wirkungen überschneiden sich, informieren das empfangende System und tragen im Rahmen des explizit Möglichen zu seiner Veränderung bei.

Freilich bestimmt die unterschiedliche Energie der Übermittlungen (ihr *allgemeineres* Potential, siehe Kapitel 14) im voraus den *Rang* der verschiedenen Wirkungen. Die schwächsten gehen (während eines *endlichen* Beobachtungszeitraumes) noch immer in den stärkeren unter. Aber wenigstens ist das System, welches den Verzweigungspunkt stellt, aktiver an der Entscheidung über seinen weiteren Weg beteiligt, an der Auswahl der Wirkungen, die es verstärkt. Deshalb sagen wir hier, dass die äußeren Einflüsse das empfindsame System nur "informieren".

Was erkennen wir noch? Ordnung ist untrennbar von Begriffen der Existenz, von Wesen und Erscheinung.

Ein Wesen, wie die Rasse einer Hundepopulation, projiziert sich in der Existenz seiner Erscheinungen, der unterschiedlichen Hunde. Die Kreuzung der Hunde mit anderen Rassen wiederum, wandelt bei ausreichendem (Existenz-) Umfang das Wesen dieser Population. In ihr herrscht jetzt zum Beispiel die Rasse "Promenadenmischung" vor. Ebenso projiziert sich ihre implizite Ordnung, der genetische Code, durch die Entfaltung in Lebewesen. Und die neuen Liebesbeziehungen derselben wirken sich über die Holobewegung ihres Geschlechtsverkehrs auf das implizite Genmuster aus.

Im Grunde bilden Implizites und Explizites eine Ganzheit, die sich nur *insgesamt* wandelt, denn eine Seite ist nichts ohne die andere, in welche sie pausenlos übergeht. Analog dazu ist ein Wesen ohne Erscheinungen undenkbar, während intensiv verbundene Erscheinungen automatisch ein gemeinsames Wesen begründen (siehe Kapitel 4).

Dasselbe versteckt sich überdies gern in der Vielfalt und Gleichberechtigung seiner Erscheinungen. Was ist zum Beispiel das Wesen eines Feuchtbiotops? Es kann nur in der *Gesamtheit* aller Beziehungen zwischen unzähligen Lebewesen gesehen werden, in der *Ordnung* ihrer Holobewegung.

Ist diese ebenfalls verborgen, nennen wir sie "implizit", aber betonen noch immer ihre *Struktur*. Die entfalteten Lebensformen und ihre erkannten Bewegungen veranlassen uns zu der *begründeten Annahme*, dass im Verborgenen eine Ordnung wirkt. Das Imaginäre ist *potentiell* strukturiert. Und seine Ordnung ist in jenem Biotop *bestimmend* für das Verhalten der Erscheinungen.

Man kommt in solchen Fällen nicht umhin, die implizite Ordnung als das Wesen der expliziten Ordnung anzusehen, als das *komplexe* Wesen ihrer jeweils einfacheren Erscheinungen. Sie vereint die Eigenschaften eines Wesens und einer entfalteten Struktur auf einer tieferen (potentiellen, einem *abstrakten* Wesen näheren) Ebene, als es die Erscheinungswelt tut (durch die ein Wesen konkret existiert). Die Wirklichkeit beinhaltet indessen *alle* diese Kategorien. Sie verkörpert nicht nur die Einheit von Wesen und Erscheinung, sondern die implizite Struktur ist auch lediglich *in der entfalteten* verborgen. So faltet sich die genetische Ordnung einer Hundepopulation in dieselben unterschiedlichen Muster (Zellen, Organe, Körper) *ein*, die sie in *potentieller* Form *enthält*. All diese Muster sind das Potential *jedes existierenden* Musters, sie können aus jeder beliebigen Zelle entstehen.[11]

In der Realität unterscheidet sich das Wesen deshalb von seinen Erscheinungen, weil sich die Erscheinungen *voneinander* unterscheiden, weil sie Lücken lassen, die nur *mit* dem Wesen zu schließen sind. Das Wesen erscheint demnach, wie die implizite Ordnung, in jedem entfalteten Objekt *unvollständig*. Der überwiegende Teil seines Potentials bleibt verborgen. Aber seine implizite Ordnung (genauer: die Struktur der verborgenen Holobewegung) brauchen wir, um die Verbindungen des Diskreten untereinander *lückenlos* zu erklären.

Totale Kontinuität wird natürlich erst im Unendlichen erreicht. Allerdings ist bereits jedes Wesen und jede implizite Ordnung als solche(s) einheitsorientiert. Ersteres vervielfältigt sich dann mit seinem Erscheinen - letztere dehnt sich aus. Die entfalteten Struk-

---

[11] Gehen wir nur einen Schritt weiter, können wir mit annehmbarer Genauigkeit auch das zugehörige Biotop aus jedem seiner Teilhaber entwickeln. (Wie ich noch zeigen werde, ist das Innere jedes Objektes zwar unendlich umfassend, aber eine absolut genaue Reproduktion aus einem anderen Grund unwahrscheinlich. Vergleiche Kapitel 30.)

turen entstehen *aus* der eingefalteten (und auf diese Weise kodierten[12]) Information *kraft* eines Wesens. (*Der Musiker* zeigt, was er gelernt hat.) Anders ausgedrückt: Die eingefaltete Information ist aktiv.

Dabei ist das Auftauchen von Informationen immer ursprünglich, da sie vorher nicht im Zielstandpunkt (A) existierten und *so* auch nirgendwo anders. Wir können diese Entfaltung nicht *genau* vorwegnehmen, denn selbst wenn wir die eingefalteten Informationen in einem anderen, *umfassenderen* Beobachtungsstandpunkt (B) entschlüsseln, bleibt ein Teil ihres Potentials in A unbekannt (nichtexistent). Eine *vollständige* Deutung scheint nur im Unendlichen möglich - aber dieses ist strukturlos! Die Verlagerung eines Beobachtungsstandpunktes, welche sich ja stets in Form einer Holobewegung vollzieht, ist also noch in sehr weitem Sinn kreativ.

---

[12] Einfaltung, zum Beispiel eines beschriebenen Blattes Papier, bedeutet immer Kodierung. Aber Kodierung bedeutet nicht unbedingt Einfaltung: Der Text lässt sich auch auf einem unversehrten Blatt und in gleicher Länge verschlüsseln.

13. Der Realitätstrichter

Mit den Ergebnissen der Quantenphysik vertraute Leser erwarten an dieser Stelle vielleicht deren ausführliche Erörterung. Über das Thema ist schon sehr viel geschrieben worden. Doch ich halte es für wenig sinnvoll, allgemeine philosophische Schlussfolgerungen hauptsächlich aus einem Spezialgebiet unserer Wissenschaft zu ziehen. In diesem Buch möchte ich vielmehr darauf aufmerksam machen, dass wir *überall* unteilbare Ganzheiten vorfinden und die aktive Beteiligung des Beobachters zu berücksichtigen haben. Beides äußert sich in verschiedenen Bereichen der Realität auf unterschiedliche Weise, sowohl in der Quantenmechanik als auch in den alltäglichen klassisch-physikalischen Wechselwirkungen und in der Psyche. Dennoch werde ich David Bohms Auffassung der Quantentheorie kurz in das bisherige Bild einordnen.

Nach Bohm befinden sich alle Atome und Elementarteilchen in ständigem Informationsaustausch über ein Quantenfeld, eine implizite Ordnung, in die sie sich periodisch einfalten und aus der sie ebenso wieder entfaltet werden.[13] Das heißt, die Bewegungen jedes Teilchens beeinflussen über das zugrunde liegende Quantenfeld die Bewegungen aller anderen Teilchen. Diese Verbindung besteht immer und unabhängig von räumlichen Entfernungen. Damit geht jedes "Teilchen" sozusagen aus der Gesamtheit aller anderen hervor und ist selbst deren "Teil", eine Unterganzheit.

Weil sich alle materiellen Dinge aus Elementarteilchen aufbauen, wirkt die mikrophysikalische Holobewegung auch auf der makroskopischen Ebene. Über jene implizite Ordnung bilden alle Gegenstände und Ereignisse ein untrennbares Ganzes. Nur wenn wir die Teile auf der *expliziten* Ebene zueinander in Beziehung setzen, erscheint uns ihre kollektive Ganzheit als Wechselwirkung separater Objekte oder gar als zufällige Übereinstimmung. Wir versuchen in diesem Fall, unseren gewohnten Maßstab anzulegen.[14]

---

[13] David Bohm, "Wholeness and the Implicate Order", Routledge 1983, Seite 183 (Deutsch: "Die Implizite Ordnung", Rowohlt 1985)
[14] Ein zusammenfassender Aufsatz Bohms befindet sich in dem Buch "Wissenschaftler und Weise - die Konferenz", Hrsg. Petra Michel, Aquamarin 1991.

Im Folgenden halte ich mich nun an meine eigene Auffassung, welche nicht immer mit derjenigen David Bohms übereinstimmen muss.

Wenn wir von der räumlichen Entfernung zwischen zwei Objekten absehen, unterscheiden sie sich noch immer in vielerlei Hinsicht. Wie in Kapitel 3 angedeutet, können wir ihre abweichenden Eigenschaften als Muster in einem vieldimensionalen Zustandsraum deuten, der sich nicht auf die raumzeitlichen Dimensionen reduzieren lässt. Entsprechend viele Informationen müssen auch auf der impliziten Ebene unterschieden - eben *geordnet* - bleiben.

Betrachten wir die Ganzheit eines durch *all* seine Differenzen charakterisierten Objektes, sehen wir, dass es durch die implizite Holobewegung mit anderen solchen Ganzheiten zwar umfassender, ja *grundlegend* verbunden, aber dennoch *vermittelt* wird. Es entsteht weder ein *direkter* Zusammenhang noch eine *vollständige* Einheit. (Die *Entfaltung* der impliziten Basis zieht dann natürlich neue Differenzen, wie den räumlichen Abstand, nach sich.)

Immerhin erkennen wir eine engere Bindung zwischen Einheit und Trennung der Objekte (beziehungsweise Ereignisse). Das Beziehungsgeflecht einschließlich der quantenphysikalischen Verknüpfungen stellt sich als *harmonischer* heraus gegenüber dem ausschließlich klassisch-physikalischen, beispielsweise wenn wir die chaotischen Bewegungen der Moleküle in einem Glas Wasser plötzlich als gemeinsamen Tanz auf einem impliziten See begreifen. (Die Wechselwirkungen in Vielteilchensystemen sind offenbar weniger zufällig, als sie oberflächlich betrachtet scheinen.) Und ein Streit unter Freunden entpuppt sich oft als Spiel, an dem letztlich beide wachsen. Wir werden am Ende entdecken, dass die (höhere) Harmonie zwischen beschränkten, umfassenden und - noch zu besprechenden - infinitesimalen Verbindungen den Schlüssel zum vollständigeren Verständnis auch der menschlichen Kommunikation enthält.

Nachdem das Quantenfeld die gewöhnlichen Wechselwirkungen projiziert hat, beeinflussen diese als qualitativ *andere* Beziehungen wieder ihre Quelle. Denn sie vertreten ja einen Ausschnitt der Holobewegung, der sich ins Implizite zurückfaltet und ihm so das Neue übermittelt, das mit jeder Entfaltung erst *entstanden* ist sowie durch die eigentümlichen Beziehungen auf *dieser* Ebene vermehrt wurde.

Ein Objekt muss natürlich zumindest sein *tieferes* Wesen in jenem größeren Ganzen haben, aus dem es *ständig hervorgeht*. Sein Antrieb zu selbständigen Aktionen rührt von dessen Potential her, das sich *aus dem Innern* der Erscheinung realisiert. Ist der Gesamtzusammenhang eingefaltet, kann er gut als solcher für das Wesen stehen (siehe Kapitel 12). Ist er jedoch teilweise entfaltet, komprimiert auch dieser Teil sich erst in das *einzelne* Objekt hinein, in dem er dann wesentlich erscheint. Das Wesen als solches bildet stets den Kern.

In letzter Konsequenz ermöglichen *ausschließlich* sich einfaltende Erscheinungen ein *konkretes* Potential - indem sie das implizite Wesen *formen*. Nur was einmal im Nebel des Verborgenen verschwunden ist, bestimmt, was wieder herauskommt. Dabei haben wir es nicht mit dem unbestimmten Druck eines infinitesimalen Zentrums zu tun, der durch Umschreibungen konkretisiert wird, sondern mit dem Potential einer impliziten *Ordnung*, das durch den Austausch mit allen irgendwann entfalteten Formen *vorstrukturiert* wurde.[15]

Was macht entfaltete Formen so eigenwillig, dass sie diesen Einfluss ausüben können? Ich nehme an, Sie vermuten richtig: *Dies* geht wieder auf das Konto ihrer Umschreibung durch Rückkoppelungen, äußere wie innere.

Erinnern wir uns: Umschreibung hebt ein Objekt aus dem Infinitesimalen. Sie gibt ihm eine Bedeutung, indem sie sein Inneres aufeinander und auf das Äußere bezieht. Die Beziehung zwischen dieser Rückkoppelung und ihrem infinitesimalen Zentrum verschweißt das Objekt zu *einer* Ganzheit, die sich daher *als solche* einfaltet und die nächste Entfaltung (mit)bestimmt.

---

[15] Was genau das in *existentieller* Hinsicht bedeutet, wird spätestens in Kapitel 18 klar werden, wenn wir die dynamische Existenz besprechen.

Das Wechselverhältnis zwischen Zentrum und Peripherie geht also in ein Wechselverhältnis zwischen Tiefe und Oberfläche über. Es ist die Holobewegung des Einfaltens und Entfaltens, die selbst teilweise entfaltet (aufgefächert) ist. Wir können sie bis zum infinitesimalen Zentralpunkt verfolgen - alles Weitere ahnen wir nur. (Ferner umschreibt die Schwingung zwischen Tiefe und Oberfläche ihre eigene Ein- und Entfaltung.) Man kann sich das wie einen Trichter vorstellen. Der äußere Rand umschreibt das Zentrum, zu dem hin man in die Tiefe des Verborgenen rutscht und aus welcher sich die Trichterform entfaltet.

Obwohl wir aus den entfalteten Wechselwirkungen eine eingefaltete Struktur in das Zentrum hinein *schlussfolgern*, bleibt uns die größere Tiefe verborgen; denn was wir dort erkennen, ist lediglich eine Weiterführung des Bekannten. Führen wir diese ständig enger werdende Spekulation durch, nähern wir uns unendlich einem Nullpunkt, das heißt, wir beschreiben asymptotisch aufeinander zulaufende Grenzlinien (den "Trichterkanal"), die im Unendlichen zusammentreffen - dort wo wir auch das absolute Universalkontinuum vermuten.[16]

Verdeutlichen wir uns noch einmal den Unterschied zwischen innerer und äußerer Verbindung zum Universalkontinuum:

Zunächst liegt das Innere innerhalb eines endlichen Bereiches, wird also von bestimmten Grenzen *umschlossen*. So gesehen, kann eine innere Unendlichkeit, wie die oben beschriebene, nur konvergent sein, einem Punkt in *endlicher* Entfernung vom umschreibenden Rand zustreben. Wir können das Zentrum des Trichters sehen. Alles Äußere dagegen liegt außerhalb des endlichen Bezirks, ist - ohne zusätzliche Annahmen - divergent unendlich, nirgendwo begrenzt.

Nun verbinden wir miteinander die wichtigsten Ergebnisse der vorangegangenen drei Kapitel:

---

[16] Wir untersuchen vorerst nur die *explizite* Wahrnehmung der inneren Beziehung zum Ganzen. Das ist noch nicht die progressive *Entfaltung* der Tiefe, denn dazu müsste sich die Umschreibung *ändern*.

Das divergent Unendliche bildet, wie Sie wissen, den Halo-Hintergrund für die endlichen Objekte. Wir identifizieren aber nur dann etwas mit einem Objekt, wenn wir es als dessen *Inneres* wahrnehmen. Ein Schaukelstuhl ist etwas anderes als ein Stuhl vor einer Schaukel. So ist lediglich die *zentrale* Verbindung zum Universalkontinuum mit jedem Objekt vereint (untrennbar, wie wir festgestellt hatten). Gleichwohl kann es nur *eine* Identität des absoluten (!) Universalkontinuums geben. Das bedeutet, jedes Objekt muss auch durch sein Inneres mit dem Äußeren verbunden sein! Diese Einheit ist freilich noch nicht *realisiert* (nicht "gesetzt", wenn es nach Hegel ginge). Das wird sie erst mit der Holobewegung, welche in die Umschreibung durch wechselwirkende äußere Objekte beziehungsweise den existierenden Halo übergeht und die deren *Ein*faltung in und *Ent*faltung aus der verborgenen *Tiefe* des Ganzen umfasst.[17] Insgesamt "atmet" ein Individuum seine vernetzte Umgebung immer tiefer ein und verbreitet sich in ihr durch seine (Re-) Aktionen. Die Bewegung formt einen vollständigen Trichter. Und sie hält dessen Mitte asymptotisch *offen* hin zum tiefen Unendlichen, wobei diese Unendlichkeit in letzter Konsequenz die gleiche ist, wie jene, der wir außerhalb der Umschreibung zustreben. Alles Innere kommt über alles Äußere mit sich selbst zusammen und umgekehrt.

Doch aufgrund der noch immer vorhandenen Asymmetrie zwischen Vorder- und Hintergrund, zwischen Konvergenz und Divergenz (beziehungsweise Druck und Sog innerhalb) jedes existierenden Trichters, *erweitert* sich die Holobewegung letztlich überall ins Unendliche, um die jeweils äußerlichen Differenzen zu überbrücken (vergleiche Kapitel 11). Der umfassende Realitätstrichter dehnt sich aus. Seine unendliche Entwicklung strebt die *vollständige* Projektion der Holobewegung an, indem alle Umschreibungen

---

[17] Jetzt ist auch der *imaginäre* Hinter- beziehungsweise Untergrund (der zwar als potentielle Mannigfaltigkeit von äußeren Objekten, eben als "imaginärer Halo", *erscheint*, aber selbst immer verborgen bleibt - siehe Kapitel 1) mit dem Innern der existierenden Objekte verknüpft. Er liegt folglich ebenso innerhalb seiner gleichförmigen Halo-Erscheinung. In mancher Hinsicht kann er als "Raum" aller Infinitesimalpunkte betrachtet werden.

immer mehr entfalten. Die Tiefe der (des) Trichter(s) offenbart sich.

Mit dem absoluten Universalkontinuum fallen schließlich "Implizites" und "Explizites" in einer undefinierbaren Identität zusammen. Deren *Reflexion* auf Einfaltung und Entfaltung aber ist der Grund jeder "atmenden" Realität. (Abbildung)

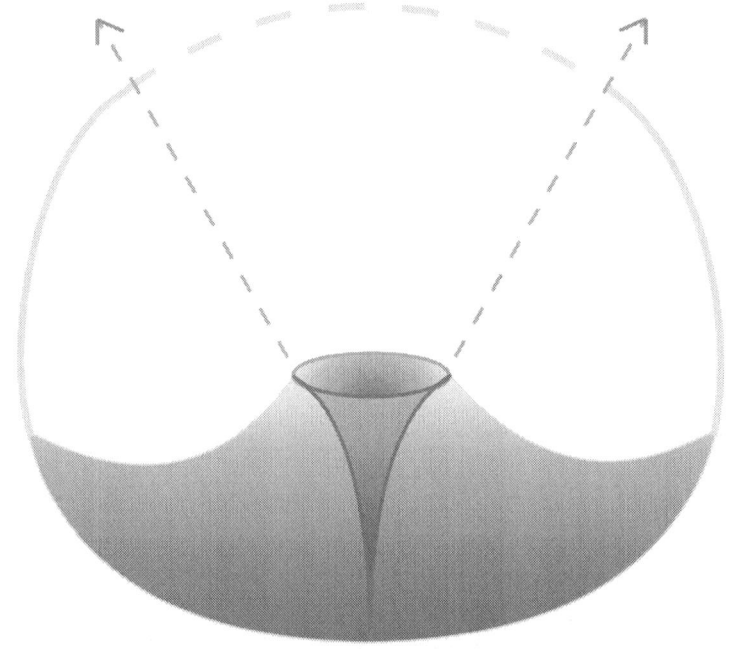

Ein Bild kann unser Realitätsgefüge nur unvollkommen darstellen: Der Rand des Kraters symbolisiert die vordergründigste Umschreibung, während der existierende Halo nach außen abfällt und den imaginären Hintergrund mit verdeckt. Im Innern kondensiert die umschriebene Ganzheit, bis hin zum infinitesimalen Zentrum des Trichters, das in der Tiefe des immer mehr Eingefalteten mit dem absoluten Universalkontinuum zusammenfällt. Letzteres umgibt den Beobachtungsstandpunkt als Vision. Die Offenheit derselben und der Potentialdruck aus dem Innern des Existierenden bewirken dabei ein unendliches Entfalten der Holobewegung.

14. Das Potential zur Ordnung

Die soeben begründete Ausweitung der Realität ist natürlich nur dann sinnvoll, wenn sie möglichst *allseitig* erfolgt. Nicht jedoch als gleichmäßiges Verteilen von Energie bis hin zum sogenannten "Wärmetod", wie es der aus der Schule bekannte zweite Hauptsatz der Thermodynamik[18] beschreibt. Der Satz gilt zwar ausschließlich für geschlossene Systeme, wie etwa einen Behälter mit Wasser, dessen Wärme sich nie in einer Ecke konzentriert, sondern über den ganzen Inhalt ausbreitet. Doch er verführt manchmal zur Anwendung auf das ganze Universum, aus welcher dann folgt, dass alle Strukturen (Energiehäufungen) letztlich unaufhaltsam zerfallen. Wir unterstellen stillschweigend, dass wir bereits alles Wesentliche im Universum kennen, so dass es irgendwie für abgeschlossen gelten kann. Das Universum endet nun in derselben Sackgasse, die wir erst mit seiner künstlichen Einschränkung auf das Bekannte geschaffen haben. Für ein wirklich offenes Universum ist eine solche Entwicklung unmöglich.

Jeder Attraktor - auch der energetische Gleichgewichtszustand - ist lediglich *ein* Attraktor angesichts der unendlichen Vielfalt möglicher Strukturen und Verteilungen. Diese unterscheiden sich (nicht nur in energetischer Hinsicht) auf so *vielfältige* Weise, wie sie *unterschiedliche* Beobachtungsstandpunkte repräsentieren - oder sie sind in entsprechendem Maße *identisch*. Eine Nebelwand sieht aus wie die andere, obwohl sich ihre Wassertröpfchen immer in anderen Positionen zueinander befinden. Gerade die "ungeordneten" Verteilungen, deren "Überzahl" den Entropiezuwachs so wahrscheinlich macht, weichen als Ganze kaum voneinander ab und fallen praktisch in einem einzigen Beobachtungsstandpunkt zusammen - einer lauwarmen Partikelsuppe.

---

[18] Nach diesem statistischen Gesetz nimmt die Entropie (die Unordnung der Energieverteilung) innerhalb eines isolierten Systems so lange zu, bis der wahrscheinlichste Zustand erreicht ist, in dem die Energie so gleichmäßig wie möglich über das System verstreut ist. Da es viel mehr ungeordnete Energieverteilungen gibt als geordnete, ist die umgekehrte Entwicklung so unwahrscheinlich, dass sie praktisch nicht auftritt.

Dass der Ganzheit einer Struktur grundlegende Bedeutung zukommt, haben wir schon bewiesen. Vergleichen wir demnach statt der Kombinationen einzelner Teilzustände die *Gesamtzustände* eines Systems, so wird *deren* Vielfalt, eine Vielzahl von *Ordnungen*, wahrscheinlich.

Eine Entwicklung hin zu endgültigem Gleichgewicht kann nur für einen entsprechend eingeschränkten Beobachtungsstandpunkt notwendig sein. Hier ist sie sogar nachweisbar, wie in unserer Wärmelehre. Für einen offenen Beobachter dagegen streben die existierenden - und in ihrer verborgenen Tiefe komplexen - Strukturen nach der Realisierung des absoluten Universalkontinuums. Der wahrscheinlichste Zustand ist kein Einheitsbrei, wie er sich in einem kontinuierlichen Halo darstellt, sondern maximale Vielfalt des Existierenden. Nur diese kann in *globalem* Maßstab statistisch-kombinatorische Vorteile beanspruchen. (Wie das zur absoluten Identität des Universalkontinuums passt, werden wir etwas später sehen.)

Eine ähnliche Frage wie jene, welche der zweite Hauptsatz aufwirft, ist die, warum wir in Anbetracht der vielen möglichen Welten - insbesondere der "ungeordneten" - gerade in derjenigen leben, die wir kennen. Man erklärt dies üblicherweise damit, dass wir in einer anderen Welt eben nicht existieren könnten oder nicht wir selbst wären (sogenanntes "anthropisches Prinzip"). Zweifelsohne ein bestechendes Argument.

Hinsichtlich der Unordnung sollte man allerdings - außer dem oben Gesagten - bedenken, dass jedes Chaos von einem *anderen* Standpunkt aus wohl geordnet erfahren werden kann, so wie unsere Gehirnströme wenn wir in ihnen *denken*. (Diese befinden sich zwar weniger in *thermischer* Unordnung, doch eine *philosophische* Anwendung geht ebenfalls weit über die Thermodynamik hinaus.) Und wie könnten wir ausschließen, dass selbst die Ordnung einer eingeschlossenen Menge von Wassermolekülen in bislang unbekannter Hinsicht zunimmt?

Das "anthropische Prinzip" erklärt weder, wie Ordnung überhaupt zustande kommt, noch warum gerade *diese* Ordnung existiert, sondern es drückt nur die Unfähigkeit aus, eine *bestimmte*

Ordnung aus sich selbst heraus zu folgern. Das entspricht dem in Kapitel 5 beschriebenen Ergebnis des Gödelschen Unvollständigkeitsbeweises.

Wenn wir aber Unordnung als *eingefaltete* Ordnung begreifen, leuchtet es ein, wie sich aus diesem "Chaos" Ordnung *entfalten* kann.

Um diesen Aspekt herauszustellen, werde ich nun einen Prozess des Einfaltens in das und Entfaltens aus dem Chaos beschreiben, der mehrere Vorgänge abstrakt zusammenfasst. In einem konkreten und stets beschränkten Bereich der Natur kann hingegen der eine oder andere Prozess vorrangig ablaufen oder auch keiner von ihnen. In einem umfassenderen System kommen sie dann stets zusammen. Sie können sich dazu Gehirnwellen oder Gedanken vorstellen, oder eine Menge von Menschen, Tieren, Bakterien, Molekülen; wie Sie leicht feststellen werden, könnte all diesen das Folgende abgeschaut worden sein.

Wenn innerhalb eines begrenzten Raumes zu viele gegensätzliche Wirkungen aufeinanderprallen, ist ab einem gewissen Punkt keine stabile Struktur mehr möglich. Die vormalige Ordnung geht in Chaos über, sie wird in ihm eingefaltet, verborgen. Obwohl sich alle Teile nach wie vor auf eindeutigen "Bahnen" bewegen, haben sich diese einander "angepasst" und gleichen sich *insgesamt* aus. Die Informationen über die ursprünglichen Bewegungen sind indessen nicht verloren, sondern nur verschlüsselt.

Erst aus dieser relativen Ruhe heraus können einzelne Teile an Einfluss gewinnen, deren Wirkung vorher von der koordinierten Macht der anderen unterdrückt wurde. Eine kleine Bewegung, die "zufällig" aus dem allgemeinen Chaos ausschert, entfaltet nun, aufgrund der noch immer eindeutigen Verknüpfungen, eine lokal geordnete Beziehung zu ihrer Umgebung. Letztere erhält so die Chance, sich der Fluktuation anzuschließen, indem sie sie unterstützt, das heißt verstärkt. Der daraufhin größere Ausschlag bewirkt dann wieder eine stärkere Anregung der chaotischen Menge usw.

Möglich ist eine solche Resonanz, weil das "Chaos" in Wirklichkeit deterministisch ist. Und sie funktioniert nur dann, wenn genügend Energie (nämlich aus ursprünglich geordneten Bewegungen) zur Verfügung steht, um Abweichungen immer weiter zu verstärken. Mithin kann eine einzige resonante Rückkoppelung ähnliche Schleifen nach sich ziehen, so dass sich das ganze System zu einer neuen Gesamtordnung aufschaukelt. Dabei wird die Form der "ersten" Rückkoppelung spiralenartig immer wieder verwendet (iteriert) und zugleich mit den Formen der anderen beteiligten Prozesse angereichert, bis eine neue Form der Rückkoppelung überhand nimmt, welche auf ebensolche Resonanz stößt. Vorausgesetzt, dass irgendwann auch dämpfende Rückkoppelungen entstehen, formiert sich von selbst eine stabile Organisation (vergleiche Kapitel 7).

Der Übergang von Ordnung in Chaos und das Entstehen einer neuen Ordnung, ist das, was *wir* beobachten. Doch nur weil Ordnung eigentlich immer vorhanden war, besitzt das Chaos überhaupt das Potential zu einer erneut erkennbaren Struktur. Aus nichts wird nichts. Selbst die anfängliche Fluktuation war aus dem Chaos heraus bestimmt; oder sie wurde von außen hervorgerufen, wobei dann für das Gesamtsystem wieder das Gleiche gilt. Das Auftauchen der neuen Ordnung erscheint also nur für uns als Selbstorganisation. Von einem umfassenderen Standpunkt aus gesehen, welcher das Chaos zu entschlüsseln vermag, ist es eine *Um*organisation.

Diese ist zweifellos kreativ; und kein Beobachtungsstandpunkt ist umfassend genug, als dass für ihn das Maß der Ordnung nicht noch zu- oder abnehmen könnte. Andererseits *bewahrt* die Holobewegung auch bestimmte Formen; sie verkörpert ja selbst eine Ordnung. Das wird besonders deutlich in der Ähnlichkeit von Strukturen, die über die implizite Ordnung des Chaos ineinander übergegangen sind. Sogenannte Fraktale[19], welche mit einer sich erweiternden und vervielfältigenden Rückkoppelung - der *Entfaltungsbewegung* - entstehen, erinnern nicht nur an die vorher eingefalte-

---

[19] Ein Beispiel für ein Fraktal ist eine Schneeflocke, die nach ihrem Schmelzen, Verdunsten und wieder Entstehen nie genau dieselbe, aber immer eine *ähnliche* Form ausbildet, welche sich darüber hinaus auch in jedem *Teil* der Schneeflocke annähernd wiederholt. Fraktale finden wir überall, zum Beispiel auch in Bäumen und Gebirgen.

ten Muster, sondern bleiben sich selbst auf allen Größenskalen ähnlich: Ihre wesentlichen Ordnungsmerkmale bestehen die ganze Holobewegung hindurch fort. *Für uns* scheint es hingegen, als wäre das Chaos in der Lage, sich an die in ihm "untergegangene" Ordnung zu erinnern, sobald sich ein Anlass (eine Anfangsfluktuation) dazu findet.

Man möchte hier einwenden, dass wohl nicht jede Ein- und Entfaltung eine fraktale Form beschreibt beziehungsweise sich in erweiternden und vervielfältigenden Spiralen vollzieht. Indes haben wir schon begründet, warum Rückkoppelung notwendigerweise *überall* gegenwärtig ist (Kapitel 9 und 10). Sie muss daher auch in jedem kleinsten Abschnitt der Holobewegung wirken, und zwar indem sie eine *gerichtete* Bewegung hervorruft, insgesamt also eine Spiralbewegung. Diese enthält - durch voneinander abweichende Umschreibungen gebildete - Strukturen, Unterschiede und relativ abgeschlossene Bereiche, die sich bei fortschreitender Ausdehnung über einen größeren Raum verteilen. Sie werden ent*faltet* und waren einge*faltet*.

Noch ist alles wohldeterminiert, da jeder Zufall nur auf der Unwissenheit des Beobachters beruht. Anders verhält es sich jedoch, wenn wir, statt des Überganges zu und von einem deterministischen Chaos, die Reflexion durch das absolute Universalkontinuum betrachten. Hier können wir kaum noch von einer verborgenen Bestimmung sprechen, denn die formlose Einheit ist nun wahrhaft total.

David Bohm würde dagegen sagen, die Ordnung erreicht einen unendlich hohen Grad, sie wird unendlich[20] subtil. Ihre *vollständige* Entfaltung freilich, hieße darüber hinaus gleichzeitig Einfaltung - nicht weil der Wirkungsraum so eng wäre, dass Chaos entstünde, sondern weil Allseitigkeit nur für eine ihrer *begrenzten* Verkörperungen "existieren" kann (als *Übergang* zu ihr, wie in Kapitel 2 und 10 beschrieben).

---

[20] Im Original "indefinetely", aber auch "going beyond any specifiable level of subtlety"; D. Bohm & B. J. Hiley, "The Undivided Universe", Routledge 1995, Seite 385.

Die beschränkte Realität *als solche* muss folglich ebenfalls Teil der unendlich verfeinerten Ordnung sein, vor allem wenn diese dem Anspruch genügen will, kein grobes Objekt auszuschließen. Das Unbegrenzte umfasst sozusagen auch die Holobewegung zwischen fein und grob. Ebenso wenig wie es genügt, zwischen Objekten und imaginärem Halo zu unterscheiden, reicht es aus, zwischen grober und unendlich feiner Ordnung zu differenzieren. All diese Unterscheidungen fallen im Unendlichen zusammen.

Genau deshalb befindet sich dort kein "nacktes" Kontinuum, sondern ein Reflexionspunkt auf die relative Trennung des (beziehungsweise vom) Existierenden. Die Identifikation von Kontinuum und Diskretheit "dauert" nur einen infinitesimal kurzen Moment. Dessen unendliches Potential könnte man, frei nach einem Ausspruch Jiddu Krishnamurtis[21], als Bewegung der absoluten Stille bezeichnen.

Ein *Potential* bildet sie allerdings bloß für uns, die wir wiederum zwischen Reflexionspunkt und Realität unterscheiden. Das absolute Universalkontinuum *ist* vielmehr der *Weg* zu ihm (wie die absolute Idee bei Hegel), was ja gerade durch die Reflexion symbolisiert wird.

Halten wir den wesentlichen Unterschied zwischen Hegels, Bohms und meiner Auffassung fest:

---

[21] J. Krishnamurti / D. Bohm, "Vom Werden zum Sein", Goldmann 1992, Seite 258

Hegel	Bohm	Janew
Absolute Idee, welche sich durch die *logisch notwendige* Entwicklung der Realität *eindeutig bestimmt.*	*Ordnung* unendlichen Grades, die zwar eine undurchschaubare, aber noch immer universell gültige *Determination* bedeutet.	Reflexion in einem allseitigen *Kontinuum* beziehungsweise absoluter Identität. Dadurch ist das Reflektierte *nicht mehr grundlegend determiniert*, sondern nur durch statistischkombinatorische Mächtigkeiten vorstrukturiert.

Alle drei Vorstellungen beinhalten eine Art Reflexion, die auf unterschiedliche Weise hergeleitet wird. In der von mir vertretenen Auffassung resultiert sie aus der letztlich totalen Einheit von Identität und Unterscheidung *aller* Realitäten. Diese Konzeption schließt die logische Notwendigkeit bei Hegel in Form statistischer Mächtigkeit mit ein, sowie die unendlich feine Ordnung Bohms, welche "kurz" vor und nach der Reflexion auftritt, oder richtiger: erst in ihr zum Vorschein kommt. Durch die Berücksichtigung der *totalen* Identität, der *absoluten* Unbestimmtheit, wird die Bedeutung von Kreativität auf eine neue Stufe gehoben. Dazu im nächsten Abschnitt.

Kehren wir vorerst wieder auf die Ebene der konkreten Erscheinungen zurück. Auch hier hat alles Implizite zunächst nur ein relativ unspezifisches Potential, vergleichbar mit dem Dunkel der Nacht. Erst wenn sich ein aus der Ferne näherndes Licht als Autoscheinwerfer entpuppt, wissen wir, dass es sich nicht weit über den Boden erheben wird, dass wir weder ein Flugzeug noch ein UFO vor uns haben. Das Verborgene hat sich teilweise zu einem Auto entfaltet und die weiteren Möglichkeiten eingeschränkt. Ist es ein Polizeiauto, das uns sucht, ein Truck, der gleich vorbeidonnern wird, oder nur ein Cabrio, dessen Fahrer die laue Nachtluft genießt? Ein Teil des noch verborgenen Potentials ist zum Potential des entfalteten Objekts geworden.

Nehmen wir an, es fährt schließlich ein Lastkraftwagen an uns vorüber. Währenddessen werden nacheinander seine unterschiedlichen Positionen entfaltet und wieder in jenes *größere* Umfeld eingefaltet, welches *alle* Positionen enthält. Um diesen Vorgang plastischer zu erleben, können Sie sich vorstellen, dass der Wagen ab und zu hinter einem Hügel verschwindet und dazwischen immer wieder auftaucht. Insgesamt entfaltet sich dadurch auch das Relief der Landschaft aus dem Dunkeln.

Die implizite Ordnung verbindet dabei jeden Abschnitt in dem der LKW auftaucht mit dem nächsten. Aber wir wissen schon, wo ungefähr die Lichter erneut aufscheinen werden: Die künftigen Verwirklichungen des verborgenen Potentials orientieren sich am bereits Verwirklichten, an einem Bewegungsgesetz, welches wir in der bisher entwickelten Form der LKW-Fahrt und der Landschaft zu erkennen glauben. (Ferner auch in dem, was uns sonst noch über Autos und das Gelände einfällt.) Genauer gesagt, wird dieses "Gesetz der waagerechten Bewegung" durch die *Wechselwirkung* mit der impliziten Ordnung begründet, denn wenn nicht immer wieder Täler im Dunkel verschwänden, würde das Fahrzeug stillstehen. Die nächsten Lichter *dürften* dann nicht erscheinen.[22]

Daraus geht hervor, dass ein "Bewegungsgesetz" - das stabilere Muster einer Holobewegung - ebenso in der Lage sein muss, sich zu ändern, wie die untrennbar *mit* ihm entfalteten Bedingungen (hier etwa der Straßenverlauf), "unter" denen es gilt. Es existiert nur in dem, was uns gegenwärtig ist: Der LKW "fährt" plötzlich fünfzig Meter senkrecht nach unten, weil die Straße nach einem kürzlichen Erdrutsch im Abgrund verschwunden ist. Ein nicht vorhergesehener Wandel der Umstände trat ein, denn es sind nach wie vor Holobewegungen am Werk, welche sich uns nicht so erschließen wie die Bewegung von Tal zu Tal. Diese stellt lediglich einen *Teil* des gesamten Flusses (des Weltgeschehens) dar.

---

[22] Wir könnten das Beispiel auch auf mehrere Fahrzeuge ausdehnen, die nacheinander auftauchen, *jedes für sich* die Strecke ihres Vorgängers abfahren und wieder vollends entschwinden (müssen). Das Prinzip wäre das gleiche. Die Streckenverläufe wären sich nur ähnlicher als die Täler, das "Gesetz" damit "härter".

Aus dem gleichen Grund können sich unter günstigeren Umständen alle Objekte und Beziehungen kreativ entwickeln. Sonst dürfte nichts das absolute Universalkontinuum anstreben, denn das einmal bestimmte Potential würde sich nie vergrößern. Allein der Kontakt zur verborgenen Vielfalt ermöglicht dem Entfalteten seine Erweiterung. Dessen Kreativität ist so unerschöpflich wie das Unbekannte. Umgekehrt kann dann auch kein Objekt endgültig "vernichtet" werden. Ob das dem Fahrer ein Trost gewesen wäre? Ich denke schon ... Aber dazu kommen wir später.

Ihnen ist längst klar, dass ich mit "Erweiterung" diejenige eines *Beobachtungsstandpunktes*, einer individuellen Realität, meine, das heißt die Komplexitätssteigerung einer (auch selbstbezüglichen) Struktur und deren Ausbreitung in der Umwelt, aber nicht unbedingt die Produktion von Materie. Was bedeutet in diesem Zusammenhang "Potential"?

Man könnte sagen, es ist so etwas wie Energie. Doch möchte ich den Begriff hier nicht so eng verstanden wissen wie in der Physik. Allgemeiner bezeichnet ein bestimmtes Potential einfach die "Entfernung" zu einem anderen Beobachtungsstandpunkt. Je stärker sich dieser Standpunkt von dem gegenwärtigen unterscheidet, aber je leichter er erreicht werden kann, desto größer ist das Potential zwischen ihnen. Ein hohes Potential bedeutet also eine enge Verbindung zwischen einerseits Nahem (leicht Zugänglichem) und andererseits Fernem (stark Abweichendem). Stellen Sie sich nur einmal seine ungeheure Stärke am Reflexionspunkt des Universalkontinuums vor, wo die absolute Einheit der Welten mit ihrer relativen Trennung *identisch* ist!

Betrachten wir zunächst ein simples Beispiel. Ein fünf Kilogramm schwerer Stein, aufgehängt an einem dünnen Fädchen über einer wertvollen Vase, verkörpert ein recht ansehnliches Potential, denn es fehlt nicht viel bis zu einem stark veränderten Zustand des Systems (und der Stimmung des Eigentümers). Doch der Besitzer stellt rechtzeitig einen stabilen Stuhl über die Vase, womit er das Potential des noch immer "an einem seidenen Faden hängenden"

Steins deutlich verringert. Der folgenschwere Zustand ist jetzt kaum noch zu erreichen. Der Stein fällt schließlich auf den Stuhl, wo er lediglich einen Kratzer hinterlässt.

Nehmen wir statt dessen einmal an, der Stein hätte die Vase zertrümmert. Je umfangreicher der dadurch veränderte Beobachtungsstandpunkt ist, zum Beispiel je mehr Menschen sich mit der Vase - einem Erinnerungsstück - verbunden gefühlt hatten, desto stärker war auch das Potential des Steins. Die durch ihn bewirkte Veränderung besaß einen größeren Existenzumfang.

Warum eigentlich schreiben wir das Potential oder die entsprechende Energie nur dem Stein zu? Sind nicht auch Vase und Faden, ja sogar der Fußboden und die ganze Umgebung am Zustandekommen des konkreten Potentials beteiligt? In der Tat: Wenn wir *nur* diesen Beobachtungsstandpunkt betrachten, tragen alle seine Elemente zu dem einen bestimmten Potential bei, *dem Potential des Standpunktes.* Wir können aber statt der Vase auch eine Flasche Champagner aus Urgroßvaters Keller nehmen - das Ergebnis wäre nicht viel anders, bloß schaumiger. Der Stein ist in beiden Fällen (weitgehend) der gleiche und auch die Veränderungen der aktuellen Standpunkte entsprechen einander in ihrem Maße. Der Stein ist also im Gegensatz zur Vase fähig, in *unterschiedlichen* Situationen *ähnliche* Veränderungen zu bewirken. Sein aus diesen Beobachtungsstandpunkten *abstrahiertes* Potential - seine Energie - besitzt einen größeren Existenzumfang als das ebenfalls abstrahierbare Potential der Vase.

Der Begriff "Energie" sieht letztlich sogar von einem konkreten "Träger" ab, der sich ändern oder unterschiedliche Energie "besitzen" kann. Ob ein Stein oder eine Messinglampe herunterfällt, ist nebensächlich. Dennoch kommt die Energie nicht ohne Träger aus, da sie sich immer auf eine Wechselwirkung konkreter Objekte bezieht.

Analog dazu abstrahiert "Information" von einem bestimmten Informations"träger", obwohl sie stets als konkrete Struktur auftritt. Wenn ein Text vom Papier auf Festplatte übertragen wurde, ist er als Computerausdruck (weitgehend) *reproduzierbar.* Dennoch gibt es keinen Text "an sich".

Schließlich stellen Energie und Information auch Abstraktionen *voneinander* dar. Ein "toter" Zeitungstext kann einen Massenprotest auslösen, während sich die Energie der Menschen sonst vielleicht im Fußballstadion entladen hätte. Andererseits "besaß" die Information *in jener bestimmten Situation* das Potential zur "Entladung" der Massen. Besser gesagt: Es steckte in der gesamten Konstellation.

In diesem Sinn wollen wir nun unter dem Blickwinkel des "Beobachtungsstandpunktes" nach und nach wieder den materiellen Träger mit seinem abstrakten Potential und seiner informellen Struktur zusammenbringen.

Um ein Potential einzuschätzen, müssen wir etwas über den zu verändernden Beobachtungsstandpunkt hinausgehen, die zukünftig zerschellte Vase vorhersehen und so einen *umfassenderen* Standpunkt einnehmen. Dieser nimmt die Veränderung vorweg. Der potentielle Standpunkt existiert aber *vorrangig* nur für den "überstehenden" Teil des aktuellen, also gegenwärtig noch mit geringem Umfang und wenig intensiv. (Erst wenn es passiert ist, werden alle munter.) Sein Potential zu mehr Existenzumfang und -stärke, wird sich erst realisiert haben, wenn das neben ihm Existierende seinen gegenwärtigen Vorrang abgegeben hat. "Potential" ist demnach die Beziehung zwischen einem offengelegten Beobachtungsstandpunkt und einem anderen, *teilweise* in ihm eingefalteten. Der potentielle Standpunkt ist nur soweit entfaltet, dass er eindeutig wirkt und stark genug komprimiert, um sich weiter realisieren zu können.

"Materie" (der bloße "Träger") meint nun einen Beobachtungsstandpunkt *ohne* Beziehung zu jenem umfassenderen, der eine Veränderung einschließen würde. Somit bleibt das Potential außen vor. Materie bezieht sich auf den Ist-Zustand (Ruhe), Potential oder abstrakte Energie hingegen auf dessen Beziehung zu künftigen Zuständen (noch Ruhe). Ihre Vereinigung heißt *Bewegung*. Und da sich alles Existierende bewegt, sich jeder Beobachtungsstandpunkt ständig verändert, sind Materie und Energie *untrennbar.* Bereits der Energiebegriff *allein* schließt durch seinen Bewegungsbezug die "ruhende" Materie in Form von Momenten ein (vergleiche Kapitel 3). Statt von sich verändernder Materie können wir also von

Potentialveränderung beziehungsweise Energieumwandlung sprechen.

Doch erst die Einbindung der Energie in die konkrete *Struktur* (den Informationsgehalt) des Beobachtungsstandpunktes eröffnet uns die *Bedeutung* einer möglichen Veränderung in allen Aspekten. Um diese Bedeutung einzuschätzen, bedarf es ebenfalls eines Beobachters, der von einem erweiterten Standpunkt aus die mögliche Wandlung des engeren beurteilt, mit sämtlichen konkreten Folgen. Aber während wir oben noch von einem Teil des Potentials, nämlich der *Aktivität* aller Beobachter, abstrahiert haben, müssen wir diese jetzt konsequenterweise einbeziehen. Die Erkenntnis einer Möglichkeit (ihre Existenz im aktuellen Beobachtungsstandpunkt) wirkt sich ja sofort auf deren Wahrscheinlichkeit aus, zum Beispiel indem jetzt der Besitzer der Vase nach einem schützenden Stuhl eilt. Schafft er's oder schafft er's nicht? Schon hat sich das Gesamtpotential der Situation geändert: Der Scherbenhaufen ist in größere Ferne gerückt. Die Bedeutung des Potentials für den Standpunkt hat somit auch Bedeutung für die Bedeutung des Potentials: Der Besitzer beruhigt sich ein bisschen, sobald er die Rettungschance erkannt hat.

Solche Bedeutungsschleifen (Bedeutungen von Bedeutungen) formen jedes selbstbezügliche System, sie bestimmen mit, was sich letztendlich entfalten wird. Mit zunehmender Komplexität entwickeln sie sich immer irreversibler und können aufgrund der steigenden Vielfalt der umschreibenden Details nur noch intuitiv begriffen werden. Hier kann das Gefühl die Grenzen konventionell-logischer Erkenntnis erweitern, indem es alle Rückkoppelungen integriert und die Bedeutungen des Systems als individuelle Ganzheit erfasst.

Nachdem wir in diesem Abschnitt ausführlich die Holobewegung besprochen und sie mit den Begriffen der Umschreibung und des Potentials verknüpft haben, können wir zum zentralen Thema dieses Buches vorstoßen - zur Kreativität des Bewusstseins.

Bewusste Kreativität

15. Aktivität aus der Tiefe

Jedes existierende System ist aktiv. Es bewirkt Veränderungen in seiner Umgebung, die ohne es nicht stattfinden würden. Und wie wir sahen, hängt dieser Einfluss wiederum von Einflüssen tieferen Ursprungs ab, die das aktive System *übermittelt*. Als Übermittler ist es eine Kreation des Verborgenen, aber auch der selektiv beobachtenden Umgebung.

Alles Neue, was ein System verkörpert und weitergibt, muss ja einerseits *unmittelbar* Unbekanntem entspringen und sich andererseits auf das bereits Vorhandene beziehen, in dem es *wirken* soll. Sonst ist es entweder nicht neu oder nicht entstanden. Ein schon in seiner Vermittlung *vollständig* vorhergesehenes Ereignis *ist* längst eingetreten, während die spontane Entstehung eines *unbeobachteten* Eiskristalls imaginär bleibt. An einer wirklichen Kreation beteiligen sich Unbekanntes und Bekanntes immer *zusammen*. Deshalb sprechen wir auch von der *Kreativität eines bestimmten Systems*, nämlich desjenigen, welches die Entfaltung des unbekannten Potentials in relativ stabile Bedeutungsschleifen steuert, in Beziehungen zu einer Umgebung, in der die Schöpfungen *existieren* können.

So wie Energie und Information zur Bedeutung eines Ereignisses verschmelzen, vereinigen sich Unvorhersagbarkeit und deren Steuerung in der Holobewegung. Diese mündet in umschriebene Zentren - sowohl des Gesamtsystems als auch der Teilsysteme -, über die wir nicht hinausschauen und auf deren Infinitesimalität alle Kreativität zurückgehen muss, die den Namen verdient. Doch wir haben bereits begründet, warum nur der Bezug auf das Existierende jedem dieser Reflexionspunkte des Universalkontinuums bestimmte Bedeutungen verleiht.

Als Quelle der Kreativität treten daher existierende Objekte auf. Je nach dem Existenzumfang ihrer Wirkungen, werden sie als aktiver oder passiver bezeichnet (siehe Kapitel 1). Nichtsdestoweniger handelt, wer sich zu einer passiven Haltung *entscheidet*, ebenfalls aktiv.

Der Unterschied zwischen Aktivität und Passivität erwächst strenggenommen aus dem Unterschied zwischen Innen und Außen: "Existenzumfang" ist nur auf sich unterscheidende Objekte anwendbar; das Innere eines jeden Objektes wird dabei zu einer Einheit zusammengefasst, so dass jede Wirkung mit einer fest umrissenen Quelle identifiziert werden kann. Erreicht eine Wirkung über dieses Gebiet hinaus andere Objekte, erscheint die ganze Quelle aktiver. *Der Vulkan* bricht aus, nicht das Magma; *der Mensch* ist aktiv, nicht sein bloßer Geist. Andernfalls bleibt die Quelle passiv (Aktivität = Null!) - ganz unabhängig davon, ob andere Quellen auf sie einwirken. (Wenn man natürlich die Aktivitätsgrade von Objekten miteinander *vergleicht*, agieren manche weniger aktiv als andere, oder eben "passiver".)

Also ist aktiver, wer mehr von der eigenen Identität in eine Gemeinschaft einbringen kann.[23] Doch nur wenn er seine Eigenart während der Aktionen in angemessenem Rahmen aufrechterhält, kann er mit dieser Aktivität identifiziert werden.

Verzichtet nun jemand bewusst auf eine *mögliche* Aktion, beeinflusst er dennoch deren *vorhergesehene* und auf *diese* Weise realen Ziele, so dass dieselben wieder in den Hintergrund treten. Es kann folglich keine passive *Entscheidung* zwischen *erwogenen* Wahrscheinlichkeiten geben! Jeder Wahl muss ein Aktivitätsmoment zugrunde liegen, das die Optionen überschreitet. Wir werden es schon bald als genau jenes erkennen, von dem die Aktivität *innerhalb* einer umschriebenen Quelle ausgeht.

Aktivität kann sich in einer statistisch irreversiblen Veränderung oder einer eindeutig bestimmten Bewegung äußern. Oder auch - beides vereinend - in einer zielgerichteten Expansion. Eine solche ergibt sich aus der Harmonie von statistischer und determinierter Entwicklung, wie wir sie anhand eines sich ausweitenden Komplexes beschrieben haben. Sie ist keineswegs zufällig, sondern entsteht ihrerseits aus der Einheit von Kombinatorik und Rückkoppe-

---

[23] Dies geschieht auch, wenn er sich selbst aktiv verändert, das heißt, wenn zukünftige Versionen "seiner selbst" besonders von seiner gegenwärtigen Identität beeinflusst werden. (Siehe dazu Kapitel 27.)

lung. Irreversibilität allein bedeutet nicht unbedingt Ausdehnung, und Rückkoppelung für sich ist abgeschlossen. Doch beide *zusammen* begründen den Drang zur *Expansion der Einheit*, mit dem *Ziel* größtmöglicher Präsenz (siehe Kapitel 7 und 11).

Der Verwirklichungsprozess erzeugt des Weiteren nicht nur Hierarchien nach innen zunehmend flexibler Untersysteme, sondern erfährt auch deren Unterstützung. Die extrem wechselhafte Kernregion eines Komplexes spielt zum Beispiel mit ihrer innerlich irreversiblen Veränderung ständig neue Möglichkeiten durch. Diese werden noch nicht nach außen realisiert, sondern wieder nach innen "umgebogen" und weiterverwertet. Es werden Modelle getestet. (Das erinnert schon an den menschlichen Denkprozess.) Die Entscheidung, ein Modell zu verwirklichen, fällt erst in Zusammenarbeit mit der nächst äußeren Schale, *deren* Möglichkeiten durch die laufend zurückgeworfenen Kreationsversuche abgetastet werden. Nur was in die äußere Bedeutungsordnung passt, kann dort etabliert werden, und so setzt sich der Versuch-und-Irrtum-Prozess über die äußeren, weniger komplexen Schalen bis in die Umgebung hinein fort. Innerstes und Äußerstes - unmittelbare Gegenwart und mögliche Zukunft - wirken zusammen bei der Auswahl eines realistischen Zieles.[24] Der Entscheidungsprozess wird dabei durch komplexe Rückkoppelungen determiniert und durch chaotische Ausfälle inspiriert.

Natürlich beruhen die Inspirationen auf stets unvollständig bekannten Einflüssen. Und wie in Kapitel 7 beschrieben, nimmt die Sensibilität für innere und äußere Veränderungen zum Kern des Komplexes hin zu. Sie erreicht aber eine Grenze, wenn wir unsere Aufmerksamkeit auf die bekannten Wirkungsarten einschränken. Denn auch wenn die Empfindsamkeit ihnen gegenüber unendlich wird, bleibt sie auf die Möglichkeiten der jeweils *entfalteten* Ordnung orientiert. Erst wenn wir die tiefe, implizite Organisation berücksichtigen, aus der sich der ganze Komplex entfaltet, verstehen wir, dass im Innern nicht nur die Empfänglichkeit für die Wirkun-

---

[24] Nur in diesem Fall können wir überhaupt von einem *Ziel* sprechen, sei es die mächtigste Kombination mit anderen Objekten oder die Realisierung eines an die äußeren Gegebenheiten angepassten Modells.

gen *expliziter* Objekte, sondern auch bisher völlig *verborgener* Dinge wachsen muss. Ja, die tiefe Unendlichkeit beziehungsweise Infinitesimalität wird so kontinuierlich in den Entscheidungsvorgang einbezogen! Dazu gleich mehr.

Die Wahl fällt schließlich auf ein neues Innen-außen-Verhältnis, wobei das System, wie (ebenda) begründet, tendenziell die Ausweitung seiner selbst bevorzugt. Allein dadurch kann es seine Schöpfungen für sich erhalten und zum absoluten Universalkontinuum aufsteigen. Der "Druck" der inneren Inspiration und der "Sog" der äußeren Verlockung (oder des Mangels) können indessen nur dann optimal zusammenwirken, wenn der Kern des Komplexes mit den äußeren Teilsystemen harmoniert - oder das System löst sich früher oder später infolge eines übermächtigen Widerspruchs auf. Immerhin begünstigen innere Flexibilität und äußere Zähigkeit - solange sie nicht in Extreme ausarten - ein stimmiges und bis in die Umwelt hinein kreatives Zusammenspiel. Die Einheit des Systems ist, wie die sie formende Rückkoppelung, unvollständig, die Umschreibung eher *spiralförmig*, da sie nicht von den Einflüssen der Umgebung isoliert werden kann, sondern diese *einschließt*. Das System strebt damit auf jeden Fall *von selbst* neue Wege an.

Wir haben bereits in Kapitel 13 festgestellt, dass eine Rückkoppelung auch durch ihr *Zentrum* mit dem Äußeren verbunden ist (Realitätstrichter). Die hochsensible Kernregion eines Komplexes führt uns nun zu einem detaillierteren Verständnis jener Holobewegung.

Es kann sich bei diesem Zentrum nur um einen relativ kleinen Bereich handeln, da die quasichaotische Bewegung in ihm sonst das ganze System gefährden würde. Es ist sozusagen das Denkzentrum des Komplexes, das in kurzer Zeit eine Unmenge von Informationen verarbeitet und mit Impulsen aus der unbekannten Tiefe verbindet. Je chaotischer seine Arbeit erscheint, desto ähnlicher wird sie einem Traum. Ein solcher hilft bekanntermaßen Entscheidungen *vorzubereiten*, doch die Wahl auf der Wachebene treffen wir in Zusammenarbeit mit dem geordneten Denken. (Offenbar sind wir endgültig beim menschlichen Bewusstsein angekommen. Obwohl wir noch sehr wenig über dasselbe wissen, ist es uns doch vertraut und daher am besten geeignet, so komplexe Vorgänge zu verdeutlichen, wie sie sich hier andeuten.)

Wir sprachen mehrmals davon, dass die Beziehung zur impliziten Ordnung eine wechselseitige ist, eine *Schwingung*, welche die entfaltete Ordnung stabil erscheinen lässt. Das Geschehen zwischen den entfalteten Zuständen entgeht uns meist, weil es nicht in unserem groben Bedeutungsgewebe hängen bleibt. Oft verdrängen wir es aber auch nachträglich aus unserem Wahrnehmungsraster, zum Beispiel wenn wir unsere nächtlichen Träume "vergessen". Dabei ist es unbestritten, dass Traum- und Wacherleben einander beeinflussen: Sie träumen zum Teil von ihren Erlebnissen während des Tages und Ihre Träume bestimmen wesentlich Ihr seelisches Befinden am darauffolgenden Morgen, das sich bis in Ihre körperlichen Aktivitäten hinein auswirkt. Dies ist jedoch nur *eine* Erscheinungsform jener Wechselbeziehung.

Vergegenwärtigen Sie sich einmal, dass ihr ganzer Bewusstseinszustand ständig schwankt: In kürzeren Abständen zwischen Tagträumen und scharfer Konzentration und in größeren Abständen zwischen Nachtschlaf und Wachsein (wobei die kürzeren Fluktuationen auch nachts auftreten, aber nun zwischen unterschiedlich tiefen Schlafstadien). In noch schnellerer Abfolge wechseln Sie zwischen Nachdenken und körperlicher Tätigkeit - was nicht ausschließt, dass Sie auch beides zugleich können. Sogar in letzterem Fall werden Sie noch den Wechsel erkennen, zwischen einzelnen Gedanken und ihrer praktischen Umsetzung. Doch schließlich verschmilzt beides zu einer Gesamtaktivität, wie wir sie am Beispiel des Autofahrers beschrieben - oder besser: *um*schrieben - haben.

Wenn wir die implizite Ordnung ernst nehmen, müssen wir konsequenterweise erwarten, dass unser Bewusstsein vorübergehend auch in unbekannte Tiefen abtaucht, zum Beispiel im Laufe des angeblich traumarmen Tiefschlafs. Nicht nur, dass die chaotischer arbeitenden Teile unseres Gehirns auf tiefere Einflüsse reagieren, nein, das ganze Bewusstsein fluktuiert mit unterschiedlicher Frequenz zwischen verborgenen und offenkundigen Ordnungszuständen.

Die in verborgenen Zuständen wahrgenommene Realität ist *dort* natürlich *ent*faltet und wohlgeordnet: Träumend kommt uns alles durchaus logisch vor - nur nach dem Erwachen, wenn wir das hochdynamische Geschehen in unsere relativ starren Denkmuster einordnen wollen, schütteln wir den Kopf und vergessen alles ganz schnell. Im Traum sind wir sensibler, berücksichtigen *mehr* Einflüsse und geben *anderen* Beziehungen Vorrang als auf der Wachebene. Wir arbeiten dort mit einem *komplexeren* Bedeutungsmuster, das viele unterschwellige Verbindungen und einseitige Erfahrungen *integriert* und auch unsere Wahrnehmung im Wachzustand überwiegend *als Gesamterlebnis* beeinflusst.

Nicht immer wechselt das *ganze* Bewusstsein den Zustand in diesem Maße. So wie wir im Halbschlaf einen Zwischenzustand einnehmen, in dem wir scheinbar zusammenhanglose Bilder sehen, die wir nach den Kriterien des Wacherlebens beurteilen, können wir auch zugleich tagträumen und nachdenken. Ein Teil des Bewusstseins mag in tiefere Zustände versinken und anschließend mit neuem Datenmaterial zurückkehren. Dasselbe faltet sich nun in die hier geltenden gröberen Denkmuster (Bedeutungsschleifen) ein und entfaltet *auf diese Weise* seine Wirkung. Alle Informationen, die sich hier nicht einordnen, aber noch auf *ihre* Art entfaltet bleiben, erscheinen chaotisch.

Insgesamt betrachtet, kann man sagen, dass sich unser "Denkzentrum" in unbekannte Ordnungen *hinein erstreckt*, welche sich auf der Ebene unseres Wachbewusstseins *nicht vollständig* zu entfalten vermögen.

In der impliziten, grundsätzlich unbegrenzten Tiefe sind - nach allem, was wir mittlerweile über sie wissen und annehmen müssen - die Verbindungsmöglichkeiten größer, und so können sich hier ansonsten getrennte Erscheinungen *geordnet begegnen*. Es treffen sich gleichsam die träumenden Aspekte derjenigen Strukturen, die sich aus einer gemeinsamen Ordnung entfalten. Jene Tiefe ist obendrein die *eigene* (innere) Tiefe jedes dieser Objekte. Das heißt, mit der Fluktuation in diese Tiefe hinein begegnet jedes Objekt sowohl unbekannten Aspekten *anderer* Objekte als auch unbekannten Aspekten *seiner selbst* - in Form unterscheidbarer Wesenheiten. Halten wir einen Moment inne und machen wir uns klar, was das bedeutet. Längst haben wir die Einheit des Universalkontinuums in den infinitesimalen Zentren aller Umschreibungen erkannt. Doch mit ihrer Entfaltung, etwa im Traum, wird diese Einheit, unser aller tiefstes Wesen, konkreter: Menschen, Persönlichkeiten, Wesensfragmente, die uns scheinbar wenig angehen, kommunizieren mit uns in einer verborgenen Welt, welche jeder von uns einschließt. Eine Traumszene mag eine Frage darstellen und eine *anscheinend* völlig verschiedene die Antwort - diejenige eines Gefragten, der uns so einen Aspekt seines Bewusstseins schickt. Manchmal nimmt dieser auch die Komplexität und Gestalt einer Person an, mit der wir uns "unterhalten". Der andere Träumer hingegen kann ganz andere Bilder sehen, während seine Erlebnisse in einem mehr *gefühlsmäßigen* Bezug zu unserer Situation stehen.

Fast noch erstaunlicher ist folgendes: Wie wir erkannt haben, existiert selbst das einfachste Ding nur als Umschreibung durch Details und weitere Dinge, was eine Wechselbewegung zwischen Zentrum und Peripherie begründet. Das heißt, *jedes* Objekt fluktuiert - zumindest teilweise, aber dadurch letztlich insgesamt - in eine infinitesimal erscheinende Welt.[25] So wie beispielsweise ein Atom immer wieder aus seinem (an sich absolut neutralen!) Zentrum auftaucht, müssen wir annehmen, dass sich dort eine Ordnung befindet, die seine Struktur ständig neu hervorbringt. Umschreibung genügt sich nicht selbst; sie bedarf einer "erklärenden" Quelle, welche ihrerseits nur aus einem Pool versunkener Umschreibungskondensate sprudelt (siehe Kapitel 13). Während sich im besagten Fall dieser Pool vor *uns* verbirgt, öffnet er sich dem *Atom* in den verborgenen Phasen seiner Holobewegung. Das Atom träumt! Und in seinem Traum ist es ebenso wenig ein herkömmliches Teil-

---

[25] Da wir von *einem* Objekt sprechen, liegt sein Grund in *seinem* Zentrum. Betrachten wir die Teile eines Objektes hingegen *getrennt*, verbirgt er sich in *deren* infinitesimalen Zentren. Doch genaugenommen trifft immer *beides* zu, wie aus dem nächsten Kapitel hervorgeht.

chen, wie wir in unseren Träumen einen physischen Körper besitzen.

In diesem Sinn träumen *alle* Dinge. Jedes von ihnen verkörpert die unentwegte Ausstülpung eines komplexeren Wesens, das sich höchstens *teilweise* zu einem strukturierten Kernbereich entfaltet. Je einfacher die Kerne, desto zufälliger, abhängiger oder kollektiver muss das Verhalten ihrer umschreibenden Systeme erscheinen; je komplexer, desto autonomer (was dem Gemeinschaftssinn keineswegs entgegensteht).

Ich möchte noch einmal betonen, dass die letztliche Einheit von allem mit allem - und damit ihre *Nähe* - zwingend ist, wenn wir die Welt nicht in irgendeiner Hinsicht begrenzen wollen. Sie wird plausibler, wenn wir die Notwendigkeit der Umschreibung betrachten sowie die daraus resultierende *Universalität der Holobewegung*. Deren wahrnehmbare Form führt uns zu verborgenen *Ordnungen*, welche uns die Vereinigung der vordergründigen Objekte im Detail nachvollziehen lassen. Schließlich begründen Aktivität und Organisation dieser Ordnungen das *tiefere Wesen* jedes ihrer entfalteten Gebilde.

Wenden wir uns nun erneut jenen Prozessen zu, die zur *Entscheidung* zwischen mehreren möglichen Entwicklungswegen eines Systems führen. Sie haben zunächst mit der "waagerechten" Ebene des Realitätstrichters zu tun, mit der Umschreibung einer Ganzheit durch ihre Struktur.

Wie die Holobewegung ist die Umschreibung eines Objektes - ob einfach oder kompliziert - Schwingung. Sie fährt die Bezüge zu anderen Objekten ab und damit auch die Möglichkeiten, einige dieser Beziehungen zu verstärken und in deren Richtung *neue* Beziehungen einzugehen. Sie tut dies, wie wir sahen, sowohl außen, im Kontakt mit der Umgebung, als auch innen, beim - je nach Komplexitätsgrad - mehr oder weniger spielerischen Umgang mit Modellen.[26] Die Wechselwirkung zwischen Peripherie und Kern

---

[26] Auch die innere Umschreibung eines *einfachen* Zentrums dreht sich um Vorstufen zu weiter entfaltbaren Beziehungen.

trifft die Auswahl für einen der Wege; aber es ist noch nicht klar, wie es zur Entscheidung selbst kommt.

Von einer Entscheidung können wir nur dann sprechen, wenn sie nicht schon irgendwie vorweggenommen ist, weder durch äußere Umstände, noch durch verborgene Kräfte. Wenn nämlich nicht das betrachtete System wählt, sondern stellvertretend etwas anderes, das sich seinerseits auf ein weiteres verlässt, entscheidet am Ende niemand - alles wäre bereits festgelegt. Dem widerspricht nicht nur die tägliche Erfahrung, sondern die Einheit aller Bestimmungen im Universalkontinuum und vor allem in jedem "greifbaren" Infinitesimalpunkt. Der letztere ist ein unverzichtbarer Bestandteil jeder Umschreibung, da diese *allein* noch keine *Ganzheit* ergibt. Die absolute Identität aller Details und Möglichkeiten eines Beobachtungsstandpunktes ist aus der endlichen Realität nicht wegzudenken.

Wie empfinden wir einen Entscheidungsvorgang? Stellen Sie sich vor, Sie sind ein Jäger, der ein Rudel Wild (oder einen Haufen Wilderer) verfolgt. Plötzlich gabelt sich die Fährte, und Sie müssen sich für einen der beiden Wege entscheiden. Zunächst versuchen Sie, die Fährte genauer zu lesen, die bekannten Gewohnheiten der Verfolgten und ihren eigenen möglichen Nutzen zu berücksichtigen, das heißt, Sie versuchen Ihr weiteres Vorgehen logisch abzuleiten. Falls Sie während des Hin- und Herüberlegens zwischen den Argumenten für die eine oder andere Fährte zu einer eindeutigen Schlussfolgerung gelangen, liegt die Fortsetzung ihres Weges auf der Hand. Die Seite, nach der sich die verwickelte Bewegung öffnet (genauer: verlängert), war vorbestimmt, und sie brauchen nicht zu wählen. Kommen Sie dagegen nicht zu einem eindeutigen Ergebnis, können Sie auch eine Münze werfen und den Zufall "entscheiden" lassen. Aber damit entschließen Sie sich höchstens, *nicht* selbst zu wählen.

Wenn das eine nicht funktioniert und Ihnen das andere nicht zusagt, werden Sie Ihre Entscheidung "gefühlsmäßig" oder "instinktiv" treffen. Versuchen Sie nachzuempfinden, was hierbei passiert. Sie nehmen die Wechselbeziehung zwischen beiden Wegen als *Ganzheit* wahr - auf die gleiche Weise, wie Sie Gegenstände als

Einheit ihrer Details erkennen. Diese gegenständliche Ganzheit erscheint irgendwo "zwischen" der rückkoppelnden Peripherie und deren infinitesimalem Zentrum. Ein derartiges Erfassen nennen wir *intuitiv*. Es integriert das ganze, möglicherweise sehr komplexe Beziehungsgeflecht zwischen den Alternativen. Aus dieser Synthese schließlich taucht ein Impuls auf: *Dieser eine Weg* ist der richtige - und kein anderer. Die Entscheidung kommt aus der Mitte der logischen Gesamtrückkoppelung und führt zu einer *neuen* logischen Entwicklung. Sie ist das *gemeinsame* Ergebnis äußerer Rückkoppelung und innerer Identität, das zu einer nach außen gerichteten Aktivität führt.

Wir haben die Situation nicht nur intuitiv erfasst, sondern auch intuitiv gewählt. Passives Verstehen und aktive Entscheidung gehen den gleichen Weg - nur in umgekehrter Richtung. Wenn wir aufmerksam lauschen, können wir diese Bewegung als Strömung zwischen Innen und Außen, zwischen Tiefe und Oberfläche spüren. In der Tiefe des Trichters führt sie letztlich zum infinitesimalen Reflexionspunkt der Umschreibung, welcher zugleich der Reflexionspunkt der *Gesamtheit* aller Standpunkte *aus individueller Sicht* ist.

Aus jener gemeinsamen Tiefe wird Logik erst *erschaffen* - als mit der bereits existierenden Logik *verbundene*. Plötzlich fällt uns ein, dass wir den Wilderern (irgendwie ist mir die Jagd nach solchen lieber!) auf ganz andere Weise folgen könnten: durch die Luft! Doch dies müssen wir mit einem der bekannten Hilfsmittel tun. Wir beginnen zu überlegen, wie wir schnellstmöglich einen Hubschrauber herbeordern - ein überraschender dritter Weg, der sich aus der Einheit mit dem umfassenderen, aber eingefalteten *Gesamt*kontext ergibt.

Alles hängt miteinander zusammen - durch ganz reale Wirkungen und realisierbare Beziehungen. Daher muss dieser Zusammenhang auch auf jeder realen Ebene *spürbar* sein. Dessen Empfindung vereint existierende Struktur und universelle Identität, bestimmtes und unbestimmtes Potential. Und sie weist den Weg zur richtigen Entscheidung.

Kreativität, das Entstehen von Neuem, scheint allerdings auf unterschiedliche Weise möglich zu sein. Schon während der determinierten Bewegung einer rollenden Billardkugel verschwinden alte Positionen und entstehen neue. Im Spiel werden sich die Wege mehrerer Kugeln kreuzen und dadurch für jede *einzelne* der Kugeln "zufällig" neue Wege kreieren - wiederum relativ konstante Bewegungszustände. Vom umfassenderen Standpunkt des Billardspielers aus gesehen, war diese Kreation zwar vorherbestimmt, doch andererseits ist kein Beobachtungsstandpunkt umfassend genug, um den Zufall völlig auszuschließen. Ein stolpernder Kellner (oder meinetwegen ein Erdbeben) könnte die Kugeln immer noch ablenken.

Leider führen weder eindeutig bestimmte Abläufe noch unvorhergesehene Einwirkungen zu *universell gültigen Entscheidungen*, die nicht schon irgendwo vorweggenommen sind. Ebenso wenig die bloße Vermischung von Bekanntem und Unbekanntem in einem komplexen Denkprozess, bei dem logische Überlegungen zu zufälligen Entdeckungen führen, welche dann wieder andere logische Gedankengänge auslösen usw. Determination und "Zufall" bleiben hier, trotzdem sie sich gegenseitig beeinflussen, dieselben. Eigentlich ist alles längst "entschieden", auch wenn *wir* das Ergebnis noch nicht kennen.

Gäbe es jedoch nichts zu wählen, wäre alles jetzt Neue bereits in der künftigen Welt realisiert. Nur wenn wir *selbst* auf unserer *bewussten* Ebene entscheiden (und wenn Gleichwertiges anderswo möglich ist), können wir behaupten, dass etwas *grundsätzlich* Neues entsteht.

16. Bewusstsein - die Infinitesimalstruktur

Was bedeutet überhaupt "bewusst"? Das grundlegende Merkmal der Bewusstheit ist die Rückkoppelung auf etwas Wahrgenommenes, zum Beispiel die altvertraute Vase, die somit in einer Bewusstheitsschleife zirkuliert. Diese Schleife reicht über den Beobachter hinaus, wenn er die Vase in der Hand hält - dann haben wir eine Wechselwirkung mit einem äußeren Objekt - oder bleibt ausschließlich innerhalb des Beobachters, wenn er sie verschenkt. Ob so oder so: Die Vase ist ihm bewusst. Die Wirkung des äußeren oder inneren Gegenstandes wird durch ständige Wiederholung erhalten, aber aufgrund der allgegenwärtigen Irreversibilität doch allmählich verändert. Irgendwann langweilt die Vase.

Demgegenüber verschwände eine *infinitesimale* Wirkung im selben Augenblick in dem sie "wirkt". Sie könnte schwerlich bewusst werden. Das heißt, zum einen muss eine bewusste Wirkung in Form einer umschriebenen Ganzheit zirkulieren. Es wird das Bild eines *Objektes* gespeichert. Zum anderen umschreibt die konservierende Wiederholung jene Ganzheit aus wahrnehmendem Teil und dessen Gegenstand: Sie begründet einen Beobachtungsstandpunkt.

Auf die gleiche Weise vergegenwärtigen wir uns der Möglichkeiten, zwischen denen wir abwägen. Als Jäger springen wir zwischen linker und rechter Fährte hin und her (geistig selbstverständlich!). Beide selbst ausreichend umschriebenen Wege sind uns in einer Gesamtrückkoppelung *als Alternativen* bewusst. Diese Rückkoppelung beschreibt den Rahmen der für uns gerade bedeutungsvollen Möglichkeiten. Sie bildet eine Insel relativer Ruhe und Stabilität im Meer der unendlich vielen Gelegenheiten, die wir außerhalb dieses Rahmens haben (vom Stiefelputzen bis zum Pilzesuchen) und die sich in den unbestimmten Halo hinein fortsetzen (aus dem heraus uns plötzlich ein wütender Eber angreifen oder eine schöne "Waldfee" verführen kann). Während sich das Feld letztlich gleichförmiger Ungewissheit außerhalb der aktuellen Bewusstheitsschleife erstreckt, umschreibt diese ein infinitesimales Zentrum, das die Identität alles Diskreten "verkörpert".

Unsere Bewusstheitsschleife erlaubt freilich nur die Wahl zwischen der einen *oder* der anderen Fährte. Obschon sich die Schwingung gegenüber der äußeren Unschärfe abgrenzt, sucht sie nach einer weiteren Bestimmung, nach einer Ent-*Scheidung*. Diese Bestimmung innerhalb des noch Ungewissen löst die Schleife auf, indem sie eine Alternative stärker als bisher aus dem imaginären Halo realisiert und mit der Fortsetzung unseres Weges zu *neuen* Möglichkeiten führt. Eine *bewusste* Wahl muss dabei der Ganzheit der Rückkoppelung selbst entspringen. Sie muss die Unbestimmtheit der zu wählenden Alternative und die Bestimmtheit der Entscheidung *total* vereinen - und nicht nur bekannte Zweifel mit unbekannter Gewissheit mischen, wobei im Grunde alles festläge.

Die totale Einheit ist gegeben, sofern wir das Rückkoppelungsverhältnis nicht in Einzelteile zerlegen. Eine solche Zerlegung ist auch gar nicht möglich, wenn wir seine volle Bedeutung erfassen wollen. Das Rückkoppelungsverhältnis *ist* bereits Totalität - nämlich die untrennbare Einheit der alternativen Seiten mit dem eindeutig umschriebenen und daher bestimmten, aber *neutralen* Kern in der Mitte. *Zugleich unterscheidet* es jedoch all diese Teile in der *Struktur* der Totalität. Deshalb wollen wir statt von einer *totalen* Einheit lieber von einer *infinitesimalen* Einheit sprechen, die nur an jeweils *einer* Stelle der Ganzheit total ist: Im Zentrum des *jeweils untersuchten* Verhältnisses, so wie hier in der Mitte zwischen dem Kern der Ganzheit und ihrer Peripherie.

Auf den ersten Blick scheint das nichts Neues zu sein. Doch statt vom starren Infinitesimalkern einer Umschreibung sprechen wir jetzt von einem *flexiblen* Kern-Peripherie-Verhältnis innerhalb einer jeden Ganzheit. Es erstreckt sich, wie die vollständige Umschreibung, in den unbestimmten Halo hinaus und wird noch in diesem Abschnitt seine umfassende Bedeutung beweisen ...

Infinitesimaler Kern und imaginärer Halo sind durch ihre ureigene Strukturlosigkeit vereint. Sie würden jede beliebige Kreation gestatten (absolute Gleichberechtigung, siehe Kapitel 5). Doch *zwischen* ihnen liegt die konkrete Umschreibung, welche ihnen *konkrete* Bedeutung verleiht. Die Bestimmtheit der Rückkoppelung bedeutet daher Einschränkung der Kreativität auf *verwandte* Neuheiten, solche, die aus bereits zirkulierenden Wahlmöglichkeiten hervorgehen. Andererseits kann die Entscheidung wegen der beteiligten *Identität* der Alternativen (und des Universalkontinuums!) für keinen Standpunkt vorher feststehen. Die infinitesimale Einheit der konkreten Rückkoppelungsschleife mit ihrer freien Neutralität in der Mitte ist das Bewusstsein. Es ist bewusst kreativ. Seine freien Entscheidungen bestimmen, was sich weiter aus dem imaginären Halo verwirklicht. Aber so wie das Universalkontinuum die Gleichberechtigung begrenzt, indem es auf eine beschränkte Welt reflektiert, tut dies in strengerer Form der unbefangene Kern des Bewusstseins: Nur mit relativ determinierten Strukturveränderungen kann er seine Freiheit *ausüben*, Beschlüsse umsetzen. Seine an sich diffuse Freiheit gibt sich deshalb einen Rahmen aus wahrscheinlichen Handlungssträngen.

Das erklärt noch einmal, warum wir die Wahl nicht allein dem an sich nichtssagenden Kern zuschreiben, sondern seiner infinitesimalen *Einheit mit der Rückkoppelung* zwischen den Alternativen. Nur diese *hat etwas* zu wählen. Sie schließt die relative Trennung der Möglichkeiten ein.

Überdies beteiligen sich auch zufällige Einflüsse und sinngebende Zusammenhänge am Entscheidungsprozess. Wie die logischen Überlegungen des Jägers führen sie zum Moment der Wahl hin und werden dort identisch mit ihrer Einheit. Die Entscheidung ist nicht völlig willkürlich - sie hat für den Jäger eine Bedeutung innerhalb seines umfassenderen Kontextes, ohne durch diesen streng bestimmt zu werden. Dessen permanente Beteiligung an der infinitesimalen Einheit kann immerhin zu völlig unerwarteten Lösungen, wie jener mit dem Hubschrauber, führen.

Untersuchen wir nun, *was* die umschreibenden Alternativen mit ihrer totalen Einheit im Zentrum verbindet. Dazu müssen wir uns auf eine wichtige Eigenschaft des Bewusstseins besinnen, die schon mehrfach anklang.

Die gedankliche Bewegung von einer Möglichkeit zur anderen ist nicht ein Hin- und Herschreiten zwischen bloßen Anschauungsobjekten, sondern eine Bewegung des *Potentials* zu neuen Wegen. Als Jäger wägen Sie *Tendenzen* ab. Dabei können Sie die Bewegung Ihrer Gedanken - wie jede wirkliche Veränderung, die *Neues* hervorbringt - nicht eindeutig vorhersehen (Kapitel 15). Ihr Bewusstsein schließt zwar, wie ein umschriebenes Objekt, die ganze existierende Umgebung ein, eben alles, was ihm *bewusst* ist, reicht aber gleichfalls ins Unbekannte hinein.

Wir haben schon über die Irreversibilität von Veränderungen gesprochen. Jeder Veränderungsmoment ist mit einer anderen Kombination von bekannten und unbekannten Umwelteinflüssen verbunden, was ihm auch veränderte Antwortmöglichkeiten bietet. So verlagert sich das Gewicht zwischen der einen und der anderen möglichen Fortsetzung der Jagd mit jedem Hinweis, den Sie beim Fährtenlesen entdecken und mit jeder logischen Schlussfolgerung, zu der Sie gelangen. Ja, es können sich ganz neue Varianten ergeben, welche die bisherige Bewusstheitsschleife qualitativ verändern.

In Ihrem Kopf zirkuliert also nichts starr Festgelegtes, sondern ein offenes Potential. Bewusstsein ist die Bewegung von Energie, welche das bereits Materialisierte als *eine* Alternative mit einschließt - im Fall des Jägers etwa das weitere Verharren an der Gabelung. Aufgrund der Irreversibilität des Vorganges ist sogar diese Alternative nur eine Näherung: Auch wenn Sie stehen geblieben sind, haben sich ihre Gedanken und mit ihnen die ganze Situation verändert. Das wiederholbar Bestimmte ist lediglich ein "seltsamer Attraktor", den die Ungewissheit webt.

Aber es kommt noch dicker: Jede Gabelung auf der umschreibenden Linie der Gesamtrückkoppelung, beispielsweise jede Überlegung darüber, was ein bestimmtes Merkmal einer Fährte bedeuten könnte, muss ein eigenes Bewusstsein verkörpern. Denn die Wahrnehmung (Existenz) einer Verzweigung setzt die vergleichende Rückkoppelung zwischen den verfügbaren Alternativen an der jeweiligen Stelle voraus. Die so geformten Umschreibungen weisen alle besprochenen Eigenschaften hinsichtlich der bewussten Entscheidungsfähigkeit auf.

Bereits das notwendige Umschreiben eines Objektes mit dem wechselnden Bezug auf andere Dinge überschreitet dieses Objekt dadurch, dass es Alternativen zu ihm bietet. (Im gleichen Sinn hat das existierende Ganze die *Tendenz*, sich in seinen imaginären Hintergrund fortzusetzen.) Jede umschreibende Bewegung gabelt sich daher ständig, bietet neben dem alten Zustand weitere Möglichkeiten (und sei es nur *eine* und obendrein unbekannte), zwischen denen eine Rückkoppelung kraft infinitesimaler Einheit *wählt*, als *Bewusstsein* entscheidet. Das Gesamtbewusstsein bezieht auf diese Weise die freien Entscheidungen aller Teilbewusstseine ein, die es aufbauen und den ganzen Beobachtungsstandpunkt abdecken:

Sobald Sie sich in einem Teilbereich entschieden haben, bedürfen alle nachfolgend zu fassenden Beschlüsse *anderer* Erwägungen. Angenommen Sie beschließen, einen abgebrochenen Ast als Hinweis auf die Größe des vorbeigepreschten Tieres zu werten, anstatt ihn wie bisher dem nachfolgenden Wilddieb zuzuschreiben. Diese Entscheidung zieht neue Überlegungen über den Teil des Rudels nach sich, den Sie vorrangig schützen wollen - im Verhältnis zu dem anderen. Die bevorzugte Möglichkeit hat sich spiralenartig verwirklicht, indem sich die Schwingung Ihres Situationsbewusstseins verlagerte oder erweiterte. Sie wuchs dadurch zugleich in ein neues Gesamtbewusstsein hinüber. Solche Spiralbewegungen verbinden alle Bewusstseine und Teilbewusstseine (früher: alle Beobachtungsstandpunkte und Objekte) miteinander. Deren Entscheidungen steuern die Energie zur Veränderung der jeweils existierenden "Materie", der vormaligen, nun zu einem neuen Ausgangspunkt geronnenen Potentiale (vergleiche Kapitel 14).

Sie vermuten vielleicht, dass eben diese Spiralbewegung auch den Zusammenhang zwischen Peripherie und Zentrum eines Bewusstseins beschreibt. Dessen nur teilweise entfaltete Holobewegung setzt sich ja nach Kapitel 13 aus einem rotierenden sowie auf- und absteigenden Strom zusammen, vergleichbar einem Wasserstrudel, der hier das herumwirbelnde Wasser abwechselnd nach oben und nach unten zieht. Die "senkrechte" Bewegungskomponente stellt ebenso eine Umschreibung dar wie die "waagerechte" und erfordert wie diese eine ständige Wahl zwischen Alternativen (zu denen wir später noch einiges zu sagen haben werden). Die Einheit beider Bewegungen bildet unseren Realitäts- oder Bewusstseinstrichter.

Die vollständige Entfaltung des Strudels zu einer "absolut klaren Struktur" käme jedoch seiner Auflösung gleich und ist genausowenig möglich wie eine absolute Teilung, ohne auf alle Teile zu verzichten. Denn bereits das Wahrnehmen getrennter Dinge beziehungsweise scharf abgegrenzter Funktionen umschreibt deren unscharfe Verbindung. Die Komponenten falten sich wechselseitig ein und begründen insgesamt jenes kollektive Zentrum, das sie alle in einen abstrakten Punkt zusammenzieht - einschließlich dem imaginären Halo. Bestimmen und Ineinanderfließen bilden so eine untrennbare Einheit, die in jedem beliebigen Bereich irgendwo total ist. Diese *infinitesimale* Einheit geht nie verloren, lässt sich aber unendlich konkretisieren! Holobewegung beschreibt lediglich den asymptotischen Übergang zu jeder Infinitesimalität.

Betrachten wir es noch einmal von der anderen Seite: Jede "Wirkung" ist zunächst infinitesimal. Infinitesimalität allein führt jedoch zu keiner *Struktur* und damit zu keiner Existenz. Eine solche bedarf relativer Stabilität, rückkoppelnd *erhaltener* Wirkungen, welche in der Peripherie wiederum *einer* umschriebenen Ganzheit existieren. Die "Summe" einander abwechselnder Wirkungspunkte überlebt darin als *eine* infinitesimale Einheit. Nur derartige Ganzheiten können sich voneinander unterscheiden, wobei ihre Unterscheidung selbst eine vergleichende Rückkoppelung darstellt.

Aber erst die untrennbare Einheit von Wechsel, Wiederholung und ganzheitlicher Wirkung an *jeder* untersuchten Stelle ergibt ein *strukturiertes Objekt*. Dabei wird das Infinitesimale seiner Ganzheit durch das Zentrum symbolisiert und deren Struktur am deutlichsten durch die umschreibende Peripherie.

Es ist äußerst wichtig, diese Verknüpfung von Struktur und Infinitesimalität zu verstehen, *bevor* wir uns weiter so strukturbetonten Aspekten wie der Spiralbewegung widmen. Denn daraus wird der entscheidende Unterschied zur üblichen Auffassung von Bewusstsein und Realität hervorgehen.

Als einfacheres Modell kann die Bewegung eines Objektes von Ort zu Ort dienen. Ein Objekt geht in ein danebenliegendes über. Würde dieser Übergang nicht in *unendlich* kleinen Schritten erfolgen, vollzöge sich die Bewegung in Sprüngen. Letztere Ansicht vertrat David Bohm. Seiner Meinung nach schließt die Holobewegung in und aus der Tiefe alle Lücken zwischen den wahrgenommenen Bewegungsmomenten, welche sich in die verborgene Ordnung einfalten und ein Stück weiter wieder entfalten.[27] Auf solche Weise erscheinen unterschiedliche Einzelbilder im Kino als sich bewegende Figuren, während sie der Reihe nach projiziert werden.

Doch wie setzen wir die entfalteten Bewegungsmomente so zueinander in Beziehung, dass sie uns als *eine* Bewegung erscheinen? Wir *vergleichen* die unterschiedlichen Standbilder und nehmen die ungebrochene Ganzheit dieser Rückkoppelung wahr. Wir erkennen *eine* sich verändernde Szene.

Eine optische Täuschung? Schön. Aber dann ist diese Täuschung so universell, dass wir sie nicht mehr als solche bezeichnen können. Denn auch wenn wir "hinter" die scheinbare Kontinuität der Bewegung sehen, finden wir nur andere "Scheinbewegungen" - hier die Ausbreitung der Lichtwellen aus der Projektionslampe, den Transport des Films im Projektor, die Bewegung der Elektronen im Stromkabel usw.[28] Es hilft nichts, diese Bewegungen wieder in diskrete Schritte aufzulösen (auch nicht indem wir uns auf die Quantenmechanik berufen), denn *wirken* können immer nur *Ganzheiten*, die *als solche* eine Struktur aufweisen. Andernfalls blieben sie infinitesimal. Ihre Struktur *enthält* allerdings infinitesimale Zentren. Kurz gesagt: Die *Einheit* von Struktur und Infinitesimalität wiederholt sich bis hinunter zu ihrer *eigenen* Infinitesimalität.[29]

Jeder Infinitesimalpunkt ist zwar nur innerhalb einer *nicht* infinitesimalen Umschreibung bedeutend, welche nur *mit* ihm zusam-

---

[27] David Bohm, "Wholeness and the Implicate Order", Roudledge 1983, Seite 200ff.
[28] Bitte verzeihen Sie die altmodische Technik. Sie ist einfach anschaulicher.
[29] Zenons Paradoxon, nach dem *unendlich* kleine Schritte keine Bewegung ergeben können, ist hinfällig. Bewegung ist eine nicht (auf Momente) reduzierbare Größe.

menhält. Und der Übergang von der diskreten Struktur zur infinitesimalen Einheit ist selbst strukturiert, zudem potentiell entfaltbar.
(Der Nachhall des letzten Bildes überlagert sich mit dem folgenden
zu einer einheitlichen Bewegung, die andererseits in Lichtwellen,
Filmtransport usw. aufgeschlüsselt werden kann.) Doch auf jeden
Teil dieser Struktur kann man das Gleiche anwenden: Jede Teilbe-
wegung formt eine Ganzheit (einen Lichtstrahl, eine Filmrolle), jeder Teilbereich schließt seine eigene Infinitesimalität ein. Wir erhalten einen Übergang zum unendlich Kleinen an jeder Stelle der
(Holo-) Bewegung. Alle nicht infinitesimalen, immer weiter entfaltbaren Objekte bleiben also *auch* infinitesimal miteinander verbunden - nicht nur über die Identität ihrer Zentren, sondern über
die Präsenz solcher Zentren an jeder Stelle ihrer Vermittlung. Diese totale - besser: infinitesimale - Einheit von Infinitesimalität und
Nichtinfinitesimalität nenne ich Infinitesimalstruktur.

Folgende Analogie mag diesen fundamentalen Begriff verdeutlichen: Stellen Sie sich ein unendlich feines Beziehungsnetz vor, aus
dem sich die mehr oder weniger grob strukturierten Gebilde unserer Realität erheben. Diese sind aber nun ihrerseits miteinander an
jeder Stelle zu einer unendlich kleinen Masche, einem infinitesimalen Zentrum, verknüpft. Die sich aus diesem Gewebe ergebende
Spannung, die einheitliche Wahrnehmung von grober, feiner und
direkter Verbindung aller Gebilde, versinnbildlicht die Infinitesimalstruktur.

Immer wenn wir einen Gegenstand oder ein Verhältnis wahrnehmen, dann nehmen wir dessen Infinitesimalstruktur wahr. Das
heißt nicht, dass wir dabei unser Objekt ins unendlich Kleine zerlegen. Die Kontinuität *seiner Ganzheit* drückt schon unendliche
Feinheit aus. Doch selbst diese umgehen wir meist, da wir uns keine Rechenschaft darüber ablegen, worin sich Ganzheit und Struktur unterscheiden. Wir nehmen beide an jeder Stelle zusammen,
eben *auch unmittelbar* vereint, wahr. (Kontinuität ist nur die "infinitesimalste" Erscheinungsform einer Infinitesimalstruktur innerhalb des Nichtinfinitesimalen.)

Um es noch einmal herauszustellen: Infinitesimalstruktur ist
nicht bloß ein unendlich feines Gewebe, sondern die *absolute* und

gerade deswegen *flexible* Einheit von Identität, Kontinuität und Diskontinuität. Daher kann sie auch selbst mehr oder weniger strukturiert sein. Sie beschreibt ja unterschiedlich stark gegliederte Realitätsbereiche, die sie wiederum infinitesimalstrukturiert miteinander verbindet. Allein auf diese Weise sind Übergänge zwischen relativ kontinuierlichen und mehr diskontinuierlichen Zonen bis zur letzten Konsequenz erklärbar. Insbesondere Holobewegung und Umschreibung fließen in einer infinitesimalstrukturierten Beziehung zusammen, in der wir aufeinanderfolgende Projektionen und deren gleichförmigere Gesamtheit nur *relativ* unterscheiden.

Die Realität bietet sich nach wie vor in Form eines Trichters dar, der in unendliche Tiefe reicht, obwohl wir seinen "Boden" auch in unserer begrenzten Welt wahrnehmen (Kapitel 13). Was wir erkennen, ist die *entfaltete Öffnung*, die ein individuelles Zentrum umschreibt, in dem sich die zugrunde liegende Mannigfaltigkeit des Universums verbergen muss.

Das Gleiche trifft auf alle Teilbereiche des Trichters zu, welche wiederum aus vielen kleineren Trichtern bestehen, die alle ihre infinitesimalen Zentren umschreiben. Die Wechselwirkung der kleineren Trichter konstituiert größere Trichter bis hin zu einem Gesamttrichter der existierenden Welt. Und alle diese Trichter erkennen wir nun als infinitesimalstrukturiert.

Wir können den Realitätstrichter weiter auffächern, jene zu einer relativ einfachen Erscheinung überlagerte Vielfalt ausbreiten, wobei wir neue Objekte zu Tage fördern. Im obigen Kinobeispiel würden wir noch in die Produktionsfirma des Films eindringen, dann in das Leben des Regisseurs, der Schauspieler, des Zielpublikums usw. Die existierende Infinitesimalstruktur erweitert sich zu einer größeren Vielfalt, die natürlich ebenfalls infinitesimalstrukturiert ist. *Unendliche* Erweiterung schließlich führt uns zur Infinitesimalstruktur des absoluten Universalkontinuums - jenem *Reflexionspunkt*, den alle Trichter bereits in individueller Form enthalten.

Was bedeutet das? Die Infinitesimalstruktur des unendlichen Universums - die absolute *Einheit* (!!!) von allem Diskreten, Kontinuierlichen und Identischen - ist in jedes beschränkte Objekt oder

Bewusstsein einbezogen, wo sie eine individuelle Rolle spielt. Sie ist dort lediglich weniger entfaltet, sondern relativ diffus. Sie ist infinitesimaler. Erst am äußersten "Ende" des jeweiligen Trichterkanals geht sie in *einen* zentralen Infinitesimal*punkt* über. Das heißt, die potentielle Struktur des Universalkontinuums ist in jeder konkreten Umschreibung zusammengedrängt!

Ich weiß, dass dieses Thema nicht einfach ist. Wir erschaffen hier eine *erweiterte* Logik, die grundlegende intuitive Wahrnehmungen integriert, indem sie diese so weit als möglich aufschlüsselt, aber nicht zerteilt. Dementsprechend bedeutsam bleibt die Intuition für das Verständnis dieser Logik.

Normalerweise behauptet sich diese - nein, nicht komplizierte, sondern nur ungewohnte - Wirklichkeitsauffassung unterbewusst. Sie verschmilzt mit der oberflächlich-bewussten Wahrnehmung einzelner Objekte zu einer intuitiven Gesamtschau, ohne die eine relativ diskrete Welt nicht möglich wäre. Jenes Gefühl, das die jeweiligen Einzelaspekte einer Wahrnehmung *integriert*, macht dies vielleicht anschaulicher. Wenn Sie aufmerksam sind, werden Sie bemerken, dass sogar ein abstrakter Strich noch eine Empfindung in Ihnen auslöst, die sein Bild "enthält". Anders ist er nicht als Ganzes fassbar. Auch nicht, wenn Sie ihn mit dem Mikroskop betrachten. Oder wenn Sie seine Mitte ausradieren und nur jene ins Infinitesimale übergehende Ganzheit der zwei verbleibenden Teilstriche wahrnehmen.

Und noch etwas werden Sie erkennen: In Ihre Auffassung des Striches fließen auch alle anderen Komponenten des Ihnen gerade bewussten Standpunktes ein. Sie können zwar mehr deren Unterschiede zu dem Strich oder deren Einheit mit ihm betonen, aber beides nicht voneinander trennen. Wenn Sie sich nun langsam auf andere Objekte konzentrieren, bleibt dieselbe *Art* der Wahrnehmung *in jedem Moment* der Veränderung erhalten.

17. Unsere permanente Wahl

Welche Bedeutung hat nun die Allgegenwart von Infinitesimalstruktur für die Entscheidungsfreiheit?

Da nichts ohne charakteristische Tendenzen existiert, die sich
rückkoppelnd aufeinander beziehen, ist nichts ohne wählendes Bewusstsein. Jedes einzelne dieser Bewusstseine, sei es das eines
Menschen, eines pflanzlichen Organismus oder eines wachsenden
Kristalls, steht wiederum in infinitesimalstrukturierter Beziehung
zu allen anderen. Dementsprechend müssen auch deren Entscheidungen miteinander verknüpft sein: Jedes Teilbewusstsein wählt in
vermitteltem *und direktem* Zusammenhang mit dem jeweils umfassenderen Bewusstsein seines Standpunktes.

Zwar ist manchmal der Unterschied zwischen Trennung und Einheit der Bewusstseine (*innerhalb* ihrer bestehenden Einheit) relativ
groß und der Beobachtungsstandpunkt stets beschränkt; es mag relativ wenige Alternativen zur Auswahl geben. Aber je mehr sich
alle Teilbewusstseine *entfalten*, desto detaillierter verbinden sich
Vermittlung und direkte Einheit, während das Gesamtbewusstsein
über seine bisherigen Grenzen hinauswächst. Es projiziert ein immer komplexeres Geflecht fraktal verschachtelter Bewusstseinstrichter, das in seinem Innern asymptotisch komprimiert war.
So werden uns die kulturellen und ökologischen Zusammenhänge
der Welt immer bewusster, woraus sich mehr Wahlmöglichkeiten
ergeben. Wir übernehmen mehr *bewusste* Verantwortung.

Doch selbst das unbeschränkte Aufschlüsseln in verschiedene Infinitesimalstrukturen (verbundene Objekte beziehungsweise Bewusstseine) erfasst nicht die Infinitesimalstruktur als solche. Ob
wir relativ getrennte oder detailliert vermittelte Bereiche betrachten, die existierende *Ganzheit* bedeutet *auch* deren *unmittelbare*
Verbindung. Das heißt, der *direkte* Kontakt jeder beliebigen Umschreibung zu *allen* anderen und zum absoluten Universalkontinuum ist und bleibt gegeben. Jede Entscheidung, die wir treffen, sollte sich deshalb *sofort* in den Entscheidungen aller anderen Bewusstseine auswirken; vordergründig freilich nur in jenen, welche
unseren gegenwärtigen Beobachtungsstandpunkt bevölkern. Auf

diese wollen wir uns zunächst konzentrieren und hierbei einiges wiederholen sowie neue Gesichtspunkte ansprechen, die wir im Laufe des Buches genauer ausführen werden.

Unserer Analyse zufolge umgibt jeden der unendlich dicht liegenden Punkte, den eine umschreibende Bewegung auszeichnet, ein relativ selbständiges Bewusstsein. Es kann wählen, wachsen und mit der Schwingung zwischen Peripherie und Zentrum in seine diffuse Tiefe tauchen. Diese Schwingung ist so real, wie die Seiten der Umschreibung miteinander vermittelt sind. Und da sich die umschreibende Peripherie ins Unendliche erstreckt, vereinigt sich das vordergründige Objekt in der Tiefe des Bewusstseinstrichters auch mit seinem grenzenlosen Halo, mit allen anderen existierenden oder imaginären Objekten. Außerhalb des Zentrums hingegen trennen sich Objekt und Halo - ihre *divergente* Synthese ist fern.

Entscheidung und Potential zur Entfaltung von diskreten Strukturen entspringen deshalb aus einer *nahen* Einheit: aus der Identität von eingrenzender Form und völlig freiem Potential des Universalkontinuums, aus der existierenden Infinitesimalstruktur.

Was aber, wenn ein Bewusstsein tief in sein Inneres taucht? Auch dann dehnt es sich aus, sobald es diese Tiefe "träumend" *realisiert*. Im Traum sind wir keineswegs der Meinung, bloß innerhalb unseres Kopfes zu handeln. Das infinitesimale Zentrum bleibt dagegen immer zentral - es repräsentiert die tiefenunabhängige *Achse* des Bewusstseinstrichters. Wir ersehen daraus, dass jedes Außen oder Innen relativ ist. Absolut ist nur das infinitesimale Zentrum, welches sich entsprechend der aktuellen Umschreibung *verschiebt*.

Die Nähe dieses Nabels oder vielmehr der *Einheit mit ihm* gegenüber dem unendlich entfernten Universalkontinuum begründet gleichwohl die Richtung in der sich etwas Neues realisiert: von innen nach außen. Dass unvermittelt etwas aus unendlicher Ferne auftaucht, ist unendlich wenig wahrscheinlich.

Andererseits kann jegliches Erscheinen aus endlich entfernten *Realitäten* nicht allumfassend *neu* sein. *Universell* gültige Schöpfung ist einzig aus der absoluten *Identität* im Universalkontinuum möglich, wobei sich wiederum alle Schöpfungen dem Existierenden anschließen müssen: einerseits um zu wirken und andererseits weil die obige Identität nur innerhalb existierender Umschreibungen etwas bedeutet. Kreativ ist also genaugenommen nur die *bewusste Entscheidung zwischen existierenden Möglichkeiten.* (Eine davon steht für die Wirkung des völlig Unbekannten.) Sie schöpft aus der infinitesimalen Einheit mit jener Identität – was auch immer ihre Folge ist.

Solche Entscheidungen werden in einer *infinitesimalstrukturierten* Welt *in jedem Moment* getroffen. Denn da alle vorläufigen "Endpunkte" einer Veränderung durch andere *umschrieben* werden, beinhalten sie stets *mehrere* Fortsetzungsmöglichkeiten.

Aber "wer" entscheidet gerade über den nächsten Schritt? Und wer könnte den "Lauf der Sonne" ändern? Hier sollten wir uns an die rollende Billardkugel erinnern, nämlich daran, dass jede Situation nicht nur das betrachtete Objekt, sondern auch den Beobachter und seinen ganzen Beobachtungsstandpunkt einschließt. All dessen *Bewusstsein* (nicht der "Zufall" schlechthin) beteiligt sich an der permanenten Entscheidung. Dennoch kann das Wesentliche vorbestimmt sein. Die Sonne geht unweigerlich unter. Aber wodurch? Doch wieder nur durch die Entscheidung eines *Bewusstseins*, welches diese Situation herbeigeführt hat. Und das ist in jedem der beteiligten Bewusstseinstrichter eingeschlossen - bewusst oder unterbewusst. Jeder Moment einer Veränderung verwirklicht eine Wahl des ganzen, aber beschränkt entfalteten Universums: Es ist im tiefsten Innern *unser* Wille, dass die Sonne untergeht.

Vielleicht klingt Ihnen das zu mystisch. Doch bitte bedenken Sie: Infinitesimalstruktur und Verzweigung sind allgegenwärtig. Die Ganzheit des rückkoppelnd strukturierten Universums finden wir nicht nur in der unendlichen Weite, sondern *zugleich* in jedem individuellen Bewusstseinstrichter(kanal). Sie beteiligt sich an allen Entscheidungen nicht nur als neutraler Kern, sondern als infinitesimal*strukturierte* Unendlichkeit. Dabei bleibt uns deren Aufbau größtenteils unterbewusst, lediglich potentiell entfaltbar, so dass wir diesen Teil leicht als imaginären Hintergrund ansehen oder mit infinitesimalen Zentren unseres Bewusstseinsgeflechts gleichsetzen. Einflüsse aus dem Unterbewussten mögen wie Zufälle beziehungsweise "Gegebenheiten" wirken und Impulse manchmal wie vordergründige Entscheidungen. Tatsächlich aber besitzt die aus der Tiefe entspringende Aktivität dieselbe Grundlage wie unsere Wahlfreiheit: die unerschöpfliche, asymptotisch komprimierte Infinitesimalstruktur. Und indem wir wählen, *erschaffen* wir reale Entwicklungslinien.

Warum richten wir dann nicht wenigstens unser Leben besser ein? Wir können dies ganz gewiss häufiger, als wir normalerweise meinen, wenn wir uns nur von eingeschliffenen Verhaltensweisen und persönlichen Dogmen befreien. Die Chance hierzu haben wir *immer*, auch in diesem Moment. Zwar sind wir nur imstande, ein Vorhaben zu realisieren, wenn wir die dafür gewählte Veränderung durchhalten. Jedoch beschränken wir uns selbst, sobald wir ins Unterbewusstsein verdrängte Denkgewohnheiten endgültig "vergessen" und nun an die Unveränderlichkeit "äußerer Umstände" glauben. *Wir* sind die Schöpfer unserer Realität. *Wir* entscheiden uns für "ungewollte" Aktivitäten - sogar in einem weit umfassenderen Sinn, als wir bisher besprochen haben.

Gleiches trifft auf alles andere Bewusstsein zu. Dadurch entstehen erneut Situationen mit mehr oder weniger Wahlmöglichkeiten. Ungleichförmige - zum Beispiel sich kreuzende oder überlagernde - Bewegungen führen zu *hervorgehobenen* Verzweigungspunkten, die sich vom stetigen Auswahlprozess unterscheiden. Ein Tiger begegne zum Beispiel einem anderen oder kreise in der Falle. An solchen Punkten kann es für ihn mehr oder weniger Alternativen geben als während seiner gewohnten Pirsch durch den Dschungel. Wir stellen die aktuelle Entscheidung(ssituation) dementsprechend heraus. Die Beziehung zwischen dieser und ähnlichen Erfahrungen vertritt den *groben* Aspekt des infinitesimalstrukturierten Tigerlebens, welches jetzt das Verhaltensrepertoire liefert. Nichtsdestoweniger geht des Tigers *ständige* Wahl ebenfalls - summarisch und ganz aktuell - in die gegenwärtige Entscheidung ein. Sie setzt nicht etwa nur konsequent freiere Entscheidungen um, sondern beteiligt sich immer *auch* aktiv.

Der fremde Tiger erschien dagegen ganz unerwartet aus dem Dickicht. So spontan wirkt lediglich etwas, dessen Annäherung nicht beobachtet wurde (vergleiche Kapitel 3). Allerdings müssen seine Wirkungen innerhalb der allzusammenhängenden Welt ständig auf sich rückkoppeln. Es muss ein *Bewusstsein* jedes Bewegungsverlaufes geben. Irgend "jemand" weiß um den Weg *beider* Tiger - obschon die Anzahl der möglichen Überraschungen unendlich ist. Kontinuität und Diskontinuität gehen schließlich *auch* kontinuierlich ineinander über.

Nach einem verwandten Muster bindet sich die Peripherie eines Bewusstseins an das zentrale Universalkontinuum. Die umschreibende Bewegung ist nie völlig geschlossen, sondern stets *auch* neu: An jedem Punkt wird zwischen mehreren Fortsetzungen gewählt, solchen, die annähernd (irreversibel - nur asymptotisch genau) schon einmal durchlaufen wurden und solchen, die mehr Neues zu bieten haben. Sollen Sie, der Jäger an der Gabelung, zunächst weiter nachdenken oder dabei die Jagd fortsetzen? Heraus kommt immer eine Spirale, deren alte und neue Arme vor der Ent-Scheidung in einer rückkoppelnden Beziehung zueinander stehen: Der umlaufende Gedanke ist seinerseits ein nach vorn geöffneter Bewusstseinstrichter.

Offenheit und Geschlossenheit der Rückkoppelung sind auf diese Weise infinitesimal verbunden. Daher bildet die äußere Umschreibung eines Bewusstseins keinen Widerspruch zu seiner Wechselwirkung mit der inneren Tiefe. Die Einheit beider Bewegungen ist ein *infinitesimalstrukturiertes* Spiralengewebe, das bis ins Unendliche hinaus reicht. Auf der anderen Seite führt es in den Trichterkanal des Bewusstseins und stellt den Zusammenhang mit der unterbewussten Vielfalt des Universums her, welches über seine infinitesimalere Struktur am Entscheidungsprozess des weniger infinitesimalen Bewusstseins teilnimmt.

Fassen wir paar wichtige Schlussfolgerungen zusammen:
1. Die Infinitesimalstruktur verbindet *alles* (sogar mit dem Unbekannten) und transzendiert, wie auch der Infinitesimalpunkt,

das "rein" Physische oder Biologische. So führt sie direkt mit allem "Höheren" zusammen.

2. Jedes Bewusstsein hat die Tendenz, über sich hinauszugehen und neue infinitesimalstrukturierte Ganzheiten aufzubauen. Diesen universellen Drang zur Kreativität könnte man (siehe 1.) als reine und zugleich unerschöpfliche Energie bezeichnen, die bewusst gesteuert wird.

3. Der Entscheidungsspielraum des Bewusstseins *ist* sein Potential. Ein *Bewusstsein* realisiert nur das, wozu es sich *entscheidet* (und sei es das bislang gänzlich Unterbewusste), da es die Verzweigung schlechthin verkörpert. (Später werden wir dennoch einen relativen Unterschied zwischen Freiheit und Potential entdecken. Außerdem ist das Unterbewusste zweifelsohne an jeder Verwirklichung *beteiligt*, mit der ja sofort auch Unbekanntes - eben noch *nicht* Realisiertes - zu Tage tritt.)

4. Die absolute Freiheit des infinitesimalen Universalkontinuums gibt sich mit den jeweils bewussten Alternativen einen Rahmen. Nur dadurch kann sie *wirksam* werden. Gleichzeitig wächst der Freiheitsgrad des Bewusstseins mit der zunehmenden Entfaltung seiner Tiefe. (Den Beweis hierfür liefere ich nach.)

5. Indes beweist die Infinitesimalstruktur, dass die Auswahl zwischen den *gegebenen* Möglichkeiten *immer* frei ist, genauer gesagt: innerhalb des Gesamtzusammenhangs einen freien Anteil besitzt. (Auch dazu später mehr.)

Während wir früher von Einwirkungen und Wechselwirkungen sprachen, haben wir es jetzt nur noch mit unterschiedlichen Formen des Bewusstseins zu tun. Natürlich bedeutet Bewusstsein mehr als die grundlegende Fähigkeit zur freien Wahl. Es kommuniziert mit anderen, fühlt und hegt individuelle Absichten. Pausenlos tauscht es sich mit seinem Unterbewussten aus, ist ohne dieses undenkbar. Wie stimmt es die Schöpfung seiner Realität mit anderen Bewusstseinen und "Gott" ab? Welchen persönlichen Nutzen können wir aus diesen Erkenntnissen ziehen? All das und noch einiges mehr wird Thema der folgenden beiden Teile sein.

TEIL III

Das kommunizierende Bewusstsein

18. Projektion und Näherungsbildung

Normalerweise meinen wir, dass die Gegenstände um uns herum auch von anderen gesehen werden können. Wir haben der Vase auf dem Tisch einen bestimmten Existenzumfang zugeschrieben, was ja besagt, dass sie für eine gewisse Anzahl von Beobachtern existiert. Dennoch kommen uns langsam Zweifel, ob wirklich jeder Beobachter *dieselbe* Vase sieht.

Wir nehmen ein Objekt wahr, indem wir es in unser Bewusstsein einbeziehen. Nun unterscheidet sich dieses Bewusstsein aber offensichtlich von allen anderen. Es beinhaltet eine ganz individuelle Kombination von Ansichten, Vorlieben und Erinnerungen, die es jetzt mit einer Vase verbindet, so dass ihm diese anders bewusst wird als dem danebenstehenden Hans. Der eine Beobachter mag ein leidenschaftlicher Sammler sein und der andere ein Blumennarr. Trotzdem sagen beide, sie würden ein und dieselbe Vase an eben diesem Ort sehen. Haben deren Vasen also doch etwas gemeinsam?

Nein, genaugenommen nichts! Da jedes Detail sich auf eine *bestimmte* Ganzheit bezieht, ist es mit keinem Detail einer anderen Ganzheit identisch. Das unterschiedliche Bewusstsein beider Bewunderer trifft sich erst im unendlich Geringfügigen, das wirklich beiden zuteil wird - aber keine Vase mehr darstellt.[30] Wie schaffen sie es dann, sich auf *eine*, nur diese und keine andere Vase zu ... *einigen*? Ja natürlich, man verständigt sich miteinander, macht einen Handel: Du sagst mir, was du siehst und ich sage dir, was ich sehe, und du korrigierst mich dann und ich dich usw. Dabei bezieht jeder etwas vom Standpunkt des anderen in den eigenen ein, bildet ein *neues* Bewusstsein *mit* diesen Informationen, woraufhin der andere wiederum ein neues Bewusstsein mit den Informationen aus dem ersten gemeinsamen Bewusstsein formt usf. Freilich nehmen die Beobachter jetzt nicht mehr ihr ursprüngliches Objekt wahr. Sie

---

[30] Dieses Beispiel stammt aus "Das Seth-Material" von Jane Roberts, Goldmann 1991, Seite 138f.

haben vielmehr ein *Gesamtbewusstsein* beider Standpunkte geschaffen, mit dem sie bis ins Infinitesimale verflochten sind. Sie
umschreiben dessen Ganzheit, in welcher nun eine gemeinsame
Näherung ihrer individuellen Vasen zirkuliert. Das ist jene Vase
mit einem bestimmten Existenzumfang.

Sie können diese Wirklichkeitskonstruktion anhand eines einfachen Experimentes überprüfen: Bitten Sie jemanden im Kreis Ihrer
Familie auf einen beliebigen Gegenstand zu zeigen, woraufhin jeder Anwesende die sich bei ihm einstellenden Assoziationen verfolgen soll. Tauschen Sie nachher Ihre Eindrücke aus, während jeder beobachtet, wie er auch die Bezüge der anderen übernimmt
und sich dadurch ein für alle gemeinsames Objekt herauskristallisiert. Dies ist wohlgemerkt noch nicht dasjenige, welches jeder
Einzelne jetzt wahrnimmt, aber es ist der bestimmte Gegenstand,
den das neue *Gesamtbewusstsein* der Beobachter enthält. Ständig
entstehen weitere Unterschiede, sprich: neue Bezüge, die ebenso
permanent abgeglichen werden können. Die daraus resultierende
Näherung ist die gemeinsame - "objektive" - Realität der kommunizierenden Individuen.

Natürlich müssen wir nicht immer bei Null anfangen. Wir haben
bereits bestimmte Vorstellungen und Regeln über Näherungen und
deren Bildung gespeichert. (Fast) Jeder weiß, "was" eine Vase ist
oder wie "man" spricht. Doch wenn Sie auch jemand kennen, der
immer etwas anderes versteht, als Sie sagen, dürfte Ihnen klar sein,
wovon wir hier reden.

Es bleibt noch eine Frage, die wir in anderer Form schon beant-
wortet haben: Wie kann ein *einzelner* Beobachter etwas Einheitli-
ches wahrnehmen, wenn eine solche Wahrnehmung Kommunikation voraussetzt? Sie wissen es: Sein Bewusstsein, seine *innere*
Kommunikation, umschreibt die Ganzheit des als solche in ihm
weiterzirkulierenden Objektes. Ohne dass ein Bewusstsein wieder
aus wechselwirkenden Teilbewusstseinen - bis hinunter ins unendlich Kleine - bestünde, gäbe es keine ausgedehnten, geschweige
denn strukturierten Betrachtungsgegenstände.

Kollektive Näherungen werden demnach wie umschriebene
Ganzheiten gebildet. Zunächst existiert kein individuell wahrge-

nommenes Objekt für ein anderes Bewusstsein. Es ist für andere infinitesimal, nichtexistent. Erst die Kommunikation beziehungsweise Rückkoppelung zwischen unterschiedlichem Bewusstsein bringt aus imaginärem Halo *und* individuellem Wissen ein für jede Seite akzeptables Näherungsobjekt hervor.

Das *Imaginäre* ist allerdings *im Existierenden* verborgen, der "Raum" aller umschriebenen Infinitesimalpunkte. Deshalb wird die neue Näherung aus der im gegenwärtigen Bewusstsein überall und insgesamt anzutreffenden *Einheit* von konkreter Umschreibung und Infinitesimalität geschaffen. Alles Neue entsteht *aus dem Innern* des Bekannten *nach außen* ins bisherige Nirgendwo (welches, nicht zu vergessen, durch existierende, eben noch *bewusste* Halos lediglich angenähert wird - siehe Kapitel 1 und vergleiche Kapitel 13).[31] Dabei knüpft es an das derart projizierende Bewusstsein an, erweitert dessen Individualität.

Obwohl sich alle kommunizierenden Individuen verflechten und ein neues Gemeinschaftsbewusstsein formen, wird dieses noch immer von jedem der beteiligten Standpunkte *anders* wahrgenommen, da sie unterschiedlich in ihm *zentriert* sind. Wir haben also mindestens zwei neue Bewusstseinsaspekte: "links" und "rechts" (und unendlich viele dazwischen). Sie enthalten zwei neue, miteinander verflochtene Objekte, welche die "wirklich" *gemeinsame* Ganzheit des Näherungsobjektes wieder nur *umschreiben*. Am "durchschnittlichsten" ist die Näherung von einem dritten, in der Mitte zentrierten Standpunkt aus zu erkennen. Doch auch hier können wir einen weiteren Mittelwert aller *drei* individuellen Standpunkte bilden, der mit keinem einzelnen von ihnen identisch ist usw. Ein gemeinsames Objekt ist nicht nur das *Resultat* einer infinitesimalstrukturierten Beziehung, sondern selbst eine solche Bewegung - zwischen einhelligem Zentrum und schillernder Peripherie.

---

[31] Um ganz genau zu sein: Auch das Außen *entsteht* mit dem Neuen und ist nach dessen Vollendung *kein* Außen mehr.

Nach den obigen Überlegungen schaffen ungleiche Bewusstseine ein neues Objekt, indem sie sich zur Kommunikation miteinander entschließen. Aber genauso rückkoppelnd wie diese Verständigung muss auch der von ihr umschriebene Gegenstand ausfallen. In ihm *verdichtet* sich ja die ständig neue Kommunikation, ohne die es ihn nicht gäbe. Daher kommt ihm ebenfalls Bewusstsein mit eigener Entscheidungsfähigkeit zu. Er wurde als relativ *selbständiger* Teilaspekt des ihn projizierenden und wahrnehmenden Gesamtbewusstseins geschaffen. Und als relativ Selbständiger wirkt er auf seine(n) Schöpfer zurück.

Hier kommt ein wichtiger Punkt zum tragen, den wir schon mehrmals angedeutet haben: Die betrachtete Vase besteht keineswegs nur aus Ton und Farbe, sondern aus dem gesamten bewussten Kontext, aus dem sie sich "herauskristallisiert". Deshalb ist sie bewusster, als wir es Ton und Farbe allein zugestehen würden. Was wir nun sehen, beeinflusst unser Bewusstsein *von* der Vase, worauf wir uns veranlasst fühlen, dieselbe in unsere Sammlung einzureihen oder mit passenden Blumen zu zieren. Das schon um die Vase erweiterte Bewusstsein hat sich schöpferisch um einen weiteren Teilaspekt bereichert.

Wenn wir diesen Prozess fortsetzen, entfalten wir unser Bewusstsein spiralförmig oder fraktal, so wie ein Gedankenkomplex den nächsten gebiert, aus deren beider Einheit ein weiterer sprießt usw. In diesem Fall vervielfältigt sich die Präsenz "der" Vase. Wir können dann die Variationen wiederum in *einem* Näherungsobjekt zusammenfassen - zu *einer* Vase mit großem Existenzumfang beziehungsweise hoher Stabilität. Das bestätigt ihren Einschluss in *ein* umfassendes Bewusstsein. Die Stärke (oder Intensität) ihrer verdichteten Existenz wird dabei durch ihren *Einfluss* innerhalb dieses Bewusstseins beschrieben, und zwar in Form eines "Entscheidungspotentials": Die bewusste Wahrnehmung der Vase *entscheidet* mehr oder weniger über deren weitere Verwendung.

Um das Ganze noch einmal von einer anderen Seite zu beleuchten, rufen wir uns wieder ins Gedächtnis, dass die "Wechsel"wirkung eines Objektes mit einem anderen Objekt für jedes *einzelne* infinitesimal ist. Sie wird erst erschaffen, wenn sie ein Dritter "von der Seite" betrachtet (Kapitel 3). Dieser Dritte nur kann eine *wechselseitige* Bedeutung der *unterschiedlichen* Komponenten füreinander erfassen. Dabei ist er seinerseits mit jeder Seite verknüpft. Es gibt also gar kein Zweikörperproblem, keine reale "Duolektik", sondern alles ist mindestens "trialektisch". Das umschriebene Zentrum einer wechselseitigen Einwirkung fällt in einen Beobachter, der einen weiteren Teilaspekt des neuen Gesamtbewusstseins bildet. Seine Position verhält sich gewissermaßen umgekehrt zu der eines Näherungsobjektes: Sie ist die Voraussetzung dafür, zwei *unterschiedliche* Bewusstseinsaspekte wahrzunehmen.

Beide Blickwinkel - derjenige der Näherungsbildung und derjenige der Beobachtung - sind, wie Sie unschwer erkennen können, miteinander verflochten (bis ins Infinitesimale). Und in beiden Versionen projiziert das Gesamtbewusstsein Teilaspekte seiner selbst nach außen, indem es sich mit einem *anderen* Teilaspekt identifiziert (Selbstbewusstsein). Die derart abgespaltene Umschreibung oder Wechselwirkung erscheint nun als "objektive" Einheit ihrer *eigenen* Komponenten.

Wie leicht vergessen wir, dass wir unser Umfeld selbst bestimmen - nicht nur durch die Weise, wie wir es wahrnehmen oder beeinflussen, und indem wir uns ständig für dasselbe entscheiden, sondern einfach deshalb, weil wir es *einschließen*. Alle Teile eines Gesamtbewusstseins handeln relativ selbständig, so dass es scheinbar nur ein kleiner Schritt ist, sie auch *grundsätzlich* voneinander zu trennen. Ihre wechselweisen Veränderungen erscheinen ja tatsächlich in dem Maße unvorhersehbar, wie alle Beteiligten frei sind, ihre Beziehungen zu wählen. Dennoch entscheiden sie immer *gemeinsam*, wie aus den letzten beiden Kapiteln hervorging. Im Abschnitt "Individualität und Freiheit" werden wir diesen Gesichtspunkt noch genauer untersuchen.

Projektionen sind uns, bevor sie auftauchen, nicht bewusst. Aber wir erzeugen sie auch nicht aus dem *puren* Nichts, sondern aus unserer individuellen Anschauung heraus. Wir enthalten sie *potentiell*.

Tiefer betrachtet, gab es das, was wir sehen wollen, zum Beispiel die Blumen in der Vase, für *andere* Beobachter *ähnlich* bereits vorher. Mutter hatte schon früher einmal solche Blumen hineingestellt (in *ihre* Vase). Selbst das, worauf wir uns nicht konzentrieren, ist *grundsätzlich* verfügbar; es kann irgendwann von *woanders* herangezogen werden, wo es existieren *muss*, da *alles* für irgendwen existiert (Kapitel 1 und 2). Nur die *Entscheidung* zu einer bestimmten Kommunikation trifft jedes Bewusstsein in Verbindung mit seinem zentralen *Null*punkt. Die folgende Projektion kommt (via Holobewegung) aus der Welt des jeweils Un(ter)bewussten.[32]

Wir projizieren also ungeachtet unserer Wahl Objekte, die es aus einer anderen Perspektive annähernd längst gibt. Dies *festzustellen* bedeutet jedoch, dass die Näherungen uns schon *vor* ihrer Projektion bewusst waren. Denn inwieweit ein Objekt über unsere eigene Welt hinaus existiert, wird anhand seines *weiterreichenden* Existenzumfangs gemessen, den wir hierzu paradoxerweise *kennen* müssen. Wie ist das möglich?

Stellen wir uns eine Grotte vor, deren dunklen Innenraum wir gerade archäologisch erkunden wollen. Wir entzünden eine Fackel und überschreiten die Grenzen unseres gegenwärtigen Standpunktes hin zu einem anderen, zum Innenraum der Höhle, wo wir einige prähistorische Wandzeichnungen gewahren. Schließlich kehren wir wieder nach draußen zurück, behalten aber den Zugang im Auge. Nun liegen die Artefakte wieder im Dunkel. Wir wissen allerdings *relativ* sicher, dass diese Zielobjekte (noch) existieren (genauer: existieren *werden*, wenn wir sie wieder ansteuern) und bewahren den Beginn des Weges zu ihnen in unserem Bewusstsein. Dringen wir aufs neue in die Höhle vor, entsteht diesmal nichts gänzlich Unbekanntes. Dennoch werden wir die Bilder etwas anders wahrnehmen; ja vielleicht wurden sie inzwischen sogar beschädigt.

Bevor wir die Höhle das erste Mal betraten, war uns ihr Inhalt als Teil des eingefalteten Universums *nicht* bewusst. Nachdem wir ihn entfaltet hatten, wurde er durch erneute Einfaltung *unter*bewusst -

---

[32] ... wobei sich das von dort zu Projizierende verändert und weitere freie Entscheidungen mitwirken, so dass die genaue Form des Projizierten bis zuletzt unbekannt bleibt.

ein feiner Unterschied, der die *dynamische* Existenz des Gegenstandes hervorhebt. Damit ist gemeint, dass er zwischen potentieller und aktueller Existenz wechselt, indem das Potential durch seine wiederholte Verwirklichung bestätigt und zugleich nur *als solches* erhalten wird. Allein dies berechtigt uns zu der Behauptung, ein Objekt hebe sich auch dann aus dem Meer der Beliebigkeit, wenn *wir* es gerade *nicht* beobachten. Wir beobachten in diesem Fall die *Schwingung* zwischen Existenz und Nichtexistenz, die in einem realen Potential kondensiert.

Während die Bewegung unseres Standpunktes Dinge *erzeugt*, die für andere schon ähnlich existieren mögen, *vermittelt* uns das Potential mit ihnen und wird daher selbst als deren *Näherung* - nämlich als unvollendet - wahrgenommen.

Versuchen Sie bitte wieder *nachzuempfinden*, wie das geschieht. Von einer Möglichkeit können Sie nur sprechen, wenn Sie deren Realisierung im Auge behalten, aber gleichzeitig verdrängen. Sie *könnten* weiterlesen, aber Sie *wollen* nicht. Schließlich lesen Sie doch noch ein Stück und bestätigen so ihr Potential. Endlich lassen Sie es gut sein und gehen erst einmal schlafen - morgen ist auch noch ein (potentieller) Tag mit (wahrscheinlich) ähnlicher Realität. Wieder denken Sie an das Kommende in Bezug auf das Gegenwärtige. Die so umschriebene Ganzheit ist das resultierende Potential. Dennoch erschöpft es seine Umschreibung nicht, denn diese besteht eben wesentlich in ihren Details, hier in der *Unterscheidung* zwischen gegenwärtig bewusstem und künftig bewusstem Lesestoff.

Reale dynamische Existenz ist, wie Sie wissen, nicht die einzige Möglichkeit ein Potential zu begründen. Hinsichtlich noch unzugänglicher Welten sind wir auf Schlussfolgerungen beziehungsweise Extrapolationen angewiesen, von denen wir annehmen, dass sie auch in unbekanntem Terrain weitergelten. Die bestätigende Seite der Umschreibung ist hier selbst noch Potential, nur in Bezug auf bekannte Erscheinungen verifiziert. So verfahren wir, wenn wir aus expliziten Bewegungen auf eine implizite Ordnung schließen. Und auf die gleiche Weise kommen wir zu der Annahme, dass unser Unterbewusstsein sich ins *unendliche*, potentiell entfaltbare Universum erstreckt.

Dynamisch können wir aber auch die einzigartige Wahrnehmung der Blumenvase, der Höhlenbilder oder des nächsten Kapitels erfassen, durch die sich ein anderes Individuum *auszeichnet* - ohne dass wir sie in einem Potential verwässern. Dazu bedarf es einer raffinierteren Methode als des bloßen Informationsaustausches, der physischen Standpunktverschiebung oder der hypothetischen Schlussfolgerung. Bevor wir dazu kommen, wollen wir kurz zusammenfassen und uns danach noch ein wenig der Projektion selbständigen Bewusstseins widmen.

Ein objektiver Gegenstand wird geschaffen, indem sich ein Bewusstsein entschließt, seine interne Rückkoppelung für die Verständigung mit anderem Bewusstsein zu öffnen. Die individuellen Umschreibungen und Holobewegungen verflechten sich zur Näherung eines gemeinsamen Objektes, dem selbst Bewusstsein zukommt. Daraufhin kann das Gesamtbewusstsein seinen Gegenstand von der selbstempfundenen Identität ausschließen, ihn scheinbar als äußeren wahrnehmen.

Ähnliche Näherungen des Objektes existierten bereits *vor* der aktuellen Kommunikation - in *anderem* Bewusstsein, das wir unterbewusst einfalten (und mit dem zusammen wir vielleicht mal ein gemeinsames Objekt konstruieren). Der Grad der Einfaltung ist indessen standpunktabhängig. Wir können die verborgenen Näherungen (über unsere Holobewegung) *dynamisch* wahrnehmen, wobei wir ein *Potential* zu ihrer *Projektion* umschreiben.

Demnach werden neue Objekte im Zusammenspiel dreier Vorgänge erzeugt: *Entscheidung* zur Kreation, *Austausch* mit anderem Bewusstsein und *Aufstieg* aus dem Unterbewussten.

19. Versetzen wir uns hinein ...

Der Aufstieg aus dem Unterbewussten ist derjenige Vorgang, welcher die bloße Entfaltung eines Objektes übersteigt. Mit ihm manifestiert sich nicht nur eine verborgene *Ordnung*, sondern bereits ein verborgener *Gegenstand*. Wir können ihn in *seinem* Milieu beobachten, indem wir uns auf seine Existenzebene begeben - zum Beispiel wenn wir träumen (wie in Kapitel 15) oder in die Küche wechseln. Dort gewahren wir dankbar das blinkende Lämpchen unserer Kaffeemaschine und schenken uns eine Tasse ein, die wir anschließend mit ins Wohnzimmer nehmen. Sollten wir jetzt doch nur aus einem Traum erwachen, werden wir uns zum Kochen eines Kaffees veranlasst fühlen, den wir auch im Wachzustand genießen können. In jedem Fall trinken wir einen anderen Kaffee als wir zunächst eingegossen hatten. Wir nehmen ihn anders, in einem anderen Kontext, in einem anderen Zustand wahr. Dennoch nennen wir es einheitlich "Kaffee", was wir da gießen oder schlürfen.

Betrachten wir noch einmal genau, was passiert ist: Wir verspürten ein Bedürfnis nach Kaffee, woraufhin wir einen solchen projizierten - im Traum schon fertig, hier erst noch herzustellen. Wir haben eine innere Empfindung dessen, was wir wollen, nach außen entfaltet, zu einem selbständigen Objekt. Zwar duftete uns das Gewünschte (geistig) sofort in der Nase, aber jetzt können wir *seine* Wirkung von *unserer* Tätigkeit deutlicher unterscheiden. Wir haben nicht nur eine Umschreibung von Kaffee, sondern auch unsere Wechselwirkung mit ihr ent-wickelt.

Doch woher kommt das Bedürfnis gerade nach Kaffee? Klar, wir haben schon früher mal welchen gerochen und getrunken. An *so einen* (nicht denselben) denken wir. Wir holen eine Tasse voll aus dem Unterbewussten, aus der *im Verborgenen* (nicht auf unserem Tisch) *entfalteten* Ordnung des Gedächtnisses; und wir *ziehen* ein braunes Pulver aus dem Küchenschrank *heran*, um es in die bewusste Ordnung vor unserer Nase einzubringen. Hier verwandelt es sich in Trinkbares, formte aber schon zuvor mit den noch geistigen Versionen des Elixiers die *Näherung* "Kaffee" - eben jene, welche wir nun in unsere gegenwärtige Realität projizieren.

Dadurch, dass wir sowohl das Unterbewusste als auch das Bewusste einfalten, bilden wir das Nadelöhr, aber auch den (dynamischen) Vermittler zwischen beidem. Implizit ist dabei immer das, was gerade nicht bewusst ist oder was selbst durch den Wechsel zwischen Bewusstem und Unterbewusstem nicht zum Vorschein kommt. Aus letzterem Dauerversteck stammt das Bedürfnis "an sich" oder der *Impuls* nach so etwas *wie* Kaffee - aus dem noch nicht bestätigten Potential einer un(ter)bewussten Ordnung (siehe Kapitel 18). Wir kommen im nächsten Abschnitt darauf zurück. An dieser Stelle soll uns nur interessieren, was denn eigentlich neu ist an dem, was wir aus dem Unterbewussten emporziehen. Und hierauf lautet die vorläufige Antwort wie folgt:

Neu ist die individuelle Näherung, die wir durch unsere bewusste Kommunikation umschreiben, nachdem wir uns für eine bekannte Alternative entschieden haben. Alt dagegen ist die allgemeine (und daher abstraktere) Näherung, welche durch die Schwingung zwischen Bewusstem und Unterbewusstem umschrieben werden kann, bevor wir sie in unsere individuelle Realität projizieren. Wir *entscheiden* uns für eine bereits bewusste Näherung zur Erschaffung einer neuen; wir wählen Kaffee zu unserem persönlichen Genuss. Diese Entscheidung wiederum geht auf *keine* Ordnung vollständig zurück, wie wir im Abschnitt "Bewusste Kreativität" begründet haben.

Darüber hinaus entsteht immer etwas von dem, was wir projizieren, aus jener *bis ins Infinitesimale* verdichteten Ganzheit des Universums, die wir einschließen; es ist somit *grundsätzlich* neu, nicht einmal näherungsweise in einem Unterbewusstsein zu finden. All diese Begründungen der Kreativität werden sich noch als unterschiedliche Aspekte einer einzigen erweisen.

Aus Kapitel 18 ging hervor, dass ein Näherungsobjekt die Kommunikation seiner Beobachter einfaltet. Nun gehe ich einen Schritt weiter und behaupte, dass es seinerseits die Beobachter projizieren kann.

Erweitern wir unser Kaffeekränzchen auf zwei Kaffeemaschinen, durch deren Filter je eine andere Sorte Kaffee röchelt, und um unseren Gehilfen Hans. Sie und ich, wir unterhalten uns über die beiden Maschinen, die wir in Gang gesetzt haben und sprechen über die beiden Kaffeesorten, von denen jeder eine andere mag. Wir projizieren eine gemeinschaftliche Näherung dieser Situation auf den Küchentisch. Indem wir sie derart wahrnehmen, erkennen wir etwas über unsere Kaffeevorlieben, also über uns selbst. Vielleicht werden wir dazu bewegt, einmal die Sorte des anderen zu probieren. Da wir die Maschinen aus gutem Grund für selbständige Objekte halten, müssen wir zugeben, dass sie etwas auf uns projiziert haben, was uns ohne sie nicht erreicht hätte. Sie entfalten ein verändertes Bild von dem, was sie vorher einfalteten. Und zwar ganz "objektiv": Wir können die Küche verlassen, während sie Hans eine Minute danach betritt. Er sieht die laufenden Geräte und *zieht aus ihnen* Schlussfolgerungen über uns, die wir den Kaffee angesetzt haben, über unseren unterschiedlichen Geschmack usw.

Den Hans brauchen wir eigentlich nur, weil ich mir nicht anmaßen will, die Intelligenz von Kaffeemaschinen zu beurteilen. So habe ich zugelassen, dass er die Versuchsbedingungen mit seinem Wissen über das Kaffeekochen "verunreinigt". Nehmen wir statt dessen die Kaffeemaschinen "an sich", können wir berechtigterweise darüber rätseln, wie ihre inneren Wechselwirkungen zwei mit ihnen hantierende "Etwas" entfalten. Wohl keinesfalls so komplex wie wir uns kennen, sondern höchstens so primitiv wie die Kommunikation in und unter den Maschinen selbst ist. (Im gleichen Sinn sieht uns ein Hund einfacher als wir uns selbst.) Alles in allem begründet die Holobewegung zwischen uns und den Geräten ein neues Gesamtbewusstsein als Erweiterung jedes einzelnen.

Wir bringen damit lediglich zu Bewusstsein, was vorher eine *implizite* Basis des Kaffeekochens war: *Wir* bieten den Maschinen ihre Funktion. Ohne uns wären sie *keine* Kaffeemaschinen mehr, sondern etwas anderes.[33] Allein indem wir ihre wechselseitige (!) Beziehung zu uns verdrängen, können wir sie für unabhängig hal-

---

[33] Dieses andere bietet uns wiederum die Funktion seines Bedieners, es verführt zum Kaffeekochen. Die möglichen Rollen beider Seiten (aus jeweils einer Sicht) waren *in der Ganzheit* jeder Seite verborgen - und bleiben mit der Sicht der Gegenseite verbunden: Infinitesimalstruktur.

ten. Freilich ist Verdrängung ins Unterbewusste ein allgemeines Phänomen, ohne das es gar keine Näherungsobjekte gäbe. Alle Näherungen abstrahieren bis zu einem gewissen Grad von den Details ihres konstituierenden (Gesamt-) Bewusstseins (aber integrieren sie zugleich infinitesimal). Andernfalls entstünde keine bewusste Struktur.

Je nachdem welche Aspekte unseres Bewusstseins wir betonen, verschiebt sich dessen Zentrum. Entweder wird unsere bisherige Mitte oder werden außerhalb von ihr gelegene Zentren bedeutsamer. Verschieben wir aber einen Teil des Ganzen *ins Unterbewusste*, müssen wir uns anschließend mit einem der verbleibenden *Bruchstücke* identifizieren, gegen das die anderen Fragmente nun fremd wirken. Alle Teilbewusstseine *entscheiden* zweifellos selbst, doch je weniger wir uns mit ihnen identifizieren, desto *losgelöster* erscheint uns ihre Aktivität. Dennoch liegen sie *innerhalb* unseres Bewusstseins, manchmal sogar irritierend nahe.

So erkranken wir scheinbar ohne es zu wollen. Unsere Zellen handeln und kommunizieren auf einer anderen Ebene als wir, auf eine Weise, die uns nicht bewusst ist. Bewusst unterhalten wir uns mit dem Herrn Doktor - über das Symptombild, welches unsere Krankheit in beiderseits akzeptierter Form ausdrückt. Dementsprechend werden meist vorrangig die Symptome behandelt. Zwar bestreitet niemand, dass unsere körperlich-geistige Verfassung mit subtileren Vorgängen im Körper zusammenhängt. Der Arzt forscht auch auf Zellebene nach - deutet aber die dortigen Prozesse wieder im Sinn seines anerkannten Bezugssystems. Ja, er mag diese Art des Verstehens für die einzig mögliche halten.

Falls er so großzügig ist, uns an seinen Überlegungen teilhaben zu lassen, wird er uns dazu anhalten, unser Inneres mehr oder weniger wie das eines technischen Gerätes zu betrachten, eines Fremdkörpers. Wir kommen dann erst recht nicht mehr auf den Gedanken, uns mit unserem Innern zu *identifizieren*. Dennoch wissen wir eigentlich, dass wir mit diesem auf anderen Wegen kommunizieren als über ein Mikroskop: Wenn wir uns darauf besinnen, *spüren* wir die Holobewegung zwischen dem Inneren und Äußeren unseres Körpers. Wir spüren sie *geistig* - zwischen der inneren und äußeren Form *eines* Bewusstseins. Diese Empfindung entstammt einem Kommunikationsniveau, das wir gewöhnlich aus unserer Realität ausklammern.

Jeder Leser hat gewiss schon schmerzlich erfahren müssen, dass er den Reichtum seines persönlichen Erlebens nie in seiner ganzen Fülle mit anderen Menschen teilen kann. Bilder, Sprache, Mimik und Musik sind zu beschränkte Ausdrucksmittel. Was wir ausdrücken wollen, muss sich in unsere mit den Adressaten *gemeinsame* Kommunikationsebene einfügen, um für alle Beteiligten zu existieren. Unsere Zuhörer deuten die übermittelten Symbole wiederum auf individuelle Weise, und nur wenn wir es sehr geschickt anfangen, kommt bei ihnen annähernd das an, was wir ihnen sagen wollten. Dazu müssen wir ungefähr *wissen*, wie sie bestimmte Zeichen interpretieren; wir sollten bereits intensiv mit ihnen kommuniziert haben und *vorausempfinden*, wie sie unsere Botschaft aufnehmen werden.

Merken wir dennoch, dass uns der andere überhaupt nicht versteht, bleibt uns nichts weiter übrig, als uns in ihn *hineinzuversetzen*, seine Sichtweise nachzuvollziehen, um uns dann dieser gemäß zu artikulieren. Besonders wer viel mit Kindern umgeht, kommt anders kaum zurecht, findet keinen rechten Draht zu ihnen. Der äußerliche Informationsaustausch allein genügt nicht mehr zur Schaffung einer gemeinsamen Realität. Wir müssen das *Zentrum* unseres Standpunktes austauschen und aus *dieser* Kommunikation heraus die erstrebte gemeinsame Näherung vorstrukturieren. Wir führen den Informationaustausch mit dem anderen zunächst *innerlich*, indem wir uns der ursprünglichen Einheit allen Bewusstseins entsinnen und aus ihr die Vertrautheit mit unserem Gegenüber wiederherstellen. Anders gesagt: Wir projizieren aus der asymptotisch verdichteten Infinitesimalstruktur des Universums die *individuelle* Realität des fraglichen Bewusstseins, welche wir nun weniger infinitesimal mit der unseren verbinden.

Dabei können wir den Standpunkt eines anderen Individuums nicht allein aus dessen äußeren Eigenschaften konstruieren. Wir müssen auch nach *innen* gehen, der Holobewegung in unsere eigene Tiefe folgen, um in dem nur oberflächlich bekannten Bewusstsein aufzutauchen. Diese Dynamik des Bewusstseinsfokus ist ein ganz natürlicher Vorgang und erklärt sich unmittelbar aus unserem Modell des Bewusstseinstrichters. Die Schwingung zwischen dessen Peripherie und asymptotischer Tiefe formt selbst ein Teilbewusstsein. Es wird durch die alternativen Bewegungen nach außen und in die Tiefe umschrieben. Die Entscheidung zugunsten einer Seite würde, aufgrund der Verflechtung mit den oberflächlichen Rückkoppelungen, schließlich das ganze Bewusstsein in dieselbe Richtung ziehen.

Nehmen wir an, wir wollen einem Freund helfen, den gerade ein familiäres Problem bedrückt. Nach dem was er uns schildert, stellen wir uns seine Situation vor und versuchen uns in sie hineinzudenken. Doch auf diese Weise finden wir höchstens uns selbst in jener Lage - nicht aber *als er*. "Er" ist eine Ganzheit, die wir nur *insgesamt* begreifen können. Wir können vielleicht Stück für Stück in sie hineinwachsen, aber "drin" sind wir erst, wenn wir sie in ihrer Totalität erfassen. Verfahren wir so, haben wir unser Bewusstsein auf einem nachvollziehbaren Weg nach außen verlagert - hin zu einem bereits bewussten Ziel.

Manchem mag diese aufwendige Methode als die einzig logische erscheinen. Und dennoch verfügen wir über eine weitere, die wir ständig benutzen, die aber für ihren umfassenderen Gebrauch einige Übung verlangt. Ich meine jene Verlagerung in die andere Richtung, in die eigene Tiefe, das Unterbewusste. Auch hierbei kann das Ziel vorher bekannt sein, aber der Weg zu ihm ist es nicht. Im obigen Beispiel werden wir von dem *ausgehen*, was wir über unseren Freund wissen, und uns anschließend in unser Inneres versenken. Wir haben das Ziel vorgegeben und die Absicht, genau dort herauszukommen. Anschließend *öffnen* wir unser Inneres und mit ihm die Wege zu anderen Realitäten. Gelingt uns das Unternehmen, spüren wir ein *Hineingleiten* in den anderen Standpunkt, das andere Bewusstsein. Wenn Sie sich einmal verdeutlichen, wie Sie sich normalerweise in andere Situationen versetzen, wird Ihnen dieses Verfahren gar nicht so fremd vorkommen. Sie werden bemerken, dass Ihr Bewusstsein meist mit *beiden* Methoden *zugleich* arbeitet.

So wie wir uns in einen Freund hineinversetzen, können wir uns auch in andere Teilaspekte unseres Bewusstseins "beamen". Nachdem wir in einem solchen angekommen sind, bildet er unseren *zentralen* Teilaspekt, für den das alte Zentrum außen liegt. Wir sehen uns mit den Augen eines anderen. Versuchen Sie doch einmal, sich in eine Kaffeemaschine hineinzuversetzen! Nach einigen Versuchen werden Sie ähnlich staunen wie ein Schüler der Meditation nach seiner ersten erfolgreichen "Kontemplationsübung".

Freilich ist ein infinitesimalstrukturierter Bewusstseinskomplex kein starres Gerüst. Seine Verlagerung in ein bestimmtes Ziel kann durchaus unvollständig, partiell sein. In diesem Fall würden wir unseren Standpunkt als *Kombination* mehrerer Blickwinkel erleben, wie wenn wir mit obigem Freund telefonieren und zugleich Männchen malen. Man kann auch sagen, verschiedene Wirklichkeiten *eines* Bewusstseins durchdringen einander (ohne sich gänzlich zu vereinigen[34]). Deshalb spreche ich lieber von der Verlagerung des Bewusstseins*fokus*, statt von der des Bewusstseins. Sogar wer sich so sehr mit einem anderen Zentrum identifiziert, dass er seine alte Identität vergisst, kann wieder zurückfinden. Danach hat sich sein Bewusstsein bestenfalls dynamisch *erweitert*. Die Holobewegung zwischen Wachen und Träumen ist zum Beispiel ein ständiges Pendeln zwischen den Identitäten eines Wachselbst und eines Traumselbst.

Verirren wir uns hier nicht in zu vielen Reflexionen: Auch wenn Sie Ihr Bewusstsein nicht gezielt von außen betrachten, sondern - wie meist im Traum - ganz in einem Erlebnis aufgehen, bleiben Sie ihrer Identität im Spiegel dieser Erfahrung gewahr. Ihre persönliche Realität schaut auf die Quelle ihrer Entfaltung zurück. Desgleichen muss das Selbst nicht die allgegenwärtige Durchdringung seitens anderer Individuen fürchten - es wahrt seine Konsistenz stets im Bewusstsein der *nur ihm eigenen* Charakteristik. Sie können

---

[34] Wäre das geschehen, hätten wir uns der anderen Wirklichkeit nur *genähert*. So aber verknüpfen wir sie *als solche* mit der unseren. Die Betonung liegt auf dem Unterschied.

sich gar nicht aufgeben; lassen Sie also ruhig einmal los und gestatten dem begrenzten Ego vielleicht eine bewusste Vereinigung mit seiner freieren Traumversion.[35]

Im tief Unterbewussten trifft sich letztlich alles, und so mögen wir in dessen Richtung noch ganz andere Realitäten besuchen, die mit den oberflächlich bewussten Objekten kaum mehr etwas gemein haben. Wirklich neu ist aber nie der selbstexistierende Zielfokus "an sich", sondern dessen *bewusste Verbindung* mit dem Ausgangsfokus. Die am Zielpunkt aufgenommenen Informationen kommen *uns* zu Gute, sobald wir sie mit *unserem* Wissen vereinen, also beim partiellen Hineinversetzen ständig und beim totalen Hineinversetzen nach der Rückkehr in unser ursprüngliches, nunmehr verändertes Bewusstsein. Während sich jeder (bewusste oder unterbewusste) Fokus von dem aller anderen streng unterscheidet, schafft die Fokusdynamik eine neue einzigartige Verbindung all dieser Individuen. Insgesamt gewinnen wir dadurch ein *weniger infinitesimales* Wissen, als wir uns bisher zuschreiben durften. Unser Realitätstrichter hat sich erweitert.

---

[35] Während eines Traumes kondensiert die relative Stabilität innerhalb des wechselnden Erlebens in einem weniger rigiden Ich. Gleiches geschieht im Grunde auch während des Wachseins. Diese Selbstbewusstheit macht sich nur nicht so vordergründig bemerkbar, durchdringt aber ebenfalls alle Erfahrungen von Interaktion. Analog dem Bewusstseinstrichter enthält jede Stufe des Selbstbewusstseins alle anderen.

20. Selbstbewusstsein und Selbständigkeit

In dem Maße wie sich der Umfang des Bewussten einschränkt, je tiefer man schauen will, gleitet auch die Beziehung zu dieser Tiefe ins Verborgene. Immerhin kann sich ein Bewusstsein *dynamisch* erweitern, indem es sich in diese *seine* Tiefe hinein- und wieder zurückversetzt. Es entdeckt den *unterbewussten* Zusammenhang mit dem bislang Unbekannten sowie mit dem schon Bekannten. Bewusstsein *besteht* aus Unterbewusstsein und Bewusstsein im engeren Sinn, wobei sich auch das Unterbewusstsein aus selbständigen Bewusstseinsstrukturen zusammensetzt. Zu diesen zählen die individuellen Fokusse anderer Objekte.

Daher muss weder ein Mensch noch ein sonstiges Individuum spüren, dass wir uns in dasselbe hineinversetzt haben. Wir verschaffen uns Informationen, die es von dessen Standpunkt aus schon gibt. Sie werden nicht vermehrt, sondern nur *bewusster* für uns. Ob wir mit ihnen auf irgendjemand *wirken* können, so dass *derjenige* sein Bewusstsein verändert, ist eine ganz andere Frage. *Wir* haben unseres jedenfalls *selbst* verändert.

Allerdings scheinen wir auf anderem Weg bestätigen zu müssen, dass wir den angepeilten Fokus tatsächlich erreicht haben, dass wir beispielsweise die Erfahrung unseres Freundes wirklich als seine nachvollziehen konnten. Die gewöhnliche Kommunikation ist dafür ihrer Natur nach unzureichend. Bestätigung kann erst aus den weiteren *Folgen* unserer Einfühlung erwachsen und auch dann nur asymptotisch bis zu einer akzeptablen Genauigkeit. Bleiben wir also zunächst dem Unter- und Selbstbewusstsein auf der Spur; über die Beweisfrage sprechen wir später.

Wir können Näherungsobjekte schaffen, uns in solche hineinversetzen, unser Bewusstsein um relativ selbständige Aspekte erweitern. Aber wir können uns nicht *insgesamt bewusst erzeugen*. Die ständige Neuerschaffung unseres Bewusstseins während der Holobewegung muss von einem Umfassenderen herrühren. Wenn sich unser Bewusstsein selbst nicht als Teil eines solchen Erzeugers erfährt, wird es sogar *ausschließlich* aus seinem Unterbewussten geschaffen. Kein Bewusstsein ohne Unterbewusstsein. Und wie wir feststellten, umfasst dieses das ganze unendliche Universum. Die Beziehung zu ihm verschmilzt mit der Beziehung zum infinitesimalen Kern der bewussten Rückkoppelung. Analog dazu ist sich kein Bewusstsein *seiner selbst vollständig bewusst*. So wie wir unsere Augen immer nur im Spiegel betrachten können, kann ein Bewusstsein nicht auf sich selbst rückkoppeln, ohne eine Schleife zu eröffnen, welche noch *nicht* mit zirkuliert, also zunächst unterbewusst bleibt - eine Variante des Gödelschen Unvollständigkeitsprinzips (siehe Kapitel 5).

Ich schlage nun eine erweiterte Fassung vor, nach der die *Individualität* aller Teilbewusstseine nie *insgesamt* bewusst sein kann - genausowenig wie die Gruppe das einzelne Individuum widerspiegelt. Um alle Fokusse - bewusste Gipfel einzigartiger Hierarchien des weniger Bewussten - auf *ihre* Weise zu erfassen, müsste man zwischen ihnen *wechseln*, wobei natürlich die meisten individuellen Wahrnehmungen ständig im Unterbewussten verschwänden. Ein Gesamtbewusstsein mehrerer Individuen *nähert* sich deren Standpunkten bloß mehr oder weniger *an*, sofern es auch alle Standpunkte *zwischen* seinem und den ihren umfasst. Keine Kommunikation kann die Individuen miteinander identifizieren, sondern nur eine - letztlich infinitesimalstrukturierte - offene Einheit schaffen.

Diese Offenheit zeigt sich besonders darin, dass die zur Vervollständigung des Selbstbewusstseins notwendigen Fokusse ihrerseits Verbindungen zu *neuen* Seiten einbringen, zu deren Einschluss immer mehr Gesamt- und Zwischenbewusstseine nötig werden. Jede Diskussion mit sich selbst fördert neue unerwartete Aspekte zutage, die ihrerseits diskussionsbedürftig wären. Das Selbstbewusstsein ist nie vollendet, erstreckt sich statt dessen über das ganze Universum. Das wiederum ist größtenteils unterbewusst. So vermag sich ein Selbstbewusstsein nur dadurch abzuschließen, dass es das Unterbewusstsein *als solches* einbezieht. Auf welche Weise dies geschieht, werden wir im letzten Teil des Buches besprechen. Hier sei lediglich hervorgehoben, inwiefern die Unvollständigkeit der bewussten Selbstbetrachtung den Willen des Bewusstseins bestimmt: Allein durch Erweiterung der Fokusdynamik kann es seine Neugier auf sich selbst befriedigen - indem es *sein* Unterbewusstsein auf *unterschiedliche* Weise *entfaltet.*[36]

Das Selbstbewusstsein, als Teilaspekt des jeweiligen Gesamtbewusstseins, ist genauso flexibel wie *jedes* Bewusstsein. Es entscheidet darüber, mit welchem Teil der Realität sich das Individuum "egofiziert" und welche Dinge äußerlich sind. Dies ist gleichzeitig eine Entscheidung darüber, welche Objekte als relativ selbständig erscheinen - auch wenn sie sich in *mancher* Hinsicht innerhalb des Egobereiches befinden. (Nicht in jeder, da sie dann mit dem Ego - genauer gesagt: ihr Zentrum mit dessen Zentrum - zusammenfallen würden.) Wer betrachtet nicht manchmal sein Inneres von außen, als "fremde Macht", die uns zu "ungewollten" Taten verleitet? Wir setzen uns mal mit diesen und mal mit jenen Aspekten unserer Ganzheit gleich.

Damit folgt das Selbstbewusstsein *auch* dem Bewusstseinsfokus, denn als wen wir uns betrachten, hängt davon ab, worauf es uns gerade ankommt, worauf wir uns konzentrieren: auf bestimmte Beziehungen zu anderen Dingen, auf mehr oder weniger geliebte Seiten unseres Innern, auf die Kommunikation mit dem Unterbewusstsein. Aber gewiss verändert der einzelne Fokus nicht so sehr das in seiner Wechselhaftigkeit *kondensierende* Selbst und noch weniger die *Quelle* unseres Bewusstseins, ein weitgehend unterbewusstes Wesen. Und namentlich diesen beiden - eben *uns* - kommt es auf irgendetwas an ...

Mit der Wahl eines Bewusstseinsfokus haben wir über die Bewusstheit und Unterbewusstheit von Dingen und Beziehungen entschieden. Diese Unterbewusstheit vieler Zusammenhänge ist der zweite Grund für die Selbständigkeit des anderen, nämlich für die Unvorhersagbarkeit seiner Aktionen. (So werden wir oft auch von inneren Impulsen überrascht.) Und weil die Holobeziehung zu anderem Bewusstsein *immer* teilweise unterbewusst bleibt (*implizit*

---

[36] Im gleichen Sinn ist sich das Universum in der Gesamtheit seiner beschränkten Verkörperungen gewahr, jedoch nie zugleich aller Beobachtungsstandpunkte bewusst (Kapitel 32).

aufrechterhalten wird) und drittens die gleichberechtigt-unbestimmte Ganzheit des Universalkontinuums stets *unmittelbar* nahe ist (in Form infinitesimaler Zentren), kann ein gewisser Eigensinn jedes Bewusstseins nicht umgangen werden. Das Verhältnis zum Entscheidungspunkt, zum Unterbewussten und zu sich selbst wohnt ihm ganz individuell inne. Mithin organisiert es auch seine Aktivitäten individuell.

Letztendlich finden wir noch an jeder Stelle einer uns *bekannten* Verbindung ein Bewusstsein, das selbständig und vor allem *freiwillig* zu dieser Verbindung beiträgt. Indem wir Zusammenhänge projizieren, schlüsseln wir die Infinitesimalstruktur unseres Bewusstseinstrichters lediglich zu einer weniger infinitesimalen Struktur auf (Kapitel 17). Jedes Detail wird schon als Bewusstsein geboren. Wir bestimmen vielleicht seinen anfänglichen Handlungsspielraum, können aber *absolute* Determination unendlich schwer erzeugen. Hingegen wird die relative Freiheit eines neuen Bewusstseins auch die weitere *Entwicklung* seines Freiheitsgrades beeinflussen. Während wir diese weiterverfolgen, ergründen wir zugleich ihren Ursprung, die Tiefe des Bewussten und somit das Unterbewusste.

Individualität und Freiheit

21. Botschaften des Unterbewusstseins

"In jeder Wahrnehmung steckt das Potential zur Erkenntnis des Universums."[37]

Am einfachsten erscheint es, den bewussten Beziehungen eines Objektes zu folgen, um auf diesem *logischen* Weg soviel wie möglich zu lernen. Man folgt bekannten Wegen ins Unbekannte. Dieses Verfahren bezieht unser Wissen auf relativ oberflächliche Weise ein.

Wenn wir beim Anblick der untergehenden Sonne ein Segelschiff assoziieren, ahnen wir hingegen *verborgene* Zusammenhänge. Sie *äußern* sich nur an der Oberfläche des Bewusstseins, und noch ohne dass unser Fokus diese zwischenzeitlich verlassen hat. So werden immerhin mehr Kontakte erfasst als mit der Logik allein.

Die umfassendste Erkenntnis jedoch erlangen wir durch das Hineinversetzen in bekanntes und unbekanntes Bewusstsein. Wir erschließen auf diese Weise nicht nur dessen Grundlagen, sondern lernen andere Standpunkte *in ihnen selbst* kennen. Indem wir die *innere* Verbindung zu ihnen nutzen, vereinen wir uns mit ihnen auf tieferem Niveau; sie werden uns *vertrauter.*

Zwar führen uns äußerlich-logische Beziehungen letztlich auch zu tieferen Ordnungen - nur indirekter, eben umständlicher. Soll die Logik dabei nicht an derart unüberwindliche Grenzen stoßen wie die klassische Physik bei der Beschreibung von Quantenprozessen, muss sie sich selbst erweitern, das heißt mehr von ihrer bislang unbekannten beziehungsweise "unlogischen" Basis entfalten.

Die *vollständige* Tiefe eines oberflächlichen Beziehungsgeflechts ist ja notwendigerweise so komplex wie die Gesamtheit All-dessen-was-ist[38], die sich in sein Bewusstsein einfaltet. Diesem Bewusstsein kommt daher nicht nur eine gewisse Anzahl von Rück-

---

[37] Verfasser unbekannt.

[38] Eine genaue Beschreibung All-dessen-was-ist als Reflexionszustand des Universalkontinuums kann ich erst im vierten Teil geben. Vorläufig können wir es als das ansehen, was wir normalerweise unter "Universum" verstehen.

koppelungen zu, sondern eine unendlich große. Aus ihr ragt es empor. Auch jede seiner Entscheidungen muss auf der Zusammenarbeit mit der unterbewussten Tiefenstruktur gründen: Sie ist eine Wahl von All-dem-was-ist in einer bestimmten Form (Kapitel 17). Dadurch wird die Kreativität des Individuums nicht ausgeschaltet; sie trägt vielmehr zur Schöpferkraft alles anderen bei.

Verzichteten wir auf das Unterbewusste, würden wir stets *vollständig bewusst* entscheiden. Das aber wäre nur mittels immer weiterer Bewusstheitsschleifen möglich, in denen die jeweils vorhergehenden zirkulieren. Wie anhand des Selbstbewusstseins geschildert, würde sich unsere Bewusstheit doch wieder auf das ganze Universum erstrecken. Einem *beschränkten* (nämlich diskreten) Bewusstsein *muss* das meiste hiervon unterbewusst bleiben. Dennoch ist es auf seine tiefe Komplexität angewiesen, da es nur *als Ganzes* funktionstüchtig und es selbst ist.

Wie können wir nun unsere unterbewusste Basis bewusster einbeziehen? Wir ergründen sie pausenlos, indem wir sie *teilweise* nach außen projizieren und die Rückwirkungen beobachten. Alles, was wir sehen, hören, riechen, tasten und schmecken wird zugleich mit dem, wofür wir uns selbst halten, entfaltet - mit der Holobewegung aus dem Unterbewussten. Sofern wir das Gelernte behalten, erweitern wir das Bewusstsein unserer Individualität. Wir lernen unser *Potential* besser kennen und nutzen; wir *handeln* irgendwann mehr wie ein tiefes, umfassenderes Selbst. Wir werden weiser.

Es kann indessen nicht das Ziel sein, sich alles bewusst zu machen. Die Individualität jedes bewussten Standpunktes beruht auf der Einfaltung *anderer* individueller Standpunkte. Jede Gesamtheit ist nur *eine* Zusammenfassung vielfältigsten Bewusstseins. Die Eigentümlichkeit des anderen wird uns daher immer mehr oder weniger unterbewusst bleiben - und das ist auch gut so. Denn auf dem Weg zu größerer Erkenntnis erschaffen wir *Gegen*stände, um sie *von unserem* Standpunkt aus zu untersuchen. Dadurch werden sie uns *be*-wußt, bereichern unser "Sein". Wir erschaffen sie überdies als relativ unabhängige, denn nur so bieten sie Erfahrungen, ohne von der bewussten Organisation unseres bevorzugten Lebensbereiches abzulenken. Es wäre doch nicht sehr entwicklungsfördernd oder erbaulich, wenn Sie Ihr Heim jeden Tag neu einrichten müssten!

Gleichzeitig trägt jedes neue Objekt oder Individuum *Entscheidungen aus seiner spezifischen Situation heraus* bei. Unser *Bewusstsein* erweitern wir in letzter Konsequenz erst, indem wir es während seiner Ausdehnung *dezentralisieren*. Um das Leben der Familie zu bereichern, setzen wir *selbständige* Kinder in die Welt (auf dass die Familie sie einschließt). Wir gründen Forschungs- und Wirtschaftsunternehmen, die unsere Kreativität tausendfach vervielfältigen - in der Kreativität aller Mitarbeiter. Und wir richten ein Zimmer ein, um uns in *ihm* wohlzufühlen, neue Kraft und Inspiration zu finden.

Kinder und Wohnzimmer sind auch noch da, wenn wir von der Arbeit heimkehren. Wir haben eine *Vielfalt* von Individuen geschaffen, die wir nun mehr oder weniger *als solche* einbeziehen, dadurch dass wir unseren Standpunkt zwischen ihnen, unsere Rolle, während des Tages *wechseln* - vom Firmenchef zum Erzieher und Müßiggänger. Jeder dieser drei mit Firma, Kind und Wohnzimmer verbundenen Personen sind ihre anderen Teilaspekte - zu denen ebenfalls ihre Gesamtheit zählt - nicht voll bewusst. Eine effektive Bewusstseinserweiterung, beispielsweise in der Firma, muss sich deshalb auch in Harmonie *mit dem Unterbewusstsein* vollziehen. Familienkrach wirkt sich negativ aus.

Da wir nicht in der Lage sind, gleichzeitig zu arbeiten, der Tochter etwas zu erklären und uns vollständig zu erholen, müssen wir alles nacheinander tun. Trotzdem empfinden wir uns die ganze Zeit über als "wir selbst". Es liegt danach auf der Hand, dass unsere "Dreifaltigkeit" in einem tieferen Bewusstsein gründen muss, welches die relative Stabilität unserer Gesamtbewegung aufrechterhält. Ähnlich wie das Personal mit seinem Chef korrespondiert, an der langen Leine geführt wird, kommunizieren wir über eine innere Holobewegung mit unserem übergeordneten Selbst. Ja, in manchen Träumen und vermutlich auch in tieferen Schlafphasen treffen wir es als selbständiges Wesen - in wechselnder Gestalt (das heißt unterschiedlicher Beziehung zu uns) -, mit dem wir uns austau-

176

schen. Wir füttern es ständig mit spezifischen Erfahrungen als Vater und Arbeiter, die es als umfassendere Einheit nicht machen kann. Dadurch gewinnen wiederum diese begrenzteren Ichs, die aus der gleichen Holobewegung schöpfen.

Umgekehrt gesehen, beschränkt sich jene Wesenheit in jedem ihrer erzeugten Ableger, um dann an dessen *individueller* Entwicklung mitzuwachsen. (Sie teilt ihr Potential auf.) Sie mag dabei nur beobachten oder sich ab und zu in ihre Geschöpfe hineinversetzen; immer besteht sie als unverwechselbares Subjekt fort. Sogar wenn ihr Bewusstsein eines Tages All-das-was-ist entfaltet hätte, bliebe es aufgrund seines einzigartig *zentrierten* Standpunktes originell. Allein mit allen anderen Individuen *als solchen, mit seinem Unterbewusstsein zusammen*, erlangte es maximale Symmetrie.

Gleichwohl bleibt die Beziehung zwischen Bewusstem und Unterbewusstem einseitig. Es gibt viel mehr Individuen als uns. Deren unendliche "Summe" ist zwar keineswegs größer als wir, da wir sie alle enthalten - doch das Unterbewusste ist stets größer als das Bewusste.

Höherentwicklung bedeutet demnach Erweiterung der *Einheit* von Bewusstsein und Unterbewusstsein. Und da das Unterbewusste unendlich ist, heißt das Erweiterung *des Bewussten* - allerdings unter Wertschätzung jener unterbewussten, *dort* aber bewussten Entscheidungen und Bedürfnisse, denen wir unsere Existenz verdanken. Denn hierin liegt die Voraussetzung für Harmonie in einer von uns willkürlich gesteuerten Welt. Eine erhebliche Realitätsveränderung, wie Elternschaft, Partner- oder Berufswechsel, sollten wir mit unserem tiefen Unterbewusstsein abstimmen. Dann können wir andererseits darauf vertrauen, dass das bewusste Leben unserer Individualität der jeweils umfassenderen Wesenheit förderlich ist - und somit wieder uns durch deren neue Impulse.

Unter Impulsen verstehe ich Signale beziehungsweise Handlungsantriebe aus dem Unterbewusstsein, die innerhalb unserer umfassenderen Holobewegung aufsteigen. Während letztere eine relativ stabile Realität erzeugt, veranlasst uns ein Impuls zu bestimmten Aktionen. Erinnern Sie sich des Jägers an der Gabelung, dem plötzlich einfiel, einen Hubschrauber zu benutzen? Sein in jener Situation unterbewusstes Wissen, oder vielmehr der ständige Informationsaustausch mit einem *unterschwelligen Bewusstsein*, gipfelte in einer überraschenden, weil nicht offen berücksichtigten Lösungsmöglichkeit.

Statt dessen hätte der Jäger aber auch einem Impuls nach rechts folgen können, auf *eine* der beiden Fährten. Wäre dies noch seine freie Entscheidung gewesen?

Offenbar ist es nicht immer leicht, zwischen einem bestimmenden Impuls und einer bewussten Wahl zu unterscheiden. Schließlich führt der Trichterkanal unseres Bewusstseins, durch den hindurch die Impulse übermittelt werden, genau in jene Richtung, in welcher sich das neutrale Zentrum der Alternativen befindet. Der asymptotische Kanal *geht* in den endgültigen Infinitesimalpunkt *über*. Alles uns immer weniger Bewusste *verschmilzt* im zentralen Universalkontinuum, so dass eine Unterscheidung von Impuls und Wahl *letztlich* unmöglich wird.

Da alles Bewusstsein ist, übermitteln zwar auch Impulse stets Entscheidungen. Doch die *mögliche* Entfaltung des Unterbewussten fordert eine Trennung zwischen den freien Entscheidungen des beschränkten Bewusstseins selbst und denen in ihm verborgener Wesenheiten. So können wir unser eventuelles Missgeschick nicht durchweg einem unsichtbaren Geist in die Schuhe schieben. Obschon alle Bewusstseine einander enthalten, muss man selbständigen Geschöpfen Verantwortung für ihre Aktionen zuschreiben - ob sie einander beobachten oder nicht. Wir werden bald verstehen, wie weit diese Verantwortung reicht.

Für uns unterbewusst getroffene Entscheidungen muten demungeachtet oft wie unsere bewusste Wahl an. Wenigstens *muss* ein Impuls nicht sofort in äußere Handlung umgesetzt werden. Er kann zunächst in diverse Bewusstheitsschleifen übergehen, uns als Impuls *bewusst* werden, über dessen Annahme wir dann frei entscheiden. Wir betrachten beispielsweise den Impuls zum Seitensprung wie ein Objekt. Er fällt nicht mehr mit unserer Entscheidung zusammen, sondern bildet jetzt eine der Alternativen *zwischen* denen wir wählen. Nur wenn wir den Impuls nicht als solchen erkennen, das heißt *automatisch* in eine Aktivität nach außen umwandeln, deckt er sich mit unserem jeweils aktuellen Beschluss.

Sollten wir bewusst gewordenen Impulsen stets folgen, da sich in ihnen vielleicht unsere Wesenheit mitteilt? Die Entscheidung liegt eindeutig bei uns. Eine wirksame Hilfe tieferer Bewusstseinsstrukturen ist zuerst einmal auf Informationen von uns angewiesen, als den einzigen, die unsere Situation authentisch erleben. Innere Impulse sind zudem eingebettet in entfaltete *Ideale*, mit denen wir uns identifizieren können oder auch nicht. Kann zum Beispiel ein Freiheitsideal, welches die Behinderung oder Vernichtung anderen Lebens einschließt, erstrebenswert sein? Kaum. Genauer besehen, wird sich solch ein Ideal auch keineswegs als Abbild eines tiefen Impulses erweisen, sondern als Ausgeburt festgefahrener Glaubensvorstellungen, knapp unter der Oberfläche des bewussten Denkens.

Nicht nur das Unterbewusstsein schlechthin gibt es, sondern im Bewusstseinstrichter ist ihm das "immer weniger Bewusste" vorgelagert, welches von allen Impulsen und Idealen passiert werden muss, ehe sie unsere bewusste Wahrnehmung erreichen. Auf diesem Weg bieten sich reichlich Möglichkeiten zur Verzerrung. Wir besitzen schon konkrete Vorstellungen darüber, was wir wollen und *glauben* an bestimmte Zusammenhänge, die zu unserer gegenwärtigen Lage geführt haben. Aus diesen Überzeugungen heraus filtern wir die uns zugänglichen Informationen und stellen Fragen, nach deren Schema sich jeder Rat richten soll. So mag selbst der Dieb eine gute Absicht hegen, die sich nur, so wie er sie versteht, auf untaugliche Weise manifestiert. Seine Wesenheit berücksichtigt mehr Informationen; sie verfügt über ein tieferes Wissen, das ihr Ableger mit seinen mehr oder weniger bewussten Vorstellungen allenfalls tangiert. Ihre Impulse würden nicht auf den Schaden anderer abzielen, da sie (nach Kapitel 15) einer komplexeren Sphäre entstammen, in der sich unser Nutzen weniger von dem der anderen Individuen trennen lassen dürfte. Indem wir den ihren ausschlössen, beschnitten wir letztlich uns selbst.

Es kommt also darauf an, sich mit seinen Impulsen auseinanderzusetzen, ihre Tiefe auszuloten, aufgeprägte Dogmen zu erkennen und bewusst die Konsequenzen abzuschätzen, für den Fall, dass man ihnen folgen sollte. Wenn Sie den Drang zu einer Tat oder einer wegweisenden Entscheidung verspüren, vor der sie irgendetwas warnt, dann folgen Sie ihrem Impuls *nach innen* und stellen Sie fest, ob er ursprünglich schon in dieser Form wirkt. So werden Sie oft erst Ihre wahren Motive aufdecken - und denen geben Sie sich dann vertrauensvoll hin. Ihr bewusstes Entscheidungsvermögen ist dabei die erste und letzte Instanz.

22. Die Freiheit zur Unfreiheit

Angenommen ich argumentierte wie folgt:

Unsere Wahlfreiheit zwischen bewussten Alternativen beruht, wie beschrieben, auf der konvergenten Nähe ihrer Einheit im infinitesimalen Zentrum. Dehnen wir aber unseren Horizont weiter aus, sehen wir in diesem (und jedem anderen) Infinitesimalpunkt *alle* diskreten Dinge vereint. In unsere Entscheidung gehen demnach direkt die Entscheidungen aller beliebigen Individuen ein. Und nur weil diese Totalität eine Einheit Gleichberechtigter ist, ist unsere Entscheidung frei.

Würden Sie dem zustimmen? Oder halten Sie das Ganze für ein leeres Spiel mit Worten?

Ich meine, hohl ist diese Überlegung genausowenig wie die Infinitesimalrechnung, einer der bedeutendsten Zweige der Mathematik. Dort bezieht man sich auf ein Nichts, weil es von Etwas angenähert wird. Das Nichts erhält dadurch eine konkrete Bedeutung für das Etwas. In der Tat wäre das Etwas nichts ohne dieses Nichts - wie die Eins ohne Null. Doch bedarf eben auch die Null der Eins - und aller Zahlen dazwischen. In *diesem* Sinn nur, ist die obige Argumentation noch einseitig.

Wir sind ja nicht nur ein unendlich kleiner Punkt, sondern derselbe wird durch Rückkoppelungen zwischen konkreten Gegenständen beziehungsweise Alternativen umschrieben, weshalb wir *bewusst* nur unter einer endlichen Anzahl von Optionen wählen können. Aufgrund dieser *Einheit* von bestimmter Rückkoppelung und infinitesimaler Identität entscheiden wir *individuell*, sind aber auch in unserer Freiheit eingeschränkt.

Hier sollten wir uns darauf besinnen, dass wir den Gipfel einer individuellen Hierarchie bilden, welche sich unendlich weit in alle anderen, uns größtenteils unterbewussten Hierarchien erstreckt (Kapitel 9). Obwohl wir geneigt sind, unser Unterbewusstsein als (neuro-) physiologisch zu betrachten, wäre es doch töricht, bis in unendliche Tiefe ausschließlich unsere beschränkte Physik geltend zu machen. Diese Physik wird sich vielmehr in unbekannte Richtungen *erweitern* - so wie alles andere auch. Daher dürfen wir nicht erwarten, dass unser Unterbewusstsein überwiegend so arbeitet, wie wir es von unserer *bewussten* Realität kennen. Zweifellos verfügt es jedoch über Bewusstsein (und damit ein teilweises Selbstbewusstsein) beziehungsweise besteht aus solchem. Unsere Beschränkung ist die Selbstbeschränkung einer umfassenderen Wesenheit.

Wir tauchen ständig in das Unterbewusste ein, können Strukturen in ihm dynamisch erkennen (Kapitel 15, 18). Und wir können infolgedessen bestimmte Daseinsformen *dort* solchen auf *unserer* bevorzugten Ebene zuordnen. Manche Zeitgenossen mögen sich dabei als Ableger einer einzigen Wesenheit erweisen (Kapitel 4: Das tiefere Wesen eines Dinges führt zum Wesen anderer Dinge.); andere Hierarchien sind selbst auf jener Ebene noch relativ getrennt. Wir können allerdings nicht alles ergründen. Die unendliche Tiefe ist uns letztlich deshalb verborgen, weil sie zu umfassend, zu komplex ist, als dass wir in der Lage wären, sie mit unserem gegenwärtigen Bewusstsein zu durchschauen. Da wir eine *eingeschränkte* Version jener Realität erleben, müssen wir aber erwarten, dass unser Potential, unser Entscheidungsspielraum, ursprünglich größer war.

Das wiederum würde bedeuten, dass unsere derzeitige Beschränkung im Grunde eine freiwillige, *unsere* freiwillige ist - wobei wir uns notwendigerweise mit unserer *ganzen* Hierarchie identifizieren. (Mit jeder bloß teilweisen Identifikation würden wir uns von den Grundlagen des Bewusstseins - welchen auch immer - distanzieren und damit die Fähigkeit zu jeder bewussten Feststellung - einschließlich eben dieser - verleugnen.)

Im engeren Sinn drückt sich in uns eine naheliegende, aber dennoch selbständige Wesenheit aus. Wir sind sozusagen deren "Baby", ein eigenständiges Bewusstsein, das mit seiner "Mutter" locker verbunden bleibt und die Familie um seinen einzigartigen Fokus bereichert. Die Mutter arrangiert das Zimmer, in dem wir leben müssen, nach einem für uns undurchschaubaren Plan - aber zuweilen dearrangieren wir es wieder. Wir entscheiden frei im Rahmen unserer Realität. Eben diese aktive Realitätserfahrung umschreibt unser individuelles Selbst. Sie war der Zweck der Geburt und ihr Ergebnis. Eine Mutter wird bei der Geburt nicht vernichtet und ebenso wenig unsere Wesenheit. Sie *erweitert ihr Bewusstsein* (insbesondere von sich selbst), indem sie sich in vielfältigen Geschöpfen verkörpert. Sogar dann, wenn wir ihrer vordergründigen Wahrnehmung entschwinden, sollte eine unterschwellige Verbindung mit uns noch zu ihrer Erfahrung beitragen.

Wie gesagt, können wir nicht davon ausgehen, dass sich unsere Wesenheit auf unerforschte Schichten des Gehirns beschränkt. Wenn sie es doch tut, dann sicher nicht die nächst tiefere. Irgendwann wird dieser Bezugsrahmen zu eng, um unsere umfassende Bindung an das Universum zu verstehen.

Andererseits würde *allumfassende* Bewusstheit zugleich uneingeschränkte Wahlfreiheit bedeuten, was relativ getrennte *Alternativen* erfordert. Das Bewusstsein All-dessen-was-ist begrenzt sich mit jeder Entscheidung auf bestimmte Fokusse - um *deren* Entwicklung in *deren* Situation und *aus dieser heraus* kennenzulernen. Alles übrige wird unterbewusst. Auf diesem Unterbewusstsein und *seiner* Wahl also muss die relative Unnachgiebigkeit unserer gegenwärtigen Realität beruhen, aber auch die Widerstandsfähigkeit unseres Selbst. Manchmal nur *fühlen* wir die größere Bedeutung unserer Erfahrungen, die ins Diffuse entgleitende Rückkoppelung mit einem höheren Wesen.

Solche Bedeutungsschleifen bergen gleichwohl Chance und Absicht zu ihrer und unserer Erweiterung. Mehr oder weniger aktiv reifen alle Kinder heran, erreicht jedes das frühere Potential seiner Eltern, während diese sich angesichts dessen selbständig weiterentwickeln. Im angestrebten Idealfall reifen alle zusammen im wechselseitigen Austausch.

Mit der Komplexität eines Bewusstseins wächst seine Entscheidungsfreiheit. Zunächst ganz einfach deshalb, weil es dann mehr Alternativen verarbeiten kann. (Seine aufeinander rückkoppelnden, trichterförmigen Potentiale werden offener - vergleiche Kapitel 17). Auch Impulse erhalten mehr Gelegenheit, in Rückkoppelungsschleifen bewusst zu werden, sich in (ab)wählbare Vorschläge zu verwandeln. Mehr Sensibilität bedeutet erhöhte *Veränderlich-*

keit der Rückkoppelungen und steigert dadurch zusätzlich die in einem bestimmten Zeitraum verfügbaren Möglichkeiten (vergleiche Kapitel 7). Selbst wenn sich das Bewusstsein ständig für ähnliche Alternativen oder schlicht für Passivität entscheiden sollte: In seine Wahl gehen mehr Infinitesimalverbindungen ein, mehr Teilbewusstseine und deren Kombinationen. Es sind mehr Entscheidungspunkte, gleichsam "Momente der Freiheit", beteiligt. Man mag dagegen einwenden, ein eingesperrter Mensch habe kaum mehr Befreiungsmöglichkeiten als ein gefangener Affe. Doch die Verallgemeinerung, der Mensch sei aufgrund seines komplexeren Geistes allein nicht freier, ist ein Trugschluss. Denn das abstrakte Teilbewusstsein seiner Gefangenschaft ist nicht komplexer als das des Affen. Indem man sein Urteil auf jenen speziellen Umstand gründet, vergleicht man zwei ebenbürtige Bewusstseinsfokusse, deren Potential sich kaum unterscheidet. Man bestätigt nur seine eigene Voraussetzung. Weitet man jedoch den Blickwinkel, hat der Mensch sofort mehr Wahlmöglichkeiten als der Affe: Er kann singen, Selbstgespräche führen, über Voraussetzungen der Freiheit nachgrübeln usw.

Höhere Komplexität bringt schließlich mehr Einheit von Einheit und Gegensatz mit sich und damit auch von infinitesimalen Zentren und rückkoppelnden Bewegungen. (Kapitel 8: Ohne Harmonie endet Komplexität im Chaos!) Gerade diese integrierende Einheit ist es, die - infinitesimalstrukturiert - zu bewussten Entscheidungen führt, so dass auch dadurch der Freiheitsgrad steigt. (Außerdem erlaubt Harmonie natürlich eine bessere *Umsetzung* von Beschlüssen.)

Wohl muss *jedes* Ding bereits unendlich komplex sein in seiner Tiefe; aber wichtig ist, wie viel Komplexität *bewusst* wird. Existiert etwas für uns als relativ einfache Rückkoppelung, wie vielleicht ein Thermostat, dann wird es ein relativ determiniertes (oder zufälliges) Verhalten zeigen - *egal* woraus es hervorgeht.

Wir verstehen jetzt langsam, inwiefern die eingangs angestellte Überlegung über die Identität aller Entscheidungen richtig war: Bereits früher hatten wir festgestellt, dass alle Infinitesimalpunkte *an sich* identisch sind. Nur voneinander abweichende Umschreibungen unterscheiden sie. Die Entscheidungen der unterschiedlichen Bewusstseine erwachsen aus eines jeden Holobewegung zwischen peripherer Rückkoppelung und infinitesimal werdender Tiefe, letztlich aus der *Einheit* mit dem infinitesimalen Zentrum.

Doch jene Tiefe beinhaltet ein umfassenderes Bewusstsein (bis hin zum absoluten Reflexionspunkt), welches die beschränkteren und die ihnen verfügbaren Alternativen *einschließt*. Dieses Bewusstsein wählt dieselben Alternativen aus der Einheit mit demselben Kern. Ja, die Infinitesimalstruktur jedes Bewusstseins geht unterbewusst in die des *umfassendsten* Bewusstseins über. Noch die einfachste Entscheidung *entspricht* daher einer Entscheidung des umfassendsten und folglich auch der jedes anderen Bewusstseins.

Weil nun deren Vermittlung infinitesimalstrukturiert ist und bleibt (Kapitel 17), und darüber hinaus im Trichterkanal jedes Bewusstseins unendlich *komprimiert* wird (Kapitel 16), können wir berechtigterweise behaupten, dass alle Bewusstseine in ihrer Tiefe *direkt* verbunden sind.[39] Das an sich unbestimmte Potential ihres zentralen Universalkontinuums identifiziert sie vollends miteinander und garantiert zugleich die Freiheit jeder einzelnen Entscheidung. Die Einheit im Reflexionspunkt bezieht alle Bewusstseine *als selbständige* ein; aber jede freie Aktion des einen ist eine *gemeinsame* Aktion von allen. (Unabhängig davon, ob sie einander gerade wahrnehmen.)

Sind sie zusätzlich durch bewusste Beziehungen verflochten, bilden also ein Gesamtbewusstsein, beeinflusst die Entscheidung des einen auch auf dieser Ebene die des anderen, indem sie dessen *Alternativen* mitbestimmt. Je komplexer wiederum die gegenseitige Verschachtelung ist, desto umfassender und *bewusster* wird ihre *infinitesimale* Einheit beteiligt und so die Wahl des ganzen Kollektivs freier.

---

[39] Eigentlich müssten wir hier von einer infinitesimaleren und weniger infinitesimalen Infinitesimalstruktur sprechen - und dementsprechend von einer *mehr oder weniger indirekten,* aber *stets auch direkten* Verbindung. Doch wollen wir dies der Einfachheit halber vernachlässigen.

In der Zusammenarbeit unterschiedlichen Bewusstseins finden wir oft starke Asymmetrien. Zum Beispiel wenn wir ein Holzpferd schnitzen: Das Geschaffene wirkt zwar auf uns zurück und zweifelsohne bestimmt das Gesamtbewusstsein aus Mensch und Pferd die weitere Veränderung dieser Rückkoppelung. Doch das projizierte Objekt, wie auch die vordergründige Wechselwirkung mit ihm, ist hier wesentlich einfacher als sein Projektor. Dieser besitzt eine verschachteltere Struktur und entsprechend mehr Freiheitsgrade. Dem Holzpferd "an sich" steht es daher nicht frei, einen Menschen zu entfalten. (Genausowenig wie einer Kaffeemaschine.) *Von sich aus* scheint es nicht einmal seine einfache physische Bearbeitung hervorbringen zu können, geschweige denn seine vielseitige Einflechtung in den menschlichen Denk- und Arbeitsprozess. Dessen Komplexität bleibt dem Holzpferd unterbewusst.

Sie reicht auch tatsächlich tiefer, denn mehr Komplexität bedeutet nicht nur mehr Teilbewusstseine, sondern noch viel mehr Kombinationen derselben. Diese beziehen ihre Komponenten zusammenfassend ein, bleiben ihnen aber gerade deshalb undurchschaubar. Die Kombination ist die Bewusstseinserweiterung des jeweils Kombinierten. Jedes weitere Teilbewusstsein führt zu so vielen Gemeinschaftsbewusstseinen, wie Wechselverhältnisse mit ihm und untereinander entstehen - insgesamt wird eine tiefere Ebene bewusst als durch das Teilbewusstsein allein.

Die komplexe menschliche Realität umfasst danach viele unterschwellige Beziehungen ihrer einfacheren Fragmente. Aus diesen Beziehungen *heraus* kann der Mensch (re)agieren und die relativ starre Oberfläche verändern: Das Holzpferd *will* geschnitzt *werden*.

Anders ausgedrückt, bedeutet größere Freiheit einen weiteren Bezugsrahmen. Denn außerhalb einer bestimmten Kommunikationsebene gibt es stets noch andere Wahlmöglichkeiten als in ihr. Sofern wir also einen solch umfassenderen Kommunikationsraum wählen, entscheiden wir uns für mehr Selbstbestimmung. Das beste Beispiel dafür ist der Kranke, dem kein Arzt mehr helfen kann, der aber daraufhin die mentale Kommunikation mit seinem Körper sucht und wiederentdeckt. Er baut schließlich die feste Überzeu-

gung auf, wieder gesund zu werden - und wird es. Er hat eine
Möglichkeit gewählt, der er sich zuvor verschlossen hatte. (Schul-
medizinisch gesprochen erfolgt eine "Spontanheilung".)

Natürlich geben wir unbewusst ständig Impulse ins Verborgene
ab, so wie wir umgekehrt welche von dort empfangen. Diese müssen uns letztlich auch mit Individuen verbinden, die wir als getrennt von uns ansehen, denn der Einschluss unterbewusster Ebenen verknüpft die Erscheinungen tendenziell enger (komplexer)
miteinander als wir von unserem jeweiligen Standpunkt aus begreifen. (Die Berücksichtigung *zusätzlicher* Komponenten allein
kann zwei Objekte nicht weiter trennen, als sie es bereits sind.
Eher werden sie umfassender miteinander vermittelt.) Eine solche
Verständigung über das Unterbewusste können wir telepathische
Kommunikation nennen. Wie die Holobewegung ist sie stets am
Wirken, nur noch weniger bewusst: Die Aktion des einen bedeutet
einen (veränderten) Impuls für andere, welcher mehr oder weniger
mit deren *Entscheidungen* zusammenfällt.[40]

Wir reden hier nicht von der oben beschriebenen *Identität* der
Entscheidungen. Vielmehr vermitteln Impulse zwischen bewussten
und unterbewussten Beschlüssen. Sie *führen* freilich zu jener Identität *hin*, so wie sich diese nur durch einen Impuls *ausdrücken*
kann.

Je wesentlicher eine Kommunikationsebene für uns ist, desto
freier werden wir durch deren willentliche Kontrolle. Irgendwann
erreichen wir mit zunehmender Tiefe *immer* grundlegende Zusammenhänge, solche, die sich in unserer Realität auf unvorhersagbare
("zufällige") Weise manifestieren. Was wir tun, beeinflusst alles
andere im Universum. Um aber diesen Einfluss *bewusst* auszuü-
ben, muss uns klar sein, was wir mit einem bestimmten Impuls alles bewirken würden. Und angesichts unserer begrenzten Übersicht
ist die Aktionsfreiheit in unserer unendlichen Bewusstseinshierarchie eindeutig asymmetrisch verteilt: Wir werden durch das Unter-

---

[40] Die Empfänger können allerdings auch unmöglich die Wirkungen unendlich
vieler Sender auseinanderhalten. Wir kommen später darauf zurück.

bewusste mehr bestimmt, als wir es (und wiederum dessen Impulse für uns) bewusst beeinflussen.[41]

Das umfassendere Bewusstsein "vergisst" sich in gewählten Verkörperungen, um *deren* Standpunkte zu erfahren. Diese Erschaffung *beschränkter* Ableger beziehungsweise deren Rückwirkung und das Hineinversetzen in sie verändert das Individuum *nicht grundlegend*. Wenn sich der Chef und Ehemann ab und zu aufs Tennisspielen beschränkt, verändert er nicht sein Wesen. Würde er dagegen umgekehrt die Beschränkung des Spielers aufheben, ständig an Büro und Sex denken, erinnerten seine fahrigen Schlenker kaum noch an ein seriöses Ballspiel. Der spezifische Ableger wäre ernsthaft gefährdet.

Während der Tennisspieler sein Spiel immerhin noch unterbrechen kann, wann er will (obschon er das aus eigenem Antrieb zu vermeiden sucht), muss das Freiheitsbewusstsein des umfassenderen Individuums "von oben nach unten" abnehmen, um die gewählte *Gesamtstruktur* der Individualität zu garantieren. Zu dieser trägt die Einzigartigkeit *jeder Stufe* bei. So bleibt vor allem der bewusste Zugang zu komplexeren Ebenen beschränkt. Eine Maus würde es auch schwerlich ertragen, plötzlich mit dem Verstand eines Menschen begabt zu sein, allenfalls in Form einer diffusen Version. Ihr Maussein *beinhaltet* den Freiheitsgrad, über den sie nun einmal verfügt. Ebenso unser Menschsein.

Wie der Maus ist uns nicht viel Höheres *bewusst*, wohinein wir uns versetzen könnten. Aber wir wissen, dass es da sein muss, *weil wir existieren wie wir sind*. Keine Ordnung, auch nicht die unseres Lebens, lässt sich aus sich selbst ableiten. Die unendliche Gesamtheit ist unverzichtbarer Bestandteil jeder ihrer Einschränkungen (Einfaltungen) - als deren Unterbewusstsein. Dessen freiere Wesenheiten verwirklichen sich durch die (Er-) Zeugung selbständiger

---

[41] Insofern unser Bewusstsein einen Gipfel des allseitig unendlichen Universums bildet, ist es das tiefste (beziehungsweise höchste) Wesen alles anderen. Sein Einfluss ist *in globalem Sinn* so wesentlich wie der allen anderen Bewusstseins. Nur ist er eben nie vollständig bewusst. Jene Gipfelstellung bedeutet ja die Verborgenheit der meisten anderen Gipfel. Und unter einer *begrenzten* Anzahl von Gipfeln kann es natürlich höhere und niedrigere geben - sprich: wesentlichere und unwesentlichere.

Ableger in relativ stabilen Bezugsrahmen, denn zum einen besteht Freiheit in der Wahl eines *Teiles* der eigenen Entwicklungsmöglichkeiten und zum anderen in der Nutzung von so vielen Wegen der Selbstentwicklung *wie möglich*. Beides zusammen bedeutet ein weitgehend *dezentralisiertes* Wachstum in relativ unabhängigen Sprösslingen. Wie letztere dabei *als solche* zusammengefasst werden, besprechen wir noch.

Vorerst wollen wir unser Bild vom Zusammenspiel zwischen Entscheidungen und Impulsen vervollständigen.

23. Eine Chance den Idealen

Hören wir zunächst, wie ein deterministisch angehauchter Reporter einen unverdrossenen Philosophen zu dessen Memoiren befragt:

Determinist: Wenn Sie noch einmal 16 Jahre alt wären, würden Sie dann alles wieder genauso machen?

Optimist: Nein, ich glaube nicht.

Determinist: Aber Sie könnten sich ja nicht an die Folgen ihrer Handlungen erinnern. Alles wäre *ganz genauso* wie damals. Woher wollten Sie dann wissen, dass einige Entscheidungen falsch waren?

Optimist: Ich wüsste es nicht. Aber vielleicht würde ich mich diesmal anders entscheiden.

Determinist: Sie meinen, zufällig würden Sie einen anderen Weg einschlagen?

Optimist: Wenn alles *völlig* meiner damaligen Situation gliche, könnten doch auch die Würfel nicht anders fallen?

Determinist: Richtig. Also noch einmal: Aufgrund welcher Tatsachen würden Sie anders entscheiden?

Optimist: Aufgrund meiner Wahlfreiheit.

Determinist: Rein willkürlich, also praktisch zufällig?

Optimist: Nicht "rein". Ich würde alle bekannten Fakten berücksichtigen und mich dann entscheiden.

Determinist: Aber die Fakten waren Ihnen auch damals bekannt. Warum sollten Sie sie diesmal anders beurteilen?

Optimist: Vielleicht habe ich jetzt andere Motive.

Determinist: Nein, nein. Alles ist genauso wie damals. Sie sind derselbe Mensch.

Optimist: Möglicherweise hat sich mein Unterbewusstsein schon anders entschieden, so dass ich mich in eine andere Richtung gedrängt fühle.

Determinist: Dann wählt Ihr Unterbewusstsein willkürlich?

Optimist: Ja und nein. Es verspürt auch tiefere Impulse. Vielleicht folgt es ihnen, vielleicht nicht.

Determinist: Aber wo ziehen Sie denn nun die Grenze zwischen Willkür und unbewusster Bestimmung?

Optimist: Es gibt keine Grenze. Beides entspringt derselben Quelle.

Determinist: Und welche ist das?

Optimist: Das Unendliche.

Determinist: Aha. Zu guter Letzt beschließt also irgendjemand unendlich Entferntes. Wer, bitte schön, soll das sein?

Optimist: Er sitzt gerade vor Ihnen.

Wir haben den Übergang vom Bewusstsein zum Unterbewusstsein als Trichter beschrieben, dessen Wände die Grenzen des gegenwärtig Bewussten symbolisieren, sich immer mehr verengen und in unendlicher Tiefe zusammenfallen. Von dort ist uns nichts mehr bewusst außer dem infinitesimalen Treffpunkt. Wir können den Umfang des Bewussten beständig oder nur vorübergehend (dynamisch) erweitern, den Trichter ausdehnen oder seinen Kanal an einer Stelle ausbeulen, aber nichts von alledem wird die Trichterform beseitigen.

Ernten wir nun die Früchte unserer Denkarbeit:

Höhere Komplexität, das heißt größere Entscheidungsfreiheit, erlaubt es den Wesenheiten in der unterbewussten (dort aber entfalteten) Tiefe, sich über Dinge zu *einigen*, die uns als starre Gegebenheiten oder unlösbare Konflikte erscheinen. Jener Affe und der Gefangene sind sich mit ihrem Bewacher in einem *umfassenderen* Bezugssystem einig. Die freiwillige Abstimmung geht unendlich tief unten sogar in die Identität der Seiten und damit *absolute* Freiheit über.[42] Die Entscheidung des einen *ist* schließlich die des anderen.

Da jedes Individuum die *ganze* Hierarchie verkörpert, bleibt auch dem beschränktesten Geschöpf ein gewisses Maß an Willensfreiheit und Harmonieempfinden mit dem größeren Ganzen erhal-

---

[42] Diese Identität entspricht dem Universalkontinuum, dessen Reflexion ja absolut neutral ist. Erweitern wir den Bewusstseinstrichter zu unendlicher Komplexität, erlangen wir diese Identität über den vollständigen Ausgleich alles Entfalteten.

ten. Die Infinitesimalverbindung jedes beliebigen Bewusstseins mit dem Unendlichen reicht durch all das ihm weniger beziehungsweise potentiell Bewusste *hindurch* und *trifft* sich dort mit ihm. Die Entscheidungen alles Bewussten und Unterbewussten *verschmelzen* mit zunehmender Tiefe des Trichterkanals. Sie verschmelzen in der Hierarchie jeweils *eines* Individuums. In der dazu senkrechten Dimension der peripheren Rückkoppelung wird diese Identität *unmittelbar* wirksam. Unser beschränktes Bewusstsein entscheidet selbst. Und unter Berücksichtigung *beider* Dimensionen (horizontaler und vertikaler) fließen innere Impulse und absolute Identität zusammen in ihrer bewussten Wirkung. Wir empfinden unterbewusste Determination mit einem *freien Anteil*. Diesen können wir dann auch dazu benutzen, unseren bewussten Spielraum zu vergrößern.

Vereinfacht ausgedrückt, wirken nunmehr drei Dinge zusammen bei einer Entscheidung: die Rückkoppelung der Alternativen, Impulse und "das" unendlich kleine Zentrum. All dies wird von der Holobewegung bis ins Infinitesimale eingefaltet, aber auch *ent*faltet.

In letzterer Form besitzen die Alternativen Bedeutung für den Wählenden, denn die Entscheidung zwischen ihnen ist *seine* Aktion. Er bezieht das Kommende auf sich. Das wählende Selbst stellt dabei eine *eingefaltete* Form des Ganzen dar, im Verhältnis zur entfalteten Außenwelt. Näher an dieser Form liegen stets die inneren Impulse, *persönlichen* Idealen aus derselben komplexen Tiefe folgend, an denen (oder deren Verzerrung) sich das Bewusstsein orientiert.[43] Das Verhältnis zwischen Ideal und Alternativen verkörpert demnach die Bedeutung letzterer für den Wählenden. Bedeutung und Impuls(e) werden infinitesimal mit dem Zentrum des Bewusstseins vereint und so zu einer freien, aber nicht völlig willkürlichen Entscheidung führen.

Die unterbewussten Strukturen sind für uns gewiss nicht alle gleichrangig, sofern wir sie dynamisch unterscheiden können. An-

[43] Ein Ideal ist kein vierter Grundfaktor, sondern eine *Alternative zum Impuls*, wenn es von ihm abweicht.

dererseits laufen ihre Wirkungen auch in unserer tieferen Wesenheit zusammen, die einen bedeutend größeren Überblick hat als wir. Deren Impulsen sollten wir daher zuerst vertrauen. In jedem von ihnen drückt sich das persönliche Resultat aller unterbewussten Kommunikationen aus und weist uns eine individuelle Rolle innerhalb der Gesamtbewegung des Universums zu. Wir können sie missverstehen oder ablehnen, erweisen uns damit aber auf Dauer wahrscheinlich keinen guten Dienst.

Die meisten Menschen *wissen* unterschwellig, warum sie sich in ihren gegenwärtigen Lebensumständen befinden. Ich bin sicher, nach ein wenig aufmerksamer und ehrlicher Selbstbetrachtung fühlen sie, dass alles irgendwie zusammenpasst. Auch wenn Sie sich in einer unangenehmen Lage sehen, der Sie nicht entfliehen können, dürfen Sie davon ausgehen, dass Sie sich diese selbst erwählt haben. Wie unbewusst eine Situation oder Handlung auch zustande kommt, trägt das sie erfahrende Individuum - als unendliche Hierarchie - für beide die *volle* Verantwortung. Jeder aktuell *beschränkte* Aspekt freilich kann diese Verantwortung nur teilweise auf sich nehmen, in dem Maße wie ihn sein umfassenderes Wesen mit Bewusstheit und Willensfreiheit begabt. Er kann jedoch seinen Freiheitsgrad zusätzlich einschränken oder danach streben, ihn zu erweitern - das Geschehen im *eigenen flexiblen* Rahmen bestimmt er immer noch selbst. So hat er auch die Chance, sein "Schicksal" bestmöglich zu nutzen - im Sinn jenes Zwecks, zu dem er es durchleben wollte - und sei es, um ihm zu entwachsen.

Wenn "alles zusammenpasst", heißt das ja noch nicht unbedingt "Es ist gut". Vergessen wir nicht, dass die freie Tätigkeit unseres eingeschränkten Bewusstseins ein *Teil* des Unternehmens ist, zu dem sich unser umfassenderes Wesen entschlossen hat. Es ist unsere Aufgabe, die gegenwärtige Realität *selbständig* zu erforschen, über mehr oder weniger persönliche Irrtümer und Disharmonien. Immerhin sollten wir uns in ihr so weit entwickeln, dass wir *bewussteren* Kontakt mit den ihr zugrunde liegenden Sphären halten können, ohne dabei die Orientierung zu verlieren. Dann wird er uns auf dem weiteren Weg helfen. Inwiefern solch ein Kontakt bereits besteht, und wie wir ihn ausbauen können, besprechen wir im nächsten Abschnitt.

Das dynamische Bewusstsein

24. Austausch mit dem Unterbewussten

Wenn bisher vom Unterbewusstsein die Rede war, meinten wir gewöhnlich das uns wegen seiner höheren Komplexität *notwendig* Verborgene. Aber etwas Unterbewusstes *muss* natürlich nicht komplexer sein als das gerade Bewusste. Andererseits verstehen wir nicht bloß, *beschränktere* Ableger zu schaffen, sondern auch solche, die komplexer sind als das, was wir bewusst verarbeiten können. Tatsächlich tun wir dies öfter, als wir wissen.

Wir entscheiden uns für Alternativen, die anschließend weiteres Geschehen entfalten, das wir nicht *bewusst* berücksichtigt hatten und das die *gewählte* Komplexität bei weitem übertreffen mag. Vielleicht haben wir die Folgen *geahnt*, das *Potential* unserer Entscheidung gespürt. Vorsichtig gesetzt sind Schritte ins Unbekannte nicht allzu riskant, ja beabsichtigt und alltäglich. Speziell während wir unser Bewusstsein *erweitern*, haben wir seinen komplexeren Zustand noch nicht begriffen. Vollzieht sich aber die Erweiterung zu schnell, verringert sich unser *bewusster* Anteil an der Schöpfung zugunsten des unvorhersagbaren. Und wenn des letzteren Potential schließlich realisiert ist, sind wir bisweilen noch immer nicht in der Lage, es mehr als diffus zu erfassen.

So geht es uns zurzeit mit den Klimaveränderungen, die unsere rücksichtslose Industrialisierung hervorgerufen hat. Immer wenn wir die hochkomplexen Beziehungen zwischen Zivilisation und Umwelt *zusammenfassen* wollen, um sie zu überschauen, entgleitet ein wesentlicher Teil derselben wieder ins Unterbewusste. Wir müssen unsere Aufmerksamkeit ständig von einem Aspekt auf den anderen verlagern, um alles wenigstens einmal zu berücksichtigen. Es gelingt uns nicht, das Ganze relativ statisch und dennoch detailliert zu vereinen.

Gehen wir hier einen Schritt zurück und betrachten zunächst einen einfacheren Fall. Wenn wir eine Vase (wieder-) erkennen, nehmen wir schon einige ihrer Verwendungsmöglichkeiten vorweg: Wir sehen sie mit oder ohne Blumen, auf dem Regal, als Ge-

schenk usw. Wir *wechseln* zwischen verschiedenen Beobachtungsstandpunkten, welche die Vase umschreiben, *ohne* alle gleichzeitig
präsent zu sein. Darüber hinaus stellen wir uns vor, wie andere Beobachter die Vase sehen, wir versetzen uns zum Teil in *deren*
Standpunkte. Jede der aufeinanderfolgenden Situationen - zum
Beispiel auch wenn wir mit der Vase hantieren - ist einzigartig, individuell. Sie bedeutet das Versinken aller vorher erschaffenen im
Unterbewussten, aber auch deren Reproduzierbarkeit.

Das aktuelle Bewusstsein bewegt sich demnach durch sein Unterbewusstes *hindurch*. Manchmal kommt es annähernd an einer
bereits passierten Stelle heraus, zwischenzeitlich aber entdeckt es
Wirklichkeitseinstellungen, die es bisher nicht kannte. Wir können
diese Fokusverlagerung als abtauchende Öffnung des Bewusstseinstrichters ansehen, als wandernde Beule im Trichterkanal.
(Diese kann nur existieren, weil sich seine Wände erst im Unendlichen *exakt* treffen.) Schließlich werden die Bewegungen der Beule
beziehungsweise des Fokus irgendwie zusammengefasst, zu einem
Objekt, *einem* Bewusstsein.

Nun scheint allerdings jedes Hineinversetzen in äußerlich Bekanntes, wie auch in völlig Unbekanntes, zu gleichermaßen beschränkten Fokussen zu führen; und dies auch noch in begrenztem
Umfang und vor allem so, dass lediglich bestimmte Aspekte im
Gedächtnis haften bleiben. Sobald wir das Erfahrene *bewusst* zusammenbringen wollten, erschiene unsere Dynamik nämlich oft so
chaotisch wie übermäßige Komplexität. Sie würde die Stabilität
unseres Bewusstseins ähnlich gefährden, wie wenn uns ständig
alle eigenen Gedankengänge bewusst wären. Nur wenn wir uns auf
unterbewusste Beziehungen zu dynamisch erreichbaren Fokussen
beschränken, können wir mehr und dadurch *insgesamt* komplexere
Standpunkte verstehen. Zum Beispiel lösen wir eine komplizierte
Aufgabe abschnittsweise, wobei wir immer wieder auf scheinbar
bereits gelöste Teilprobleme zurückkommen, sie von anderen Seiten angehen müssen. Endlich jedoch haben wir *eine* Lösung in der
Hand und zugleich die Gesamtproblematik begriffen, ohne uns in
diesem Moment all ihrer Teilaspekte bewusst zu sein.

Dessen ungeachtet ist die Reisefreiheit unseres Bewusstseins - genauer gesagt: unseres begrenzten *Selbst*bewusstseins - auch zu wieder unterbewusst werdenden Wirklichkeiten hin begrenzt, angesichts der Gefahr, dass dort wichtige Energieströme nach eigenem Gutdünken verändert werden könnten. Indem wir uns in Standpunkte mit größerem Potential versetzen, werden wir ja fähig, die unwillkürliche Entfaltung des für unser Leben erwählten Bezugsrahmens zu beeinflussen. Dafür sind wir aber nur bis zu einem gewissen Grad kompetent.

Dem Kranken steht es immerhin frei, Heilung von körperlichen Symptomen in einem leicht veränderten Bewusstseinszustand zu suchen, in welchem er besser mit seinem Körperbewusstsein kommunizieren kann. So kann er oft psychische Konflikte als Ursache seines Leidens ermitteln und die ihnen zugrunde liegenden, den natürlichen Energiefluss verzerrenden Glaubensvorstellungen korrigieren. Anschließend wirken diese automatisch in ihm weiter.[44] Ihr Kollege indes schleicht vielleicht ins Zimmer Ihres Chefs, um Sie anzuschwärzen, was seine Karriere beschleunigt und die Ihre bremst (oder umgekehrt). Hinterher will er sich an nichts mehr erinnern - er schützt sein Gewissen. Der tief Träumende wiederum verständigt sich mit anderen Träumern, worauf sich das für ihn unbewusst erzeugte Tagesgeschehen wandelt, möglicherweise Gelegenheiten erkennen lässt, von denen er vorher "nicht einmal zu träumen wagte". Auch seine Gemütslage ist jetzt anders, er verspürt neue Handlungsimpulse. (Solche Zusammenhänge können Sie selbst finden, wenn Sie lernen, sich an ihre Träume zu erinnern und sie zu Ihrem Wacherleben in Bezug zu setzen. Die einzige Voraussetzung ist ausreichendes *Interesse*.)

Die aus gutem Grund gewählte Eigenart des Bewusstseins bleibt bei alledem im Großen und Ganzen gewahrt. Weder verändert der Reisende seine Realität unkontrollierbar, noch weicht er ihr aus. Sein Innerstes wehrt sich dagegen; er kehrt wieder *in die Nähe* seines Ausgangspunktes zurück. Wahrscheinlich würde sich kaum je-

---

[44] Sehr zu empfehlen ist hier das Buch "Die Natur der persönlichen Realität" von Jane Roberts, Ariston 1985, sowie als Anregung zu eigenen Befunden das Nachschlagewerk "Krankheit als Symbol" von Ruediger Dahlke, Bertelsmann 1996.

mand um den sinnvollen Ausdruck seines *gegenwärtigen* Selbst bemühen, wenn ihm alle Welten uneingeschränkt offen stünden. Falls aber die vorübergehende Verlagerung des Bewusstseinsfokus *hier keine* Veränderung hervorriefe, wäre sie völlig bedeutungslos.[45]

Bringen wir *bewusste* Eindrücke aus anderen Einstellungen zurück, so dass alle während eines dynamischen Zyklus erfahrenen Blickwinkel in einen neuen *quasistatischen* Bewusstseinszustand zusammenfließen, fokussieren wir auf die gewöhnliche Art, die wir bisher immer besprochen haben. "Quasistatisch" nenne ich das Ergebnis deshalb, weil absolute Ruhe nicht möglich ist (Kapitel 3). Der Zustand wird erst statisch durch die *Umschreibungsbewegung* des Fokus, wobei sich Dynamik und Statik infinitesimalstrukturiert vereinen. Wir erkennen eine (*auch* spiralförmig) umschriebene Ganzheit.

An dieser Stelle springt förmlich ins Auge, dass Bewusstsein nichts als die eigene Dynamik *ist*. Die Umschreibung seiner Ganzheit besteht im ständigen Wechsel zwischen Bewusstem und Unterbewusstem. Durch die permanente (annähernd) zyklische Veränderung des Bewusstseinsfokus wird Unterbewusstes in den Stand eines Bewussten gehoben, ohne seine Potentialität aufzugeben. Denn da jede Phase der Veränderung einen eigenen Fokus darstellt, kann sich aus all *diesen* gar nicht *ein* Fokus bilden! Ihre Einheit besteht vielmehr in der infinitesimalstrukturierten Ganzheit von einem gesamten und vielen einzelnen Fokussen.

Versuchen Sie noch einmal, die Formbildung anhand unseres Beispiels nachzuvollziehen. Wenn Sie eine Vase betrachten, fassen Sie deren Verwendungsmöglichkeiten in einem Objekt zusammen, *ohne* ihre Vereinzelung zu vergessen. In der Vase ist der *Fluss* von Situation zu Situation enthalten - ohne zu erstarren. Gleiches gilt für Ihre gegenwärtige Lebenseinstellung. Die Psyche wandelt sich

---

[45] Die Bewegung zwischen Bewusstsein und Unterbewusstsein muss letztlich irreversibel sein, wenn sie auf jeder Ebene etwas Dauerhaftes *bewirken* soll - beachten Sie bitte die höhere Einheit von Dauer und *unumkehrbarer* Veränderung, im Vergleich zu der von Dauer und Wiederholung.

von Moment zu Moment. Wenn ich hingegen sagen würde "Ein Gegenstand ist die Summe (oder das Integral) seiner Funktionen", wäre das eine unzulässige Vereinfachung. Er ist eine Einheit von *Individuen*. Von der Quasistatik müssen wir gleichwohl die Wechselwirkung mit jenen Fokussen unterscheiden, die unterbewusst *bleiben*. Von diesen überdauert auf unserer Ebene nicht mehr als eine Ahnung ihrer Existenz und der Möglichkeit, sie zu erreichen. Der Weg zu ihnen führt, von uns aus gesehen, in das immer weniger Bewusste, den letztlich alles integrierenden Strudel. Auf halbem Weg treffen wir wieder alte Denkgewohnheiten und programmierte Glaubenssätze, wie "Ich bin nur ein kleines Rädchen im Getriebe" oder "Für mich gibt es kein Glück". Solche können wir uns noch relativ leicht bewusst machen und verändert wieder ins Unterbewusste entlassen, von wo aus sie unsere Realität wie von Geisterhand neu ordnen. Wir finden des Weiteren Prozesse, die wir übergehen, die aber zu bekannten Erscheinungen wie der Vase, einem Auto oder einer Tasse Kaffee führen. Auch diese rufen wir, sobald wir wollen, ohne Probleme ins Bewusstsein - bis zu einem gewissen Punkt. Komplexere Vorgänge dagegen, wie jene des Klimawandels oder auch "nur" des Sprechens, können wir uns allenfalls fragmentarisch vergegenwärtigen, aber nicht insgesamt überschauen. Bewusstes und Unterbewusstes müssen hier *als solche* zusammenarbeiten.

Tiefer im Trichter gelangen wir zu unterschiedlichen Traumebenen, weiter oben angefangen von der, auf welcher wir tagträumen bis hin zum Tiefschlafstadium, während dem lediglich weniger *physische* Aktivität messbar ist. Die verschiedenen Bewusstseinszustände sind jedoch keineswegs alle "von oben nach unten" angeordnet, sondern auch "von links nach rechts" beziehungsweise "rundherum". Neben dem Tagtraum kennen wir zum Beispiel hypnotische, meditative und transpersonale Zustände, die *auf ihre Weise* unterschiedliche Tiefen ausloten.

Wir können außerdem lernen, das Wachbewusstsein mit in den Traum zu nehmen, eine Verbindung zwischen diesen beiden Reali-

täten herzustellen. Wir werden uns des Träumens bewusst.[46] So wie
Sie vielleicht nach der umfassenderen Bedeutung ihrer Träume suchen, sollten Sie auch einmal probieren, Ihre *wachbewussten* Erlebnisse wie die eines Traumes zu deuten. Sie werden überrascht
sein, wie viele "traumartige" Verbindungen sich in Ihrer Realität
manifestieren. (Machen Sie diese Übung auf jeden Fall - sie erweitert den persönlichen Horizont ungemein!)

Da uns die Holobewegung mit allem anderen Bewusstsein verbindet, sollte man erwarten, auf ihrer Fährte auch jene Ebenen zu
erreichen, auf denen wir nicht nur mit bio-chemo-physikalisch ver-
trauten Geschöpfen oder relativ eigenständigen Fragmenten unserer Psyche kommunizieren, sondern noch mit ferneren Individuen -
auf Weisen, die wir uns hier nicht einmal vorstellen können. Träume, an die wir uns erinnern, dürften lediglich ein schwaches Abbild dieses multidimensionalen Austauschs bieten. Wir schließen
aber aus dem bisherigen, dass wir uns dann in einem ganz anderen
Kontext erleben, äußerst sensitiv, mit einer enormen Handlungs-
auswahl, überwältigender Weite und Klarheit des Denkens und
Fühlens - und daher letztlich auch anderen Bedürfnissen. Wir formen dort *gemeinsam* kollektive Ereignisse, deren Ausläufer hier
als neuartige Umstände oder Impulse auftauchen. Während wir unsere "normalen" Prioritäten setzen, mag uns der Sinn und Zweck
des Wandels verborgen bleiben. Dennoch *ahnen* wir vielleicht ein
intelligentes, liebevolles Management.

Umgekehrt erfüllen wir unsere umfassendere Wesenheit nicht
nur mit den an sie übermittelten Informationen und Impulsen - die
Wesenheit erfährt *unsere* Welt durch *uns* -, sondern sie mag sich
darüber hinaus in unseren Standpunkt versetzen, sich dadurch entweder *quasistatisch* erweitern (dies entspräche unserem bewussten
Einschluss in sie) oder lediglich ihr *Potential* nutzen - zum vor-
übergehenden Erleben einer *einfacheren*, aber infolgedessen *hervorgehobenen* Individualität. In letzterem Fall bezieht sie uns
meistenteils unterbewusst ein, *als* Potential zu innerem Wissen. Etwas Ähnliches tun wir, die wir verschiedene Rollen ausleben, wel-

---

[46] Suggerieren Sie sich das einfach regelmäßig vor dem Einschlafen, und lassen
Sie es geschehen!

che alle mehr oder weniger autonom in uns agieren. Bei Bedarf profitieren wir in jeder Rolle - einschließlich der des Gesamtselbst - von der Erfahrung der anderen.

Allmählich erweitern wir sowohl unsere quasistatische Wahrnehmung der Welt als auch unser Potential zum Hineinversetzen in unterbewusste Räume. Beides steht in einem flexiblen Zusammenhang, denn einer je größeren Komplexität ich mir bewusst bin, über desto mehr mögliche Zugänge zum Unterbewussten verfüge ich. Umgekehrt erfasse ich durch eine weiträumige Wanderung meines Bewusstseinsfokus eine entsprechend komplexe Realität - wenn auch noch nicht zusammen im Detail.

Ein *Gesamt*bewusstsein ist selbst wesentlich potentiell beziehungsweise das Bewusstsein vom gesamten Potential: Allein die Fokusdynamik gestattet es, von *Teil*bewusstseinen oder Individu*en* zu sprechen. Solche nimmt ein jedes Bewusstsein zwar auch quasistatisch wahr (aus seiner Sicht), aber eben als andere, denn sein Selbstbewusstsein bezieht sich nur auf *einen* bestimmten Fokus. Mit dieser *Anerkennung* der anderen jedoch berücksichtigt es deren Individualität schon denkbar dynamisch, das heißt *potentiell*: Wenn es sie erfassen will, muss es sich in sie hineinversetzen.

Trotzdem treten sich die individuellen Teile scheinbar als Fremde gegenüber: Jedes Teilbewusstsein verfügt über seinen eigenen unvorhersehbaren Willen. Da die Fokusdynamik allerdings - im Unterschied zur näherungsbildenden Kommunikation - das jeweils andere Bewusstsein wirklich *als* individuelles einschließt (Kapitel 19), geht in ihre Gesamtheit auch dessen *Kreativität* ein - nicht von außen, sondern so wie sie ursprünglich zustande kommt. Und das, obwohl sie zugleich äußerlich erscheint!

Dieser Scheinwiderspruch löst sich vollständig erst auf, wenn er vom komplexen Begriff des Gewahrseins erfasst wird, zu dem uns noch einige Aspekte fehlen. Hier begnügen wir uns mit der Feststellung, dass Fokusdynamik zu bedeutend größerer Vielfalt und wohl auch mehr Harmonie (Einheit von Einheit und Gegensatz) innerhalb *eines* Bewusstseins führt. Freilich müssen alle Fokusse nicht bloß zugänglich sein, sondern auch *durchlaufen* werden, was wiederum nicht mehr sinnvoll ist, wenn dadurch kein stabiles "Sein" zustande kommt - nämlich die beabsichtigte Realitätseinstellung des *umfassenderen* Bewusstseins. Fokusdynamik und Näherungsbildung sind daher überall, aber in unterschiedlichem Verhältnis miteinander verflochten. Hinzu kommen weitere Stabilitätsfaktoren, mit denen wir uns bald befassen.

Möglicherweise erscheint Ihnen die Beschäftigung mit dem Hinein- und Zurückversetzen in und aus diverse(n) Standpunkte(n) noch immer etwas ungewohnt, obwohl Sie es ständig praktizieren. Die Bedeutung der Dynamik beruht auf der Einzigartigkeit jeder Situation. Allein durch den wechselnden Bewusstseinsfokus werden diese Situationen verknüpft - manchmal relativ stetig, als aufeinanderfolgende Momente beziehungsweise umschriebene Ganzheit, manchmal eher sprunghaft, als Tausch von Bewusstem gegen Unterbewusstes und umgekehrt. Beide Akzente der Fokusverlagerung und ihr konkretes Zusammenspiel wollen wir jetzt genauer untersuchen.

25. Die Entdeckung des anderen

Das Hauptziel bei der Erschaffung selbständiger Ableger ist der vielgestaltige Ausdruck und die umfassende Bereicherung ihrer Wesenheit (Kapitel 21, 22). Letztere überschaut ihre "Kinder", wenn auch größtenteils nur als dynamisches Potential, so doch bedeutend besser als beispielsweise wir unsere "Geschwister". Gelegentlich fühlen wir immerhin, dass uns ein Mensch, ein Tier oder eine Pflanze ungewöhnlich vertraut vorkommt, mit uns irgendwie "wesensverwandt" ist. Wir sprechen dabei nicht mehr nur von einem abstrakten kollektiven Wesen oder einer impliziten "Stammordnung", sondern von einer gemeinsamen, *mit Bewusstsein ausgestatteten* Wesenheit. Deren Ableger müssen wir keineswegs mögen, genausowenig wie manch eigene Charaktereigenschaft. Aber indem wir mit Individuen umgehen, die andere latente Aspekte unserer selbst ausleben, lernt unsere Wesenheit und jedes ihrer "Kinder" unterschiedliche Potentiale zu harmonisieren.

Auf ähnliche Weise erzeugen wir selbst Ableger unseres Bewusstseins in allem, was wir schaffen, seien es innere Teilpersönlichkeiten, die miteinander im Widerstreit liegen oder zusammenarbeiten, seien es Kunstwerke, Theorien oder einfach nur all jene Dinge, welche wir zu den Erfahrungen anderer Menschen und unserer selbst beitragen. So wie unsere Wesenheit profitieren wir nicht allein dadurch von unseren Werken, dass wir sie betrachten, sondern insbesondere dadurch, dass wir in ihnen *leben*, uns immer wieder in sie hineinversetzen. Jede Phase in der wir (scheinbar) verweilen, verdrängt bis zu einem gewissen Grad die anderen potentiellen (aber zwischenzeitlich wieder durchlaufenen) Zustände in ein Schattendasein. Wir blenden die ständige Erfahrung dieser Zustände aus, um uns auf einen von ihnen zu konzentrieren, den wir als relativ konstant erleben. Die Holobewegung unseres Bewusstseinsfokus nehmen wir meist nur unterschwellig wahr. Doch da jeder "einzelne" Fokus auf dieser Holobewegung beruht, bedarf seine Veränderung - welche zudem stets in verborgenes Terrain führt - der permanenten Zusammenarbeit mit dem Unterbewusstsein.

Wir können hier nicht länger von der Infinitesimalstruktur des Zusammenhangs absehen. Wenn Sie sich in einen Forschungsgegenstand, sagen wir in eine Ameise, ein Computerprogramm oder auch einen Kernreaktor, hineinversetzen, dann verbindet Sie der Weg ins Unterbewusste - einmal in den Standpunkt des Objektes und ständig in die eigene Tiefe - mit der Ihnen *bekannten* Zielposition. Der Weg zum Zielstandpunkt scheint Ihnen daher vielleicht ebenfalls bewusst zu sein. Schlagen Sie aber diesen Weg ein - sie beginnen in das Bewusstsein des Objektes hineinzuwachsen -, erkennen Sie, dass alle bisherigen und zukünftigen Etappen lediglich subjektive Projektionen darstellen; sogar dann, wenn Ihr Bewusstsein sich derart erweiterte, dass es alle Phasen seiner Veränderung quasistatisch zusammenbrächte. Lediglich die Spitze der *gegenwärtigen* Tiefenzirkulation ist Ihnen als sie selbst bewusst. Der Weg zum Ziel führt in jedem Moment - gleichermaßen zyklisch und linear - sowohl durch das Unterbewusste als auch über das Bewusste: Es ist eine aus beidem infinitesimalstrukturierte Strecke.[47]

Als Peilung dient die subjektive Bewusstheit des Zieles am Ausgangspunkt, wie der Anblick oder die Vorstellung des zu untersuchenden Gegenstandes und vor allem das charakteristische Feeling seiner Präsenz. Daraus werden - wie Sie leicht nachfühlen können - Impulse an das Unterbewusstsein generiert und Antworten empfangen, deren beider zielführende Rolle in solchen Bewegungsphasen vorrangig wird, in denen das Bewusstsein des Reisenden sich zu sehr verengt, um selbst Kurs zu halten. Das ist besonders der Fall, wenn es sich einzig unter Vorgabe des Zieles in sein Unterbewusstes versenkt, im Vertrauen auf innere Führung. Geht alles glatt, taucht es unvermittelt am Zielstandpunkt auf, ohne sich des zurückgelegten Weges zu entsinnen.

Die Aufgabe der Impulse kann auch der unterschwellig fluktuierende Bewusstseinsfokus des Reisenden übernehmen. Denken wir

---

[47] Es gibt dementsprechend keine endgültige Kontinuität oder Diskontinuität zwischen den individuellen Fokussen: Beides ist in jedem Moment untrennbar. Analog dem Entscheidungsprozess (vergleiche Kapitel 16 und 23) können wir höchstens von *flexiblen Übergängen* zwischen fortlaufender Umschreibung und ständiger Tiefendynamik sprechen, die beide die gleichen Trichterzentren (Reflexionspunkte) integrieren.

daran, dass wir es mit einer Infinitesimalstruktur zu tun haben: Alles geht in alles andere über und kann unerwartet in dessen Rolle auftreten. Impulse können als Ableger des sie "abschießenden" Bewusstseins verstanden werden und der ab- und auftauchende Fokus regt eine mehr oder weniger starke Veränderung an der Oberfläche an. (Beides sind Aspekte der Holobewegung.[48]) Die eigentliche Steuerung des Hineinversetzens nehmen aber höchstwahrscheinlich tiefere Aspekte der Individualität vor, auf einer Ebene wo Impulse und Fokusdynamik mit ausreichendem Überblick verarbeitet werden. Das dürfte erst recht für Entdeckungsreisen zu gänzlich unbekannten Orten gelten.

Andere Bewusstseine sind natürlich unterschiedlich schwer zugänglich. In jemanden, der uns bewusst *und* unterbewusst ablehnt, werden wir nicht "hineinkommen". Die Ablehnung wird uns innerlich selbst erfassen. Und ein komplexeres Bewusstsein dürfen (und wollen) wir nur sehr allmählich erreichen, um unser gegenwärtiges Selbst nicht zu überfordern. Damit wir uns nicht verirren, muss aber auch das Hineinversetzen in relativ beschränkte, oft fremdartige Bewusstseinszustände einigermaßen geregelt ablaufen.

Nichtsdestotrotz zeichnet sich ein hochentwickeltes Individuum durch einen mühelosen Zugang zu alternativem Bewusstsein aus. Wer sich an einmal geprägte Erfahrungsmuster *klammert*, unterdrückt sein größeres Potential. Es kommt ihm vielleicht so vor, als hätte er gar keines. Anders hingegen, wenn ihm sein dynamisches Potential *undeutlich* bewusst ist und sich relativ leicht öffnet, in dem Maße wie er sich in seine Psyche versenkt. Ein solches Bewusstsein ist nur jeweils quasistatisch beschränkt, aber dynamisch weit - wie ich finde eine bedeutend anstrebenswertere Geisteshaltung. Man nimmt einen Standpunkt nur solange ein, wie man ihn für förderlich hält. (Der Betonkopf kann freilich das Gleiche von sich behaupten.) Dennoch muss die verdrängte Dynamik auch qua-

---

[48] Allgemein gesprochen, kommt in einem Impuls nichts anderes zum Ausdruck als die Entscheidung einiger Fokusse, sich über den Empfänger hinaus in eine bestimmte Richtung zu bewegen!

sistatisch zusammengefasst werden, um für das in jedem Moment eingeschränkte *Bewusst*sein eine erkennbare Bedeutung zu haben. Was heißt das nun wieder? Dynamisch ist zweifellos *jedes* Bewusstsein - letztlich so unbegrenzt wie es tief ist. Die Frage lautet demnach besser, wie weit ihm dieses Potential *bewusst* und somit bewusst *verfügbar* ist. Dabei kann es *potentielle* Einstellungen nicht schon im Detail kennen, wohl aber vermag es sein Potential *als Ganzes* zu spüren. Dieses Ganze schließt eine bescheidene quasistatische Zusammenfassung alles Potentiellen ein, ist also keineswegs unstrukturiert. Vielmehr verweist seine naheliegendste Struktur auf eine weitere unbekanntere usw.

Wir wissen es ja schon: Die Schwingung zwischen Offensichtlichem und Verborgenem umschreibt eine potentielle Existenzform, wie die steinzeitlichen Höhlenmalereien aus Kapitel 18, aber auch jeden anderen Gegenstand. Dessen Existenzumfang ergibt sich aus der Dynamik des Beobachters, der in jedem seiner eigenen Bewegungsmomente eine andere Seite des Objektes wahrnimmt, diese Ansichten alle zu einem lediglich *potentiell* vollständigen Gegenstand verbindet und denselben wiederum jeder einseitigen Version "anhängt". So kann er beispielsweise behaupten, dass sein Haus auch dann noch unversehrt existiert, wenn er nur die Vorderseite bewundert oder 1000 km entfernt von der Heimat träumt. Während er noch um sein Anwesen joggte, umschrieb er es *dynamisch*. Jetzt fasst er das, was er unterwegs sah, zusammen: Er umschreibt ein *Abbild* dessen - eine einseitige Version - *quasistatisch*. Ebenso verhält es sich, wenn er künftig, statt selbst zu laufen, seinen Sohn Hans nach hinten schickt. Der anschließend wechselseitig über das Dach gebrüllte Zustandsbericht beschreibt eine dynamische Beobachtung. Jeder bündelt diese zu einem quasistatischen Bild, dem er eine potentielle Realität zuweist.

Das heißt nicht nur, dass Dynamik *existieren* muss, sondern Existenz ist stets auch dynamisch! Wenn ein durch reale und potentielle Standpunkte umschriebenes Objekt *weniger* existiert als ein anderes (wie in Kapitel 1), kondensiert seine Näherung mehr in der potentiellen als in der unmittelbar existierenden Sphäre. Das

1000 km entfernte Eigenheim ist darum nicht so stark präsent wie das gegenwärtige Urlaubsdomizil.

Ähnlich wie mit den wechselnden Blickwinkeln verhält es sich, wenn wir aus unserer allgemeinen Erfahrung mit Gebäuden *schlussfolgern*, dass sich noch hinter der erstbesten Fassade ein "Anbau" findet. Wir folgen hier einem *gewohnten* dynamischen Muster, wobei der nach ihm *konstruierte* Beobachtungsstandpunkt (im Rücken der Fassade) nicht weniger potentiell ist als jener, den wir beim Rundherumjoggen durchlaufen würden. Anstatt aber unser Bewusstsein offen zu halten, haben wir die kommende Realität bereits festgelegt. Unsere Konstruktion kann sich nun bestätigen - oder wir sind umso mehr verblüfft, falls wir an ihrer Stelle eine Ruine entdecken.

Auch beim Konstruieren sind wir nie allein deshalb kreativ, weil wir Bekanntes logisch weiterführen beziehungsweise kombinieren, sondern dank der beim Denken *gewählten*, jedoch bis dahin verborgenen *Ideen*. Der Bau hinter der Fassade entsprang unserer eigenen Holobewegung, unseren Annahmen darüber, was *möglich*, aber nicht schon da ist. Vorweggenommenes, Gewähltes und neu zu Tage Gefördertes vereinen sich zu einer fließenden infinitesimalstrukturierten Welle.

Voneinander abweichende Beobachtungsstandpunkte können wir variabel miteinander verflechten. So hängt das Verhältnis zwischen einer quasistatischen und einer dynamischen Synthese davon ab, ob der Fokus des Beobachters partiell oder total wechselt. Versetzen wir uns versuchsweise *total* in den Standpunkt eines Diskussionspartners, wird unser eigener Standpunkt vollständig unterbewusst. Die Verbindung zwischen beiden Fokussen besteht nur noch im Austausch von Impulsen beziehungsweise abgespaltenen "Sonden" (Teilbewusstseinen). Kehren wir schließlich zum alten Standpunkt zurück, haben wir ein besseres *Gefühl* für die Motive des anderen, für seine Auffassung der Thematik, das nun in unsere weitere Argumentation und Meinungsbildung (!) einfließt. Wahrscheinlich werden wir uns eher einigen.

Nehmen wir hingegen unser Bewusstsein des eigenen Standpunktes mit, verknüpfen wir bewusst die Sichtweise des anderen mit der unseren: Wir versetzen uns nur *partiell* in seine Gedankenwelt. Das kann zweckmäßigerweise so geschehen, dass wir uns wirklich in ihr zentrieren, aber ihre Hauptaspekte in einem erweiterten Zustand wahrnehmen. Dieses Gesamtbewusstsein erhält *wahrscheinlich* die gleichen Impulse wie unser "Gegenüber", verarbeitet sie aber bewusster und kommt daher möglicherweise zu anderen Entscheidungen. Inwieweit wir allerdings den anderen beeinflussen können, hängt immer vom Grad seines bewussten und unterbewussten Einverständnisses ab. Auf jeden Fall lassen sich seine Aktivitäten hier nicht von unseren eigenen unterscheiden. Wohl jedoch, wenn wir Abstand nehmen, uns *zwischen* seinem und unserem Standpunkt zentrieren - das gebräuchlichere Verfahren - und somit beider Positionen als andere und in ihrer Beziehung zueinander bewusst werden. Daraufhin können wir zwischen ihnen abwägen.

Welche der drei Methoden wir auch bevorzugen: Am schnellsten treffen wir uns, wenn *alle* Seiten eine davon praktizieren.

Im größeren Rahmen gewinnen wir durch gegenseitiges Hineinversetzen mehr Verständnis füreinander, finden leichter eine gemeinsame Basis des Zusammenlebens und lernen, unterbewusster Kommunikation zu vertrauen. Wir entdecken unsere gemeinsamen Wurzeln (wieder).

Falls wir uns in ein komplexes Geschehen nicht derart hineinversetzen können, dass es uns vollständig bewusst wird, können wir uns auf ein Kommunikationsniveau einlassen, das uns die Zusammenhänge klarer *erspüren* lässt. So finden wir zum Beispiel eine beschämend einfache Ursache für die verheerenden Einflüsse des Menschen auf die Natur: Seine psychische Einstellung ihr gegenüber. Wer sich als untrennbaren *Teil* der Natur versteht, *kann* sie nicht nachhaltig schädigen, da er alles, was solche Wirkungen hervorbringt, nicht als seinen Vorteil ansieht. Aus einer ganzheitlichen Wahrnehmung ergeben sich die angemessenen Verhaltensweisen *von allein*.

Wir können außerdem von unserer oder einer tieferen Position aus Impulse des Erwünschten abgeben (etwa beim Gebet oder während einer Meditation), die sich nun im Verborgenen ausbreiten, von bewussten Wesenheiten verarbeitet und mit allen anderen Einflüssen abgestimmt werden. Wir gebrauchen dieselbe Sprache, in der wir ständig Ratschläge des unendlichen Unterbewusstseins empfangen. Indem wir fest daran *glauben*, dass etwas Ersehntes (oder aber Befürchtetes) geschehen wird, bringt die somit aufgebaute Rückkoppelung automatisch geeignete Impulse hervor, welche in unsere Holobewegung eingehen.[49] Die passende Antwort begegnet uns in der Gestalt äußerer Ereignisse.

Immer sind unterbewusste Abläufe beteiligt: Wir vertrauen ihnen beim Sprechen, um nicht zu stottern, unsere unwillkürlichen Gesten spiegeln sich im Verhalten des Gesprächspartners und psychische Impulse zeitigen physische Folgen. Es gilt lediglich, das Unterbewusste zu steuern, ohne es bewusster zu machen als nötig. Wie ein Trapezkünstler vor dem Sprung konzentrieren wir uns auf das Ziel - erreichen müssen wir es von selbst. Je tiefer unsere (widerspruchsfreie) Überzeugung, desto wahrscheinlicher *werden* wir es. Umgekehrt sollten wir uns in allen Angelegenheiten, die wir bewusst nicht sicher bewerten können, auf unsere unterbewusste Kompetenz verlassen. Wir verfügen über das umfassende Wissen eines höheren Ursprungs, individuell aufbereitet durch die eigene Wesenheit. Je mehr wir uns öffnen, desto leichter fliegt es uns zu.

Deckt sich unser Glaube schließlich mit einem tief empfundenen Ideal, kann er wahrlich "Berge versetzen". Von mehreren Ebenen aus haben sich erkanntes Potential und beabsichtigte Wirkung aufeinander eingestimmt und verstärken einander solange, bis die neue Realität durchbricht.

Eine solche Harmonie zwischen innerem und äußerem Bewusstsein stellt sich manchmal spontan ein; meistens aber müssen wir

---

[49] Glaube ist eine *Einheit* von Rückkoppelung (Bewusstheit) und Impuls, der Spiralaspekt in der infinitesimalstrukturierten Verflechtung mit dem Unterbewussten. Berücksichtigen wir auch die *im Trichterkanal* eingewobene Entscheidungsfreiheit, erhalten wir ein *dynamisches* Bewusstsein, das seinen Glauben stets aufs neue *wählt*. (Vergleiche Kapitel 19.)

nachhelfen, beispielsweise indem wir zunächst unsere Zielvorstellung von allen erdenklichen Seiten ausleuchten. Wenn wir nämlich gegen Grundbedürfnisse anderer Individuen anrennen, verschwenden wir nicht nur unsere Kraft - ja gestehen letztlich unsere Ohnmacht ein -, sondern handeln auch garantiert nicht im Sinn unseres ursprünglichen Ideals (wie der Dieb in Kapitel 21). Für die meisten Zwecke genügt es, sich in Teilaspekte der betroffenen Individuen zu versetzen. Das so gewonnene *dynamische* Wissen um deren Sehnsüchte und Ziele bedeutet eine vielseitigere und daher tiefere Erkenntnis, als sie durch das Betrachten *einer* symbolischen Näherung, einer gewöhnlichen *Synthese* verschiedener Blickwinkel, möglich ist - vor allem wenn unsere Fokusdynamik zwischen stark abweichenden Bewusstseinszuständen vermittelt. Deren *flexible* Einheit berücksichtigt eine fundamentalere Dimension.

Dementsprechend müssen wir unterwegs durch vertraute Impulse unserer Wesenheit geführt und stabilisiert werden, was ein relativ harmonisches Verhältnis zu ihr voraussetzt. (Erforschen Sie das!) Ohne diese innere Harmonie finden wir den Zielfokus nicht oder fühlen uns vor Angst um unsere Identität (die unseres beschränkten Selbstbewusstseins) am Annehmen fremder Geisteszustände gehindert. Wir können so auch mit unserem Näherungsbewusstseins nur schwer auf abweichende Wertvorstellungen eingehen. Erst wenn wir uns vertrauensvoll auf unsere *grundlegendere* Natur einstimmen, schließen wir uns an deren Potential an - sowohl in "geistiger" als auch in "materieller" Hinsicht.

Die Erschaffung der Realität

26. Eine Frage des Beweisens?

Wir alle stimmen darin überein, einzigartige Individuen zu sein. Dennoch verändern wir uns pausenlos, sowohl zyklisch als auch in offene Richtungen. Wie das Bewusstsein ist Individualität eine Einheit von Erhaltung und Veränderung.

Darüber hinaus betätigen wir uns relativ frei, das heißt, wir verfügen über einen *individuellen Spielraum* für die individuellen Veränderungen unseres Standpunktes. Jede Verschiebung des Standpunktes verändert wiederum diesen Spielraum - die konkreten Alternativen und gegebenenfalls deren Anzahl. Die bewusste Kreativität des Individuums ist *Bestandteil* seiner Individualität.

Dabei wird die relative *Beständigkeit* seiner existierenden Welt durch mehrere ineinandergreifende Holobewegungen erhalten. Der Wunsch nach äußerer (selbstüberschreitender) Kommunikation und die Anerkennung des größeren Umfangs der jeweiligen Kommunikationsebene führen zu einer *ganz bewussten* Einschränkung persönlicher Erfahrungen auf ihren kommunizierbaren Anteil. Wir *wollen* uns auf die Gemeinschaft beziehen, *mit ihr* oder *an ihr* wachsen, eine allgemeinere und tiefere Wahrheit finden. So schließen wir aus unserem Leben aus, was uns isolieren könnte. Teilt die Gemeinschaft unsere Auffassungen nicht (und bestätigt diese nicht durch halbherzige Ablehnung), neigen wir dazu, uns deren Meinung anzuschließen: Die Mehrheit wird schon recht haben; andernfalls sind wir wenigstens in guter Gesellschaft. Auch wenn wir uns lieber einer genehmeren Minderheit zuwenden, werden wir keine finden, die unsere persönlichen Ansichten *bedingungslos* teilt. Schließlich wird die Kommunikation auf dieser Ebene ein unverzichtbarer Teil unseres Selbstbewusstseins, etwas, das unsere Existenz erst zu ermöglichen scheint.[50]

---

[50] Das gilt ebenso für diejenigen, die sich nur im *Kontrast* zur Mehrheit wohl fühlen. Sie richten sich bloß auf andere Weise an der kollektiven Realität aus. Selbst der Einzelgänger ist weniger allein, als er glaubt ...

Ein derart fokussiertes Bewusstsein, dem das Wissen vom tieferen Grund seiner Gegenwart abhanden gekommen ist, muss sein Fortbestehen notfalls mit einem instinktiven Selbsterhaltungstrieb "begründen". Dieser bewirkt einen weiteren *freiwilligen* Bezug auf die eingeschränkte Existenz: Wir *bemühen* uns zu überleben. Der Antrieb entspringt zwar einem weitsichtigeren Teil unserer Individualität, das Ziel kann aber nicht auf ihn reduziert werden. Denn es folgt *auch* unserer bewussten Wahrnehmung. Unser Selbstbewusstsein unterscheidet ja erst das Eigene von allem anderen, bestimmt also mit, *was* erhalten werden soll: der Körper, die Seele, die Gemeinschaft.

Die Kommunikationsteilnehmer agieren indes, wie vorn begründet, fundamental selbständig. So entwickeln wir mit ihnen eine Welt der gemeinsamen Näherungen, die relativ unabhängig von unserer eigenen Existenz in ihr ist. Die kollektive Realität ist beständiger als jedes zu ihr beitragende Individuum.[51] Aus diesem Grund hat sich jedes Individuum, das in einer gemeinsamen Realität handeln will, mehr oder weniger in deren Normen zu fügen: Seine Bewegungen unterliegen Gesetzen.

Deren Entstehung reicht ja weit zurück: Alles Bewusstsein war und ist, wie beschrieben, schon unterbewusst verflochten. So wie sich das unsere in die *bewusste* Umwelt erstreckt, durchdringt sein viel größeres Unterbewusstsein deren *unterbewussten* Teil. (Seth spricht von "Bezugssystem 2".[52]) Die bewusste Kreativität muss diesen Verflechtungen entsprechen und sich bereits existierenden Formen anpassen. Beispielsweise kann ein Bewusstsein, welches sich auf die körperliche Existenzebene einlässt, nichts erschaffen, was die physikalische Energieerhaltung verletzt; und es muss sich der Stoffe bedienen, die es hier vorfindet (insbesondere des Gehirns).

Die in diese Welt geborenen Individuen wirken weiter an der Realitätsbildung mit - aber nun aufeinander abgestimmt. Unter- und halbbewusst ist ein relativ stabiler Kreativitätsrahmen entstan-

---

[51] *Insgesamt* ist die kollektive Realität natürlich ebenfalls individuell. Kollektiv ist sie nur in der Dynamik des Standpunktwechsels.
[52] Jane Roberts, "Individuum und Massenschicksal", Goldmann 1991

den, ein Konsens über das Mögliche, der alles darüber Hinausgehende ausklammert. Im Endeffekt sind sowohl die gemeinsame Außenwelt (wie der Wald durch den wir laufen) als auch die intimste Umgebung (zum Beispiel das Schnupftuch in der Hosentasche) in hohem Maße Produkte des koordinierenden Unterbewusstseins. Der freie Wille des einzelnen *Bewusst*seins hat auf sie nur begrenzten Einfluss.

Andererseits sollten wir diesen Einfluss nicht unterschätzen. Zwar können wir unseren Esstisch nicht völlig zum Verschwinden bringen; wir sind aber durchaus in der Lage, ihn als Bügelbrett wahrzunehmen oder in Hypnose unsichtbar zu machen. Bis zu einem gewissen Grad können wir Unterbewusstes ins Bewusstsein rufen und dadurch unsere Wirklichkeit direkt verändern - zum Beispiel wenn wir plötzlich erkennen, dass auch Tiere und Pflanzen, ja selbst Steine beseelt sind. Sie nehmen unsere Stimmungen auf, kommen unseren Wünschen entgegen oder auch nicht und statt dessen vielleicht andere Geschöpfe. Die ganze Umwelt ist nicht starr, sondern nur zäh. Alles wurde irgendwo - bewusst oder unterbewusst - *gewählt*; und jede Bewusstseinshierarchie (jedes unendliche Individuum) wählt seinerseits aus diesem *Angebot* aus. Die Möglichkeiten sind natürlich auf jeder *einzelnen* Ebene beschränkt, doch keineswegs Null: Vieles, was unterbewusst entschieden wurde, kann, sobald es bewusst geworden ist, wieder verworfen werden. Und jeder bewussten Wahl folgt eine Veränderung der unbewusst erzeugten Realität. Als vollständigem Individuum begegnet uns das, was wir *erwarten wollen*.

Wir fanden in Kapitel 14, dass sich ein Bewegungsgesetz untrennbar mit den Bedingungen und Ereignissen entfaltet, unter denen beziehungsweise für die es gilt. Doch nach dem oben Gesagten müssen auch "Natur"gesetze *geschaffen* werden - ähnlich wie Gesetze des Zusammenlebens, nur viel weniger bewusst. Sie werden dementsprechend seltener gebrochen oder relativiert. Trotzdem *entdecken* wir sie nicht bloß, sondern *gestalten* sie noch immer mit. Vergessen wir nicht, dass uns die unterbewusst ausgewählte Realität ein Erfahrungsfeld bieten soll, in welchem wir uns entwickeln können. Mit dem Fortschreiten unserer Entwicklung muss sich also auch dieses Erfahrungsfeld ändern. Dazu genügt die *bewusste* Erweiterung unseres Spielraums nicht. Wir dienen nicht nur unseren Nächsten und unserem nächsten Selbst, sondern auch dem unterbewussten Universum und insbesondere unserer mächtigeren Wesenheit, die ein ureigenes Interesse am Entfalten optimaler Lebensbedingungen für uns hat.

Beispielsweise lernen wir oft erst aus Extremsituationen, die mitunter sogar unsere gegenwärtige Existenz in Frage stellen. Wir tun es hoffentlich noch angesichts des drohenden Klimaumbruchs, erneut aufkommender Seuchen und der Gefahr nuklearer Terroranschläge. Solche dem Selbsterhaltungstrieb zuwiderlaufende Situationen werden unbewusst entfaltet, obschon durch bewusste Entscheidungen heraufbeschworen. Verhalten wir uns wenigstens jetzt richtig, kann es folglich auch passieren, dass uns die Umgebung *von sich aus* - aus ihrem *Innern* heraus - zu Hilfe kommt. Nach ersten Ansätzen eines umweltbewussten Handelns hatte sich die globale Erwärmung bereits verzögert, und es wurden ständig neue *natürliche* Ursachen dafür ausgemacht: kalte Strömungen aus der Tiefsee, ein stärkerer CO_2-Verbrauch der Vegetation und andere. Die Tendenz drehte dann kurz wieder und ist nach konsequenterem Handeln jetzt "umstritten". Für einen erneut langsameren Temperaturanstieg kommen nun vor allem eine höhere CO_2-Aufnahme der Ozeane und die verringerte Sonnenaktivität in Frage. So mögen wir auch entdecken, dass die sichere Katastrophe noch einmal ausbleibt - "aus ganz realen Gründen". Sie (be)trifft uns lediglich dann, wenn wir vor ihrer Gesetzmäßigkeit kapitulieren.[53]

Ist unsere Lernbereitschaft erloschen oder der Zweck unseres Daseins erfüllt, werden wir die aktuelle Kommunikationsebene

---

[53] Zugegeben: Bei den meisten Prozessen, die der globalen Erwärmung zugrunde liegen, handelt es sich nicht um "wirklich harte" Naturgesetze wie den ersten Hauptsatz der Wärmelehre (eine Form des Energieerhaltungssatzes, der als reine Abstraktion nichtssagend und obendrein ein Zirkelschluss ist). Nachdem aber die "innere Energie" eines Systems schon an seine "Ruhemasse" gekoppelt wurde ("Umwandlung von Masse in Energie"), deuten psychokinetische Experimente ein weiteres Mal darauf hin, dass sich *jedes* konkrete Gesetz relativiert, sobald wir seinem "unbedingten" Gültigkeitsbereich zu entwachsen beginnen. (Interessantes Material zur geistigen Beeinflussung von Materie bietet die CD-ROM "Mysterium" - später "Enigma" - von Elmar R. Gruber.)

verlassen. Sind unsere Lebensgrundlagen nicht mehr gegeben, "sterben" wir. Besonders nach einer unbefriedigenden Bilanz liegt es nahe, dass sich unsere Wesenheit eine neue Möglichkeit sucht, vermisste Erfahrungen einzubeziehen. Das Bestreben, einseitige Erfahrungen ausgleichen zu wollen, in bestimmtem Umfang Symmetrie anzustreben, entspricht - wie wir statistisch und "harmonisch" begründet haben und unter anderem beim Rollenwechsel während unseres Lebens entdecken - der Natur einer jeden Höherentwicklung. Die Individualität jedes "sterbenden" Selbst bleibt im Interesse seiner Wesenheit (und zweifelsohne seinem eigenen!) erhalten, denn dieselbe erweitert(e) sich gerade durch die Erschaffung *dieses* Individuums und über *dessen* Weg. Seine Vernichtung wäre auf jeden Fall ein Verlust. Der Sprössling wird sich also in einem Umfeld "wiederverkörpern", in dem er Gelegenheit bekommt, seine Fehler *auf andere Weise* auszumerzen beziehungsweise ein erfülltes Leben zu ergänzen. Es ist die Idee der Reinkarnation, der Wiedergeburt, die sich in der Holobewegung aller Prozesse verwirklicht.

Da wir mittlerweile in mehr oder weniger esoterische Bereiche geraten sind, drängt sich unweigerlich die Frage auf, inwieweit denn Vorgänge, wie die oben beschriebenen, nachprüfbar sind. Hier spielt der persönliche Umgang mit tieferen Bewusstseinszuständen eine grundlegende Rolle, denn inwieweit sich die Dynamik unseres Bewusstseins über die dreidimensionale Welt hinaus erstreckt, kann offenbar nur ermittelt werden, indem man dieser Dynamik *folgt*. Bevor wir also fortfahren, wollen wir im Licht unserer bisherigen Erkenntnisse die Beziehung zwischen spiritueller Erfahrung und wissenschaftlichem Beweis untersuchen.

Nehmen wir an, Sie möchten einen eingefleischten Skeptiker davon überzeugen, dass Sie letzte Nacht wieder einmal Ihren physischen Körper verließen, in der Wohnung herumschwebten, Wände durchdrangen und Ihren schlafenden Körper unter sich liegen sahen - und dies alles *wach*bewusst. Na schön, sagt Ihr Zuhörer nachsichtig lächelnd, wer träumt nicht ab und zu vom Fliegen? Natürlich auch er selbst, und so ordnet er Ihr Erlebnis sofort in das eigene Erfahrungsmuster ein. Fertig.

Nein, sagen Sie, den Flug hätten Sie völlig realistisch erlebt, und er sei zudem von exotischen Empfindungen begleitet gewesen, für die es keine Entsprechung im normalen Wach- oder Traumerleben gebe. Also müsse es sich um etwas anderes, drittes, gehandelt haben.

Der Skeptiker lächelt noch immer und fragt Sie, ob Sie auf Ihren "Reisen" denn manchmal etwas sähen, das Sie nicht schon vorher kannten und das man später "verifizieren" könnte? Ja, durchaus, meinen Sie, nur stimmten diese Dinge anschließend nie ganz mit den außerkörperlich wahrgenommenen überein. Immerhin hätten Sie sie wiedererkannt.

Jetzt fühlt sich der Skeptiker in seinem Element und legt Ihnen die wichtigste Regel wissenschaftlicher Beweisführung dar, nach der ein richtiges experimentelles Ergebnis unter gleichen Bedingungen wiederholbar sein muss. Beispielsweise sollten zwei Beobachter unter gleichen Umständen das Gleiche sehen. Sie dagegen hätten schon allein nicht zweimal dasselbe beobachtet.

Zunächst sind Sie etwas irritiert. Dann aber beginnen Sie, an der Kompetenz Ihres Gesprächspartners zu zweifeln: Wie sollen denn auch nur *zwei* Menschen die "gleichen Bedingungen" bieten? Schließlich sieht auch bei Tag jeder etwas anderes. Und Sie allein befanden sich in jeweils unterschiedlichen Bewusstseinszuständen - einmal außerhalb und einmal innerhalb des Körpers.

Was machen Sie nun? Sie geben dem Skeptiker eine Anleitung zum Erreichen eigener außerkörperlicher Zustände. Er nimmt sie entgegen, übt wirklich recht ausdauernd - und erlebt nichts. Seine Erwartungen bestätigen sich. Und er ist empört, wenn Sie ihm sagen, dass er schon daran glauben müsse, damit es klappt. Immerhin sei es ein Gebot wissenschaftlichen Vorgehens, unvoreingenommen zu beobachten, "was ist". Dass seine Art der "Unvoreingenommenheit" auch auf bestimmten Annahmen beruht, merkt er nicht.

Denn seine Vorstellungen über die Realität werden von einer Vielzahl anderer Menschen *bestätigt*. Man hat eine nützliche Logik des Bezugs aufeinander konstruiert, und nur was dieser Logik folgt, besitzt genügend Existenzumfang, um als real zu gelten. Außerkörperliche Erfahrungen (ebenso wie das Leben über den Tod hinaus und die Reinkarnation) sind dann einfach überflüssig, ja widersinnig. Der Geist *kann* nur im Gehirn wohnen. Der Konsens über das Mögliche ist zustande gekommen, alles darüber Hinausgehende wird nun sogar aus der persönlichen Erfahrung ausgeblendet - der Skeptiker zensiert sich selbst.

Er bezweifelt zwar nicht die *subjektive* Wirklichkeit Ihrer Erlebnisse, doch seiner Ansicht nach haben sie keine objektive Bedeutung. "Träume sind Schäume." Gemäß den bisherigen Ausführungen freilich gibt es die "objektive Realität" nicht; sie ist eine Hilfskonstruktion, um individuelle Erfahrungen miteinander zu verflechten - zu kommunizieren - und daraus neue individuelle Erfahrungen zu gewinnen. Keine Logik kann sich selbst herleiten (Gödelscher Unvollständigkeitsbeweis!). Unsere kollektive Näherungswelt ist nur *eine* Realität, und die Kommunikation auf einer *bestimmten* Ebene kann nur einen *Teil* der ganzheitlichen Erfahrung jedes Individuums darstellen. Nicht allein, dass die gemeinsame Wirklichkeit auf lediglich *individuellen* Erfahrungen beruht: Es gibt auch noch ganz andere Möglichkeiten, miteinander zu kommunizieren.

Da keine Logik das Unendliche ausfüllt, muss sie immer Lücken enthalten, durch die sie über sich hinauswachsen kann. "Logische Konsistenz" stützt sich demnach auf das Ignorieren beziehungsweise "gesetzmäßige" Überspringen dieser Lücken - so wie unser Skeptiker einen wesentlichen Teil der erfahrbaren Realität durchfallen lässt. In jeder "abgeschlossenen" Theorie oder Wirklichkeitsauffassung wimmelt es von Unbekannten, die schnell zu Tage treten, wenn man die grundlegenden Annahmen weit genug hinterfragt. Warum ist das so? Und wie kommt dann das zustande? Kinder haben dieses *spielerische* Ergründen der "letzten" Ursachen noch nicht abgelegt. So sollte sich auch jeder zu bodenständige Wissenschaftler dieses Spiel von Zeit zu Zeit gönnen, um sich nicht im selbst gesponnenen Netz zu verfangen oder um die Grenzen der offiziellen Weltanschauung auszuloten.

Allein schon unsere *Möglichkeit*, über ein bestimmtes logisches System hinauszugehen (wie auch immer), muss in unserer eigenen tieferen Verbundenheit mit der Welt wurzeln, in einer umfassenderen Wirklichkeit. Eben dieser entspringen jene längst automatisierten Kommunikations- und Erfahrungsmuster, die wir scheinbar so schwer durchbrechen können. Doch wir beeinflussen sie weiter durch unser Verhalten: Mit unserem bewusst gewählten Aufmerksamkeitsfokus suggerieren wir gewollt oder ungewollt dem durch diese Linse schauenden Unterbewusstsein die zulässige Realitätsentfaltung. Springen wir also einmal über unseren Schatten, indem wir die Lichtquelle verschieben, mit der wir ihn erzeugen. Erweitern wir unsere Vorstellung von Logik! Die *Verbindung* zum alten (Welt-) Bild bleibt dabei allemal gewahrt; es genügt völlig, deren genaue Struktur *hinterher* zu entschlüsseln.

Angenommen unser Skeptiker hat diesen Ratschlag befolgt und schließlich selbst wachbewusste Erfahrungen losgelöst von seinem physischen Körper gemacht. Er weiß dann auch, dass sich dieser Zustand nicht mit gewöhnlichen Träumen oder unter Hypnose hervorgerufenen Erlebnissen gleichsetzen lässt. Er vermag zwar das Erlebte kaum in Worte zu fassen, aber er kann nun die ähnlichen Erfahrungen anderer als real akzeptieren. Und das am Morgen anhaltende unbeschreibliche Gefühl des Glücks und der Harmonie mit der Welt bestärkt ihn darin, auch denjenigen Menschen zu *vertrauen*, die sich an Zustände erinnern können, von deren Entdeckung er noch weit entfernt ist. Er wird sich gewahr, dass wir alle eine tiefe, nur individuell erfassbare Wahrheit teilen.

Braucht es dann noch Beweise? Ja, schon. Nur folgt deren Notwendigkeit jetzt nicht mehr aus primärem Misstrauen, weil sie sich nicht an einer einzigen für gültig erklärten Realität orientieren müssen. Wir können die individuelleren Aspekte fremder Erfahrungen *als in umfassendem Sinn bedeutsam respektieren* und, da wir nun offener sind, ähnliches selbst erleben. "Beweisen" heißt dann nur noch, die Erlebnisse anderer Menschen *bewusster* mit den eigenen *verknüpfen*. An die Stelle oberflächlicher Kommunikationsregeln als alleinigem Maßstab des Existenzumfangs ist ein breites und tiefes Empfinden des Realeren getreten, das aus der persönlichen Erfahrung - auch und gerade im Austausch mit anderen Individuen - gewonnen wurde.

Ein alltägliches Beispiel mag dies verdeutlichen: Während jeder halbwegs konstruktiven Diskussion versucht zunächst jede Seite die andere mit logischen Argumenten zu überzeugen. Zu einem gemeinsamen Schluss kommt man jedoch nur durch *Einsicht*. Manchmal stellt sie sich sogar kraft nachdrücklich (aber respektvoll) vorgebrachter Behauptungen ein. Diese *tiefere* Einsicht ist das Wahrheitskriterium, denn sie umfasst letztlich auch die vormaligen Ansichten als ihren *verzerrten* Ausdruck. Oder anders gesagt: Das *dynamische* Hin- und Her zwischen unterschiedlichen Wahrnehmungen kondensiert in einer *umfassender wirksamen* Tatsache.

Sie merken sicher, wie wir diesen Prozess intensivieren können: Indem wir uns, wie mehrfach geschildert, absichtlich in unsere "Gegenspieler" *hineinversetzen*, mit ihnen *vertraut* werden und uns von dieser Vertrautheit auf das ihr zugrunde liegende Niveau führen lassen. Von hier aus verflüchtigen sich die "unüberbrückbaren" Differenzen fast von allein. Durch eine neue Form der Kommunikation ist eine neue Wirklichkeit entstanden.

Noch immer freilich beschränkt sich der Existenzumfang der neuen Situation auf *ein* Individuum - wenn es auch die Standpunkte der anderen dynamisch *einschließt*. Um für alle Individuen selbst auf ihrer *oberflächlich-bewussten* Kommunikationsebene zu gelten, müssen diese einen analogen dynamischen Prozess vollziehen. Sie alle müssen ein Einsehen haben. Doch bereits unsere Einsicht allein wird die Diskussion entscheidend voranbringen.

Wenn in den folgenden beiden Kapiteln von Reinkarnation oder alternativen Realitäten die Rede ist, müssen wir uns daher auf die Erörterung der *logisch naheliegenden* Vorgänge beschränken. Die beweiskräftige Erfahrung der entsprechenden Wirklichkeiten muss jeder Leser selbst machen, indem er unvoreingenommen die Grenzen seiner bisherigen Wahrnehmung zu überschreiten sucht. Er kann aber auch im *Vertrauen* auf die Wirksamkeit der verborgenen Zusammenhänge seine gegenwärtige Realität zum Besseren wenden.

Die einfachste Methode, um die unbewusste Entfaltung der persönlichen Realität zu beeinflussen, besteht im Suggerieren erwünschter Glaubenssätze wie der anpassbaren Zauberformel des positiven Denkens "Mir geht es von Tag zu Tag immer besser und besser" oder der Überzeugung, immer über genügend Mittel zu verfügen. Je tiefer die Suggestionen reichen, desto dauerhafter, aber möglicherweise auch subtiler ist der Erfolg. Er muss sich nicht unmittelbar aufdrängen, sondern kann in Form neuer Sichtweisen und Gelegenheiten kommen.

Jede Wahrnehmung ist eine Suggestion: Unter Hypnose erinnern wir uns noch an längst Vergessenes und nie bewusst Registriertes, wie ernstzunehmende Untersuchungen zeigen[54], sogar an andere Leben. Das Unterbewusstsein erhält von der jeweils bewussten Ebene aus ständig Informationen und Impulse für seine verborgene Kommunikation und Aktivität, während wir die abgestimmten Rückwirkungen äußerst selten auf ihre wahren Ursachen zurückführen. Nichtsdestotrotz verändern sie unsere Wahrnehmung der Umgebung, das heißt die *weiteren* Suggestionen, und können uns so auch unversehens in lähmende Sackgassen führen. Seien Sie also vorsichtig mit den Sprüchen und psychischen Einstellungen, die Sie mit sich herumtragen! Zu leicht verfällt man einem suggestiven Teufelskreis und schiebt die Misere dann auf äußere Umstände. *Hinterfragen* Sie Ihre Denkgewohnheiten statt dessen immer, wenn Sie in der Klemme stecken - und verändern Sie diese bewusst! Sie haben stets eine Wahl!

Bereits indem Sie sich der suggestiven Wirkung ihrer Gedanken bewusst werden, beschneiden Sie deren heimliche Macht. Konzentrieren Sie sich auf die *Lösung* Ihrer Probleme, nicht auf deren Zementierung. Sagen Sie nicht: "Mir geht es schlecht." Der Satz ist völlig überflüssig. Man *spürt* förmlich, wie er den Elan aufsaugt. Anders wirkt statt dessen: "Um den unerwünschten Zustand zu verbessern, werde ich ..." oder "... wird sich ...". Diese Formulierung enthält keine negative Suggestion mehr, setzt sich aber dennoch mit der gegenwärtigen Situation auseinander: Sie weist in die

---

[54] Empfehlenswert wegen der unmissverständlichen Methode: Thorwald Dethleffsen, „Das Erlebnis der Wiedergeburt", C. Bertelsmann Verlag 1976.

richtige *Richtung.* (Es geht keineswegs darum, etwas offensichtlich Unangenehmes zu leugnen, sondern es aufzulösen.)

Nachteilig an dieser Methode ist immer noch, dass wir von unseren gegenwärtigen Realitätsvorstellungen ausgehen müssen, also gewissermaßen suggestiv vorbelastet sind. Daher ist es oft effektiver, seinen Geist frei zu machen und sich unterbewussten Einflüssen so weit wie möglich zu *öffnen.* So entdecken wir neue Beziehungen, lernen neue Standpunkte einzunehmen. Wir *spüren* unsere tieferen Motivationen, erkennen Glaubenssätze, die unsere Wahrnehmung verzerren und können diese leichter verändern. Die Erfahrung aufströmender Energie bringt uns dabei in bewussten Kontakt mit dem allem Bewusstsein innewohnenden Drang zur Erfüllung und konkreter mit unserer Wesenheit.

27. Die Gleichzeitigkeit allen Geschehens

Kommen wir nun zu unserer Wesenheit zurück. Sie ist unser tieferes *Wesen*, das sich wie unser bekanntes Ich durch bewusste Selbständigkeit und unteilbare Qualität beziehungsweise Individualität auszeichnet. Im Verhältnis zu ihrer Bedeutung weicht die Wesentlichkeit des Arztes aus Kapitel 3 in die peripheren Zonen unserer Realität zurück. Unser "Schicksal" liegt in *unserer* Hand. Wir entfalten uns einschließlich unseres kranken oder gesunden Körpers aus der eigenen Bewusstseinstiefe, aber dabei auch aus allem anderen Bewusstsein des Universums in ständiger Holobewegung. Diesen Prozess fortführend, produzieren wir unablässig Ableger von uns selbst. All das haben wir ausreichend begründet.

Aus dem geht allerdings auch hervor, dass sich die Geburt unserer Schößlinge - ob wir eine bestimmte Rolle übernehmen, Ideen in physische Formen gießen oder uns in andere Psychen prägen - größtenteils in Form eines *vorstrukturierten* Energieflusses aus dem Unterbewussten vollzieht. Unser bewusstes Entscheidungsvermögen allein wäre einer so komplexen Schöpfung nicht gewachsen. Während das Bewusstsein den energiegeladenen Strom der Ideen dennoch in gewissem Maße steuert, findet er eine vorläufige Gestalt, sobald er auf bereits existierende Strukturen trifft. Bestehende Näherungen, dynamisch vorwegnehmbare Formen und individuelle Entscheidungen vereinen sich zu einer veränderten Realität (Kapitel 25). Mit der Komplexität des Bewusstseins wächst sein Einfluss auf diesen Schöpfungsprozess, wird aber mit steigender Komplexität der Geschöpfe wieder relativiert.

Wenn wir unsere Ableger oder den Prozess ihrer Erschaffung bewusst wahrnehmen wollen, müssen sie beziehungsweise er in unsere bevorzugten Kommunikationsmuster passen (Kapitel 26)[55]. Zeichnen wir ein hübsches Porträt von unserem Partner, können alle Anwesenden den Entstehungsprozess unseres Bildes von ihm verfolgen. Verärgern wir ihn jedoch mit einer unbewussten Geste,

---

[55] Dies kann natürlich nie vollständig der Fall sein, da sich nicht nur der bewusste Ableger, sondern auch seine stets dynamische Herausbildung, wie beschrieben, ins Unterbewusste erstrecken.

spüren wir später die Folgen, ohne den Ursprung des *in ihm* veränderten Bildes *von uns* zu erkennen. Hat er die Geste vielleicht selbst nicht bewusst registriert, werden wir gleichwohl die Früchte ernten, da ein neuer Aspekt von uns unterschwellig in ihm weiterarbeitet. Letztlich ist es unausweichlich, dass wir viele selbständig agierende Ableger erzeugen, die in unserer bewussten Realität nicht auftauchen und die wir daher nicht mit ihrer verschlüsselten Wirkung in Zusammenhang bringen.

Mindestens die gleiche spontane Kreativität dürfen wir unserer - Raum und Zeit übersteigenden - Wesenheit zutrauen. Das heißt, sie wird nicht nur unser bekanntes Selbst erschaffen, sondern noch viele weitere Versionen, die jeweils andere latente Eigenschaften und Fähigkeiten unseres Wesens ausleben. Wo sind diese eigenwilligen Aspekte? Sie könnten sich zum einen in unserer bewussten Kommunikationsebene befinden, mit oder ohne dass wir uns über die Verwandtschaft mit ihnen im klaren sind (manche Freunde, "Feinde", Bekannte, möglicherweise auch das Haustier, in dem wir uns hin und wieder zu erkennen glauben). Andere werden vollständig unterbewusst bleiben und in eigenständigen Kommunikationsebenen so nachhaltig handeln wie wir in der unseren. Einige dieser Ebenen mögen sich in anderen Kulturen finden (*nicht unbedingt* in solchen, zu denen wir uns selbst hingezogen fühlen) und wieder andere völlig unbekannte Systeme bilden - für uns zugänglich oder nicht. Ein Teil der Ableger unserer Wesenheit dürfte - erweitert man das Muster unserer eigenen zeitlichen Veränderung - in der ferneren Vergangenheit und Zukunft angesiedelt sein, wo sie in den dortigen (beziehungsweise derzeitigen) Gesellschaften wirken. Schon für unsere bescheidene Phantasie bieten die mannigfaltigen geschichtlichen Schauplätze ein verlockendes Betätigungsfeld. Wie sollte es da einem multidimensional potenteren Bewusstsein anders gehen? Aus der Erfahrung mit seinen einander ergänzenden Versionen zieht es wie wir geistigen Gewinn. Reinkarnation ist lediglich ein weiterer Ausdruck seiner selbst in einer Vielzahl von flexiblen Beobachtungsstandpunkten.

Da all diese Sprösslinge Aspekte unseres tieferen Wesens verkörpern, bleiben sie mit uns enger verbunden, als wir es mit anderen

Individuen sind. Unsere Gedanken und Gefühle holen die von der Wesenheit ausgeschickten Selbst ein, während viele unserer Inspirationen auf jene Erfahrungen zurückgehen, die unsere "Brüder und Schwestern" in ihrem jeweils bevorzugten Kontext machen. Hat man sich einmal auf die Faszination dieses Wechselspiels eingelassen, möchte man die Gültigkeit seiner Harmonie und Schöpferkraft nicht mehr bestreiten.

Aber auch einander "fremde" Individuen kommunizieren über ihre Wesenheiten intensiver miteinander als auf der Ebene sich eher flüchtig wahrnehmender Ableger. Die tiefsten Kerne der fernsten Bewusstseine sind direkt miteinander verknüpft (Kapitel 22), und in umfassendstem Sinn hat jedes Individuum einen potentiellen Aspekt unserer selbst verwirklicht. (Letzteres können wir am authentischsten erfahren, wenn wir uns in diese Individuen hineinversetzen.) So stimmen wir uns nicht nur innerlich über dann äußerlich stattfindende Ereignisse ab (Kapitel 23), sondern erleben mit der Umwelt unsere *eigene* Individualität: Wir erkunden die Folgen unserer Entscheidungen als *all*umfassendes Individuum.

Unsere Wesenheit ist der stabilere Teil einer begrenzten, ihre Ableger einschließenden Gesamtheit; dennoch ist sie freier als jeder Sprössling. Sie schafft für sich, das *Zentrum*, die unterschiedlichsten Realitätsversionen.[56] Die Beständigkeit unserer äußeren Umgebung kann folglich nur zum Teil auf der Stabilität unseres Wesens beruhen. Zum anderen Teil wurde sie erst mit unserem Aspektbewusstsein geschaffen, welches sich in ihr entwickeln soll. Sein Spielraum wurde dazu aus vielen stabilisierenden Rückkoppelungen ausgegrenzt - im Gegensatz zu dem der Wesenheit, die diese Netze noch manipulieren *kann*. (Sie wird sich aber hüten, der Entwicklung ihres "Kindes" vorzugreifen.) Indessen übersteht die individuelle *Grundstimmung*, welche unser Leben durchzieht, sogar

---

[56] Das heißt, die Wesenheit übt ihre größere Freiheit dadurch aus, dass sie *im Gewahrsein ihrer selbst* (überdies eines *umfassenderen* Selbst) eine Vielfalt von Welten erlebt, in der sich ihre *beschränkteren* Ableger als solche verlieren würden. Die dem zugrunde liegende Tiefendynamik besprechen wir ausführlich im letzten Teil des Buches.

Katastrophen wie den Verlust von Heim und Familie. Aus ihr heraus werden wir auch unser neues Umfeld wählen.

Die Außenwelt bietet sich somit nicht *derart* widerstandsfähig dar, wie wir meinen; sie wird letztlich von *unserem* Geist erschaffen und nichts anderem (vergleiche Kapitel 26). Nach und nach muss die Entwicklung unseres Bewusstseins denn auch alle von uns - als vollständigem Individuum - hervorgebrachten Objekte erfassen, unser ganzes *Milieu*. Sie erfasst selbst dessen Existenz als kollektive Näherung, an der wir einen weit größeren Anteil haben, als uns bislang bewusst ist: Andere Individuen zehren von *all* unseren Taten, indem sie auch deren unterschwellige Auswirkungen einbeziehen und auf eigene Art kreativ umsetzen - so wie wir es umgekehrt in *unseren* Entscheidungen tun. Die schöpferische Entfaltung jedes allumfassenden Individuums ist ein gemeinschaftliches Unternehmen *aller* Individuen.

Unser Bewusstsein, unser tieferes Selbst und unser analog zur physischen Umgebung gebildeter Körper[57] filtern und verzerren die aus der inneren und äußeren Realität einströmenden Informationen durch individuelle Wahrnehmungsraster. Derart persönlich und fernerhin kollektiv ausgewählte Erfahrungen stellen, wie wir im letzten Kapitel verstanden haben, die weiteren Alternativen und suggerieren wiederum unser Unterbewusstsein. Die bewusst und unbewusst geschaffene Realität wirkt also in mehrfacher Hinsicht strukturierend auf das über sie hinaus zu Erschaffende. So entsteht auch unsere Wahrnehmung eines zeitlichen Ablaufs.

Lineares Fortschreiten von der Vergangenheit in die Zukunft ist mit einem holistischen Universum, in dem alles mit allem letztlich *direkt* verbunden ist, höchstens als beschränkt aussagefähige Zerlegung des Gesamtzusammenhangs vereinbar. Das heißt, auf tieferer Ebene müssen Vergangenheit und Zukunft *nichtzeitlich* zusammenhängen. Wir nehmen ohnehin nur die Gegenwart wahr. Das "Vergangene" und "Zukünftige" ist in dieser enthalten: Es wird *gegen-*

---

[57] Genaueres hierzu siehe: Jane Roberts, "Die Natur der persönlichen Realität", Ariston 1985, Seite 427.

wärtig wahrgenommen und aus dieser Gegenwart beiderseitig her-ausprojiziert - zu einer Strecke der Entwicklung. Selbst wenn wir dem Vergangenen eine "objektive" Realität zugestehen, welche die unsere beeinflusst (hat), müssen wir einräumen, dass es *jetzt* nur noch in seiner *gegenwärtigen* Existenzform lebt. Dennoch möchte ich Vergangenheit und Zukunft keineswegs auf die Gegenwart reduzieren.

Jeder Ableger unserer Wesenheit und jedes von uns projizierte Bewusstsein handelt nach allem bisher Gesagten selbständig. Alle verfügen über freien Willen. Also auch diejenigen, die wir als vergangen oder zukünftig betrachten. Jedes Selbst entscheidet in *seiner* Gegenwart, welche Vergangenheit und Zukunft es bewusst einbeziehen will, was existieren soll. Es projiziert seine eigene zeitliche Umgebung. Passt beispielsweise unser Lebenslauf nicht mehr in unsere gegenwärtige Weltsicht, verändern wir ihn: Wir verdrängen die verpatzte Aufnahmeprüfung und die enttäuschte Liebe aus dem Gedächtnis, arrangieren die "Tatsachen" neu und sehen unseren künftigen Erfolg voraus. *Dieser neue Lebenslauf* zirkuliert nun in unserem Bewusstsein und beeinflusst unsere Entscheidungen. *Er* ist am realsten - nicht der vergessene.

Plötzlich aber stolpern wir über einen Haken: Beim Entrümpeln fällt uns unser altes Tagebuch in die Hände! Wir lesen über unsere damalige Verzweiflung, unser verlorenes Glück. Auf einmal sind wir nicht mehr der Überflieger, für den wir uns gerade noch gehalten haben, sondern ein kleines Häuflein Elend, das erkennen muss, wie viel es unwiderruflich verpasst hat. Wie lange werden wir uns davon beeindrucken lassen? Sind wir das wirklich in diesem Buch? Oder schreibt dort vielmehr eine recht fremd gewordene Version unseres Selbst, ein anderer, aber mit uns *assoziierter* Ableger unserer Wesenheit, dessen Schicksal uns jetzt berührt? Wo ist dagegen der Held, den wir eben noch in unserer Vergangenheit sahen?

Wir beginnen in einem größeren Rahmen zu denken und fragen uns, wie real eigentlich jene Vergangenheit ist, über die wir in den Geschichtsbüchern lesen. Wir können unseren Großvater fragen, wie es damals gewesen ist, doch er wird uns nur seine *gegenwärtige* Version erzählen. Wir können viele Großväter und Großmütter fragen, und sie alle werden ihre *gegenwärtige* Vorstellung von der Vergangenheit präsentieren. Einer von ihnen ist jedoch zufällig der Autor unseres Geschichtsbuches. "Worauf gründen sich die Tatsachen, über die Sie schreiben?" fragen wir ihn. Ja, er habe andere Experten gefragt und deren Funde untersucht. Einige Male war er sogar an archäologischen Ausgrabungen beteiligt. Schließlich habe man debattiert, konferiert und korrespondiert, solange bis man sich auf eine gültige Deutung (!) der Relikte und Überlieferungen *einigen* konnte. Diese wurde dann aufgeschrieben und wird seitdem an allen Schulen gelehrt.

'Aha', denken wir im Stillen, 'das ist wie mit unserem Tagebuch: Wir können an die im wahrsten Sinn des Wortes *festgeschriebene* Vergangenheit glauben - diese zu unserer eigenen *erwählen* - oder an diejenige, welche mehr unserer gegenwärtigen Situation entspricht, da sie aus dieser *erschaffen* wurde. Hat es nicht letztere Vergangenheit wirklich gegeben, gültig für den, der sie *heranzieht*, der sie aus der Vielfalt der Möglichkeiten *hervorhebt*?' Wir drängen dem älteren Herrn unsere Ansicht nicht auf, sondern zielen in eine andere Richtung: "Was wenn plötzlich Überreste gefunden werden, die nicht in das bisherige Bild passen?" - "Tja, dann werden wir die Bücher möglicherweise korrigieren müssen" stellt er sachlich fest.

Beeindruckt von dieser geistigen Flexibilität verlassen wir unseren Gesprächspartner und machen uns nachdenklich auf den Heimweg. Unterwegs gewahren wir eine halb in der Erde steckende Münze. Wir heben sie auf - und was ein Wunder: Es ist ein florentinischer Gulden aus dem 12. Jahrhundert! Wie den alle Spaziergänger vor uns übersehen konnten? Zu Hause schlagen wir in unserem Geschichtsbuch nach und lesen zu unserem wachsenden Erstaunen, dass diese Münzen erstmals im *13.* Jahrhundert geprägt wurden! Hat sich etwa gerade die Vergangenheit geändert? Oder müssen wir nur unsere bisherige Vorstellung von ihr aufgeben? Und wo ist da im Grunde der Unterschied?

Natürlich gibt es einen Unterschied. Aber nicht zwischen *der* Vergangenheit und unserer Vorstellung von ihr, sondern zwischen Vergangenheiten, mit denen wir auf unterschiedlichen Ebenen kommunizieren. Hinsichtlich unseres veränderten Selbst ist das noch relativ leicht einzusehen: Wir waren tatsächlich nicht der "Verlierer" in unserem Tagebuch. Mit diesem identifizieren wir uns nur oberflächlich. Tiefer und beständiger wirkt in uns ein früheres Selbst, welches *jetzt* unsere Vergangenheit gestaltet. Dieses trat vielleicht gar nicht zur Prüfung an, und jene Liebe empfand es eher als Zuneigung. Unser gegenwärtiges Selbst prägt seine frühere Version genauso, wie es von ihr beeinflusst wird. Der zeitliche Abstand ist nebensächlich für diese Wechselwirkung; sogar in Bezug auf deren Intensität, denn einstige Geschehnisse, an denen wir emotional stark beteiligt waren, sind uns noch immer viel gegenwärtiger als beispielsweise der gestrige Toilettenbesuch. Offenbar bestehen viel bedeutendere und direktere Verknüpfungen zwischen unterschiedlichen Bewusstseinen als nur über ihre zeitliche Aufeinanderfolge.

Hinsichtlich hypnotischer Rückführungen in frühere Leben wird indes häufig bemängelt, dass die geschilderten Erlebnisse in auffällig enger Beziehung zu den gegenwärtigen Problemen des Individuums stehen - so als würde es diese Erlebnisse erst jetzt konstruieren. Im Grunde tut es das ja! Nur sollte man daraus nicht den voreiligen Schluss ziehen, dass dem früheren Leben geringere Realität zukäme als dem gegenwärtigen. Jenes Selbst in historischer Umgebung existiert tatsächlich - als selbständiger Ableger seiner Wesenheit in einer anderen Zeit. Wir können uns in jene Zeit und jenes Selbst hineinversetzen und *daraufhin* deren Realität unmittelbar *erfahren*. Dass beides in Bezug zur Gegenwart steht, dürfte nach dem bisherigen nicht mehr verwundern. Ohne in der Zeit nur einen Schritt vorwärts zu gehen, verändert sich das frühere Selbst einschließlich seiner Umgebung laufend - eben auch abhängig davon, was sein gegenwärtiger Verwandter unternimmt. Die gemeinsame Wesenheit ist sowohl der Begründer als auch der vorrangige Vermittler ihrer unterschiedlichen, doch aufeinander abgestimmten Erfahrungen.

Wir können freilich nicht erwarten, diese Erfahrungen "objektiv" zu bestätigen, wenn wir uns *kollektiv* schon auf eine andere Vergangenheit geeinigt haben. Ebenso wird der in Hypnose Rückgeführte beim zweiten Mal auf die bereits nacherlebte Inkarnation fixiert sein. Uns begegnet nur, was wir erwarten wollen! Überreste früherer Zivilisationen - wie unsere Münze aus dem 12. Jahrhundert - werden wir daher erst "finden" (besser: erschaffen), wenn wir dafür offen oder *neugierig* genug sind. Erst dann werden wir ihre Vergangenheit in dem Maße realisieren, dass physische Relikte in unserer Gegenwart auftauchen können.

Unser Wesen reicht weit ins Unterbewusste, und so muss uns der Einfluss unserer anderen, über die Zeit verteilten Selbst nicht bewusst sein. Auch können unsere gegenwärtigen Erfahrungen die ihren längst verändert haben, während wir uns *bewusst* noch an eine theoretische Version der Vergangenheit klammern. Diese meist kollektive Geschichtsauffassung mit der wir uns anzufreunden suchen (allenfalls eine *Näherung* unserer individuellen), mag unsere tiefer wirksame Vergangenheit ebenfalls bis zu einem gewissen Grad beeinflussen. Da erstere aber viel einseitiger ist als das multidimensionale Netzwerk der letzteren, folgt sie schließlich doch dem weitsichtigeren Unterbewusstsein: Wir modifizieren unsere offizielle Sicht "der" Geschichte.

Das erklärt auch, warum eine tiefsitzende Beziehung zu einem früheren Erlebnis nicht ohne Weiteres - ohne gründliche Aufarbeitung - gelöst werden kann. Und aus dem gleichen Grund konstruieren wir unter fachgerechter Hypnose nicht x-beliebige Inkarnationen, sondern geraten *unwillkürlich* in solche mit einem umfassenden Bezug zu unserer Individualität. Der zutage geförderten Vergangenheit kommt insofern - in einem *innerlich* kollektiven Sinn - durchaus größere Realität zu als unserer Auffassung von ihr. Mein Vorschlag an den Psychotherapeuten, welcher die objektive Gültigkeit anderer Inkarnationen bezweifelt, wäre deshalb, sich anhand minimaler Anhaltspunkte in die frühere Welt seiner Versuchsperson zu versetzen. Findet er eine ähnliche Realität vor, wie sie die Versuchsperson dort erlebt hat, kann dies als Indiz für einen größeren, selbst das Unterbewusstsein des Therapeuten einschließenden

Existenzumfang jener Welt gelten.[58]

Die Zukunft scheint dagegen noch weniger festgelegt zu sein als die Vergangenheit. Wir können bestimmte Möglichkeiten (!) durch unser gegenwärtiges Verhalten bevorzugen und andere fallen lassen, ohne dass dies unseren *anerkannten* Regeln widerspricht. Doch auch hier ist unser Potential einerseits größer, als unsere verhärtete Kausallogik zulässt, während wir andererseits von künftigen Realitäten (!) geleitet werden. Einerseits können wir das Unterbewusste willentlich beeinflussen und dadurch die künftige Entfaltung der äußeren Wirklichkeit (Kapitel 25, 26). Andererseits handeln wir oftmals aufgrund einer Vorahnung künftigen Geschehens - und zwar nicht nur indem wir das Flugzeug meiden, welches anschließend abstürzt. Achten Sie einmal darauf, ob Sie wirklich von so vielen Vorkommnissen überrascht werden oder ob Sie nicht deren Nähe schon vorher gespürt oder geträumt haben. Sicher trifft Sie manches auch völlig unerwartet, besonders wenn eine Vorahnung unbewusst verleugnet wurde. Eher aber werden Sie ein vorausgeahntes Ereignis mehr oder weniger bewusst *akzeptieren*, worauf es eintritt, und manchmal werden Sie es ablehnen, worauf es *nicht* eintritt. Sie treffen die Wahl!

Unser zukünftiges Selbst verändert sich dadurch ebenso wie unser vergangenes, während es unsere gegenwärtigen Entscheidungen mit neuen Botschaften, die wir intuitiv oder im Traum empfangen, unterstützt. Wir machen uns zum Beispiel intensiv und ohne vorweggenommene Zweifel klar, wer wir in zehn Jahren sein werden, und *jenes Selbst*, das sich in der künftigen Situation erlebt, antwortet daraufhin mit Reue oder Befriedigung über seine "damalige" Entscheidung. Diesen Impuls können wir *jetzt* wiederum annehmen oder ablehnen, in jedem Fall aber bietet er uns eine wichtige Orientierungshilfe. Wir sind mit früheren und späteren Wirk-

---

[58] Obwohl sich der Therapeut auf ein festgeschriebenes Ziel ausrichtet, erfordert der Versuch (wie jedes Hineinversetzen) ein hohes Maß an Unvoreingenommenheit. Sollte er dennoch fehlschlagen, könnte es daran liegen, dass der Therapeut eine innere Abneigung gegen die angepeilte Realität empfindet. Er muss ja in ihr einen eigenen, zumindest lose mit ihm verbundenen Ableger akzeptieren, sozusagen einen entfernten Verwandten mit der Versuchsperson. Gleichwohl ist der Zweck des Experimentes erfüllt, wenn es in *einigen* Fällen gelingt.

lichkeiten bewusst und unterbewusst auf eine Weise verbunden, welche die zeitliche Reihenfolge zur sekundären Erscheinungsform einer *Wechsel*wirkung degradiert.[59] Seth: "Der Kraftpunkt liegt in der Gegenwart."[60] Über diesen verändern wir individuell und kollektiv unsere ganze zeitliche Umgebung.

Doch wo bleiben jene Selbst und jene Realitäten, die wir zwar kennen, in die wir uns auch tiefer hineinversetzen können, deren Ausdruck *durch uns* wir aber abgelehnt haben? In der Frage liegt schon die Antwort: Sie bleiben unterschwellig so real, wie uns ihre bevorzugte Version bewusst ist. Ja, wir kreieren zusammen mit unserer Wesenheit ständig weitere Ableger und Realitäten, dynamisch nachweisbar, mit unserem aktuellen Selbst jedoch nur locker, oft "traumhaft", verbunden. Entsprechend unserer multidimensionalen Ausdehnung reicht die Entwicklung unserer Individualität viel tiefer als die physikalische Zeit. Sie erfasst nicht nur unser gegenwärtiges Bewusstsein, sondern alle mit uns verknüpften Aspekte unseres Selbst, unserer Wesenheit und noch tieferen Bewusstseins.

---

[59] Wissen Sie noch? Die Erkenntnis der Ursache ist die Wirkung dessen, dass wir auch ihre Folgen wahrnehmen (Kapitel 3). Innerhalb eines multidimensionalen Bewusstseinskomplexes käme es willkürlicher Einschränkung gleich, eine augenscheinliche Einwirkung aus dem wechselseitigen Gesamtzusammenhang der Akteure herauszulösen, anstatt sie aus diesem heraus zu begreifen.
[60] Jane Roberts, "Die Natur der persönlichen Realität", Ariston 1985, Seite 427

28. Im Spiel mit Wahrscheinlichkeiten

Was zwingt uns zu wählen? Können wir nicht *allen* sich spontan bietenden Möglichkeiten nachgehen, sie alle *zugleich* realisieren? Der Jäger an der Gabelung hat schon gemerkt, dass er im Hubschrauber beiden Fährten gleichzeitig folgen kann. Doch dies ist etwas *anderes*, als den Wilderern am Boden nachzuhecheln. Um wirklich *alle* Wege einzuschlagen, müsste sich der Jäger "teilen". Er müsste drei Ableger von sich erschaffen, deren Ursprungs- beziehungsweise Gesamtselbst er bildet. Die drei Ableger brauchen nicht unbedingt so vielseitig wie ihr Schöpfer zu sein; es genügt, wenn sie ihrer Jagdaufgabe nachgehen und mit dem Gesamtselbst "Funkkontakt" halten. Aber sie müssten sich immer wieder aufspalten, um keine sich bietende Chance auszulassen. Und angesichts der mit jeder weiteren Gabelung explodierenden Anzahl von Möglichkeiten wäre das Differenzierungsvermögen des Gesamtselbst schnell überfordert.

Grundsätzlich ist auch das kein Problem, könnte das Gesamtselbst sich doch in jedes seiner "Kinder" hineinversetzen, dessen Standpunkt eine Weile nachempfinden und anschließend zum nächsten wechseln - auch zeitlich rückwärts. Doch niemals wären ihm alle Standpunkte *zugleich* bewusst. Genau deshalb ist es gezwungen, jeweils einen *auszuwählen*. Übt es seine dynamische Freiheit nicht aus, wird es den anderen Wegen nur unterschwellig noch ein Stück folgen und sie dann vollends vergessen. Es ist *selbst* zum Ableger einer nunmehr unterbewussten Ganzheit geworden.

Mehrere wahrscheinliche (das heißt dynamisch zumindest im Ansatz erfahrene) Wege verkörpern also unterschiedliche Möglichkeiten der *Selbstbeschränkung*. Indem wir einen von ihnen "endgültig" einschlagen, fokussieren wir unser Bewusstsein auf ihn und entfernen uns vom Bewusstsein des vormaligen Potentials. Wir wollen *eine* der wahrscheinlichen Realitäten und das in ihr kondensierende Selbst weiterverfolgen. Dies ist freilich nur sinnvoll, wenn das Gesamtselbst und damit auch die *nicht* gewählten Ableger erhalten bleiben, wenn sie letztlich zu unserer Gesamterfahrung beitragen (so wie wir zu ihren). Einmal bewusst gemacht, *können* wir sie gar nicht auslöschen, sondern allenfalls *verbergen*.[61] Das Bewusstsein jeder Alternative agiert selbständig weiter: Merken wir, dass wir uns auf der falschen Fährte befinden, gehen wir zurück oder versetzen uns über eine Abkürzung in die andere. Sie steht noch eine Weile zur Verfügung. Einer der übrigen Ableger ist ihr gefolgt und hat uns eventuell jenen Impuls zukommen lassen, der uns zu der Gewissheit führt, auf dem Holzweg zu sein.

Daraufhin *entscheiden* wir uns jetzt wieder für diese andere - nach unseren bisherigen Abenteuern nur noch *ähnliche* - Alternative, während wir immer noch einen unterschwelligen Ableger der falschen Fährte nachschicken. (*Vielleicht* ist sie ja doch richtig, da wir auf ihr der Liebe unseres Lebens begegnen!) Wir haben letztendlich unsere gegenwärtige Realität(serfahrung) mit jener kombiniert, welche sich für uns unterbewusst weiterentwickelt hat.

Von solch einer Kombination sagten wir früher (in Kapitel 19), dass sie neu sei, im Gegensatz zu einem unterbewusst schon existierenden Standpunkt wie dem des anderen Ablegers. Aber jetzt müssen wir zugeben, dass auch ihr schon eine wahrscheinliche Realität zukam, sogar als der Jäger noch weit von der Gabelung entfernt war. Möglicherweise hatte er sich in seine Zukunft versetzt, die gleichen Impulse aufgefangen, woraufhin er eben jene kombinierte Wahrscheinlichkeit wählte. In der Unendlichkeit des Universalkontinuums hat *jede* Möglichkeit Platz. Und jede Wahrscheinlichkeit ist ein Gemisch aus vielen anderen - einige bewusst und die meisten unterbewusst. Wie kann also irgendeine Realität wirklich neu sein? Wie ist Kreativität möglich, wenn wir bloß wählen können, was sowieso schon irgendwo existiert?

Diese Argumentation ist natürlich genausowenig originell. Denn dass das Universalkontinuum alles enthält, wissen wir schon lange. Nur: Schlimmstenfalls müssen wir auf eine Realisierung unendlich lange warten. Andererseits dürfen wir bei der Wahl eines sofort einnehmbaren Standpunktes dessen Zusammenhang mit allen ferneren nicht vergessen.

---

[61] Mehr dazu in Kapitel 35. Außerdem muss das *neue* Potential eines Ablegers natürlich nicht kleiner sein als das seines Schöpfers. Das ist es lediglich im Rahmen der *alten* Möglichkeiten.

Eine Wahl bedeutet eben keine unwiderrufliche Teilung des Universums, sondern eine *Umverteilung* von Wahrscheinlichkeiten, die weiterhin aufeinander einwirken. Wenn der Wählende seine individuelle Realität verändert (wie auch immer), wirkt sich das bis in die Unendlichkeit seiner Bewusstseinshierarchie aus, welche sich in alle anderen Individuen erstreckt. Somit ruft seine Entscheidung auch in diesen eine veränderte Gewichtung der Möglichkeiten hervor - wiederum bis ins Unendliche. Es wird nicht nur *ein* neues Selbst geschaffen, sondern es werden *alle* Individuen neu kreiert, einzigartige Kompositionen des Bewusstseins, von denen jede das ganze Universum auf neue Weise erfasst und von allen anderen Individuen auf neue Weise erfasst wird. Alle enthalten jetzt etwas, das vorher unendlich fern war, das *niemand* kennen konnte, und entbehren etwas anderes, das ins Unendliche verschoben wurde. Deren beider - vormals beziehungsweise derzeit - "unwirksamer" Abstand garantiert die umfassende Neuheit *jeder* gewählten Gegenwart, bezeugt von jedem Geschöpf im All.

Sogar falls wir zugestehen, dass sich der Jäger *genau* in die Situation versetzen kann, für die er sich später entschieden hätte (was eine begründete Vermutung bleibt, da er nicht mehr in der Lage wäre, das zu bestätigen), könnte er niemals behaupten, auch die *unterbewusste* Unendlichkeit des Zielbewusstseins erfasst zu haben. Das gleiche (genaugenommen ein mit diesem konvergierendes) Bewusstsein kann auf einem anderen Unterbewusstsein beruhen, welches sich schon mit dem nächsten Impuls zu erkennen gibt. Der Jäger müsste die gesamte unendliche (!) Entwicklung dieses Bewusstseins vorwegnehmen, was offenbar unmöglich ist. Er kann nichts mit Sicherheit zum zweiten Mal wählen.

Dennoch werden wir im vierten Teil "Gott" diese Fähigkeit zubilligen müssen und die umfassende Kreativität auf eine noch breitere Basis stellen.

So wie sich der Jäger für einen bestimmten Weg (seiner weiteren Entwicklung) entscheidet, wählen wir mehr oder weniger bewusst bestimmte Fähigkeiten und Charaktereigenschaften aus dem Pool unserer Anlagen, um sie zu kultivieren. Unser Gesamtselbst setzt sich aus vielen Teilaspekten zusammen, von denen einige vorrangig und andere unterschwellig agieren. Wir können den Forscher, Lehrer, Heiler, Künstler oder Organisator beziehungsweise den Eigenbrötler, Rebellen, Herrscher oder Untertan in uns bevorzugen und einige von diesen wahrscheinlichen Selbst abwechselnd oder zugleich. Eine solche Wahl treffen wir nicht nur einmal und nicht ausschließlich wenn wir wach sind. Im Traum probieren wir Rollen und Entwicklungen, tauschen uns mit unterdrückten Persönlichkeitsaspekten aus, kommunizieren mit selbständigen Abbildern anderer Individuen, wie auch mit anderswo inkarnierten Ablegern unserer Wesenheit, bis uns schließlich eine Version das Gefühl vermittelt, richtig zu liegen.[62] Wir nutzen den dynamisch flexibleren Bewusstseinszustand, seinen intuitiven Überblick, seine größere Sensibilität und Freiheit, um die geeignetste Wachrealität zu finden - nicht allein im Sinn des auf diese fixierten Egos, sondern auch jener anderen Aspekte unserer und weiterer Wesenheiten. Im Wachzustand akzeptieren wir dann den neuen Impuls oder sträuben uns bewusst gegen unser besseres Wissen. Indem wir das Wachbewusstsein mit in den Schlaf nehmen, können wir aber lernen, es an dem größeren Potential des Unterbewusstseins teilhaben zu lassen und die Wachwirklichkeit stärker mit dem in ihr zuständigen Bewusstseinsfokus zu bestimmen.

Ob mehr oder weniger wach: Die individuell *gewählten* Wahrscheinlichkeiten verknüpfen sich zu einer kollektiven Realität, in der wir uns anschließend wiederfinden. Gemäß unseren vorangegangenen Überlegungen muss es also noch andere wahrscheinliche Zivilisationen geben - gegenwärtige, vergangene und zukünftige -, die parallel zu der unseren existieren und mit uns unterschwellig interagieren. Wir mögen in eine solche hineinwachsen oder uns von ihr entfernen; in jedem Fall sind wir entscheidend an der Kreation unserer Welt beteiligt.

---

[62] Eine solche Entscheidung erscheint vielleicht weniger bewusst, mehr wie ein *Treibenlassen*. Manchmal mag das so sein - *Möglichkeiten* verpflichten nicht zu ihrer Nutzung. Doch sollten wir das Traumdenken nicht allein nach seinem mühsameren Äquivalent im Wachzustand beurteilen. In der Komplexität des Traumgeschehens vollziehen sich Rückkoppelungen und deren Auflösung so leicht, dass sie unserer *nachträglichen* Analyse meist entgehen.

Untersuchen wir diese Teilnahme etwas genauer: Die von uns getroffenen Entscheidungen wirken in anderen Individuen, doch inwieweit sie *deren* Realität umstrukturieren, hängt auch von *deren* Entscheidungen ab. Das bedeutet, jedes von zwei kommunizierenden Individuen kann sich für eine Welt entscheiden, in der das andere *so* vorkommt, wie es in *dessen* vorrangiger Wirklichkeit *nicht* ist. Entscheiden Sie sich dafür, Ihren Gegner zu besiegen, wird dies geschehen. Gleichwohl kann er sich ebenfalls für seinen Sieg entscheiden - und wird ihn erleben. In *Ihrer* gewählten Realität hat er hingegen eingewilligt zu verlieren - und Sie in der seinen. In einem Universum infinitesimalstrukturiert verflochtener Wahlvorgänge, das keine Existenzform ausschließt, wird jede Möglichkeit realisiert. Die Wahrscheinlichkeit Ihrer Niederlage bleibt unterbewusst am Wirken, genauso wie in *dieser* die Wahrscheinlichkeit Ihres Sieges. Beide besitzen größeren Existenzumfang als die Illusion *eines* Individuums.

Eine Wahl besteht, wie schon erklärt, in der Entscheidung für eine bestimmte *Hierarchie* von Wahrscheinlichkeiten; wir wählen den *Gipfel* des Berges und damit die für uns gültige Rangfolge der anderen existierenden Möglichkeiten. In dieser offenen Hierarchie finden wir jede Realität; manche allerdings erst in unendlicher Entfernung.

Dasselbe gilt kollektiv. Und hierin liegt unsere größte Chance! Es ist nicht nötig, gegen alle anderen Individuen anzukämpfen - die ersehnte Gemeinschaft ist bereits da, sie ist meist sogar in der Nähe: In einer unterbewussten Welt haben sich alle für sie entschieden. Es genügt also völlig, wenn wir uns *persönlich* dieser Realität anschließen, um sie *für uns* zur vorrangigen zu machen. Wir werden sie erfahren, sobald *wir* es wollen! Wenn wir in einer sauberen Umwelt leben möchten, *entscheiden* wir uns für eine solche, *handeln* in diesem Sinn und sind *gewiss*, dass alle anderen mit uns einverstanden sind. Wenn wir aber mit uns selbst nicht im Reinen sind, *unter welchen Bedingungen* wir diese Realität zulassen wollen, dann werden wir sie nicht erleben.

Wir wählen demnach in jedem Moment unseres Lebens unsere gesamte Wirklichkeit. Wir agieren aber auch in einem infinitesimalstrukturierten Netz unterschiedlichster Wahrscheinlichkeiten, Impulse und Glaubensvorstellungen, die bereits eine Rangfolge der verfügbaren Möglichkeiten vorgeben. Das Unterbewusste hat vorsortiert, so dass uns bestimmte Entscheidungen leichter fallen als andere.

Im Weiteren hängt der Rang einer wahrscheinlichen Realität davon ab, wie viel Energie wir in sie investieren. Psychisch drückt sich diese Energie emotional aus und wächst allgemein vor wichtigen Entscheidungen. Auch wenn wir uns endlich für den Werdegang eines Übersetzers anstatt für den eines Buchhalters entschieden haben, kann uns mit letzterem noch vieles verbinden. Sobald die Intensität dieser Beziehung ansteigt - sprich: wir mehr von unserer ausgefeilten Buchführung gefesselt sind als von den abzurechnenden Übersetzungsaufträgen - tritt unser Alter Ego wieder nachdrücklich ins Bewusstsein. Wir müssen wahrscheinlich unter den gegenwärtigen Umständen noch einmal wählen.

Natürlich ist solch eine erneute Wahl innerhalb des gleichen kollektiven Bezugsrahmens nicht immer und ewig möglich, aber in einem *größeren* Rahmen zu *jeder* Zeit. Sie wirkt dabei auf die ganze Sphäre der Wahrscheinlichkeiten, einschließlich der von uns erlebten Gemeinschaft. Seth empfiehlt folgende Methode zur umfassenden Realitätsveränderung:

"Nehmen wir an, ein bestimmtes Ereignis habe euch zutiefst verstört. Dann solltet ihr es euch nicht einfach ungeschehen denken, sondern es in eurer Vorstellung durch ein Ereignis positiver Art ersetzen. Dies muss jedoch mit großer Lebhaftigkeit und gefühlsmäßiger Beteiligung und viele Male geschehen. Es ist kein Selbstbetrug. Das von euch gewählte Ereignis wird nämlich automatisch zum wahrscheinlichen Ereignis, das tatsächlich eintrat, obgleich es nicht dasjenige ist, das ihr in eurer damaligen Vergangenheit habt wahrnehmen wollen.

Wird diese Technik richtig angewandt, dann wird sich eure Vorstellung auf telepathischem Wege auch den Menschen mitteilen, die mit dem ursprünglichen Ereignis zu tun hatten. Es steht ihnen allerdings frei, ob sie eure Version annehmen oder zurückweisen wollen."[63]

Wir schaffen *mit* ihnen eine andere bewusste *und* unterbewusste Realität, ein neues umfassendes Wahrscheinlichkeitsgefüge, in welchem der Buchhalter stärker gefragt und anerkannt ist als der Übersetzer.

Fühlen wir uns nicht durch vergangene Ereignisse verstört, können wir die gleiche Methode ausschließlich auf die Zukunft anwenden: Wir stellen uns immer wieder plastisch das wahrscheinliche, mit unseren tiefen Impulsen übereinstimmende Selbst vor, welches wir sein wollen (einschließlich seiner Gefühle), und wir werden uns zu diesem entwickeln - zusammen mit allen nötigen "Randbedingungen".

Wir brachten ein bestimmtes Bewusstsein aus unserer Wesenheit hervor, um *deren* Individualität zu vervollkommnen, *unser* Wesen. Von daher erwächst uns vor allem die Aufgabe, unsere relativ stabilen, *unbewusst* wirksamen Qualitäten auszubilden.

Während wir die Umwelt bewusst manipulieren, probieren wir zugleich verschiedene Spielarten des unbewusst projizierenden Ausdrucks: Entsprechend unseren tiefen Überzeugungen und Grundstimmungen erfahren wir die eine oder andere Wirklichkeit. Verändern wir unsere Einstellung, wandelt sich auch die aus ihr geborene Realität. Aber erst wenn wir im Einklang mit unserer ureigenen Kreativität und ihren Produkten leben, drücken wir unser Wesen weitgehend unverzerrt aus, *bereichern* es im besten Sinn durch unser Selbst und unser spezifisches Bewusstsein. Je bewusster wir diese innere, auf das Äußere übergreifende Harmonie suchen, desto schneller werden wir unserer selbst gestellten Aufgabe gerecht. Die sich daraufhin entfaltende Realität wird die Harmonie höheren Bewusstseins in unserer eigenen Welt verwirklichen.

Insgesamt geht es darum, diese Harmonie *aus jeder konkreten Situation* entstehen zu lassen und alle Entwicklungsstufen in einer höheren Harmonie zu vereinen. Denn mit jeder Station unseres Weges manifestiert sich ein Stück von einem umfassenderen dyna-

---

[63] Jane Roberts, "Gespräche mit Seth", Goldmann 1992, Seite 267

mischen Bewusstseinskomplex, der diese lokal fokussierten Aspekte *als solche* aufnimmt. *Wir selbst* entwickeln uns zu jenem Komplex, zu einer Wesenheit von eben der Art wie die, aus der wir entsprungen sind und noch immer entspringen. Andernfalls begänne die Entwicklung zu stagnieren und würde sich in einem offenen, allzusammenhängenden Universum schließlich anderswo fortsetzen. Die unendlich dichte Verflechtung allumfassender Individuen (!) jedes Niveaus ist ein unendlich fernes Ideal, doch eine stets erkennbare Orientierung für das begrenzte Bewusstsein. Der *Weg dorthin* ist das Ziel, das heißt, wir *sind* bereits angekommen, wenn wir uns in *diesem* Sinn auf die *gegenwärtige Veränderung* konzentrieren.

Wir genießen dabei in jedem Moment nicht nur die Unterstützung höherer Wesenheiten, sondern aller bewussten und unterbewussten Individuen - sogar wenn es auf den ersten Blick nicht so scheint. Wir sind nicht isoliert, wenn wir uns nicht selber abschotten. Wenn wir danach suchen, finden wir in uns immer Impulse, die in Richtung unserer optimalen Selbstverwirklichung weisen - ein Gemeinschaftsunternehmen mit allen anderen Geschöpfen, die uns jene Botschaft zukommen lassen; aber auch mit denen, die *unsere* Botschaft nicht zu verstehen meinen. In Anlehnung an Seth reiten wir locker auf allen bewussten und unterbewussten Wahrscheinlichkeiten, der freien Entwicklung aller Individuen, den näheren und ferneren Aspekten unserer selbst.[64] Schon deren natürliches Ausgleichsbestreben drängt uns in eine passende "Familienrolle". Es liegt indessen wieder bei uns, *auf welchem Niveau* wir sie annehmen, ob wir zum Ausbau der Gemeinschaft oder zur Eskalation ihrer Widersprüche beitragen. Wir geraten in keinen Krieg, wenn wir ihn nicht auf die eine oder andere Weise akzeptieren - und sei es nur, um unsere Hilfsbereitschaft zu wecken.

In viele (noch) verborgene Entwicklungen können wir uns hineinversetzen und sie anschließend bewusster mit unserem Weg verknüpfen. Wir verfügen über alle Informationen, die wir brauchen - eine freie Auswahl gemäß unserer Absicht. Wir *kennen* unsere Zu-

---

[64] Jane Roberts, "Die Natur der Psyche", Goldmann 1990, Seite 166f.

kunft und können sie dennoch wählen. Wir sehnen uns nach der Erfüllung unserer Ideale und Wertvorstellungen und können sie dennoch verhindern. Auch wenn wir das Wissen im Innern blockieren, kann es uns auf einem Umweg von außen erreichen, über Bücher, Gespräche oder aufschlussreiche Erlebnisse. Wie gesagt: Wir sind nicht allein.

Deswegen ist es auch keineswegs egal, welche Impulse wir selbst abgeben. Was wir denken, teilt sich anderen mit, die infolgedessen *versucht* werden, danach zu reagieren. Wir tragen Verantwortung für das gesamte System individueller Wirklichkeiten. Wiederum sollten wir uns dadurch nicht im Ausdruck unserer Persönlichkeit gehindert fühlen, denn genau dieser bereichert die Gemeinschaft. Ohne sie ist er allerdings kaum möglich.

Entwicklung und Entfaltung der Individualität ist also der vorherrschende Prozess, nicht irgendein Zeitablauf. Selbst Einschränkungen des Bewusstseins dienen letztlich der Erweiterung seines umfassenderen Wesens. In Teil II fanden wir, dass die Asymmetrie dieser Bewegung auf den "Sog" des unendlichen Potentials an der endlichen Realität zurückgeht, beziehungsweise auf den "Druck" der unerschöpflichen Vielfalt aus der Tiefe des Realitätstrichters. Haben wir die Zeit damit nur durch eine andere Richtung ersetzt?

Nein. Denn auch die Erweiterung des Bewusstseins *ist* (folgt man Kapitel 27) bereits geschehen und der Sog dieser Realität schon im beschränkten Zustand *wirksam*. Vor allem aber bedarf das erweiterte Bewusstsein, wie oben festgestellt, aller seiner Entwicklungsstadien - weniger weil es deren Folge ist, sondern weil es die Einzigartigkeit jedes durchlaufenen Standpunktes einschließen muss, wenn es nicht bloß eine größere zusammenfassende Abstraktion sein will. Was wäre die Vergangenheit, wenn wir uns nicht so deutlich an sie erinnern könnten, dass wir sie (in ihrer *heutigen* Version) praktisch noch einmal erleben? Was würden wir vermissen? Hätten wir uns nicht tief im Innern darauf eingelassen, die Zukunft zu verdrängen, wären wir fähig, uns in diese genauso leicht hineinzuversetzen. Alles, was uns daran hindern könnte, ist unser gegenwärtiges Verständnisvermögen; doch das gilt gleichermaßen für die rückwärtige Richtung. [65] So erschweren es auch allein unsere derzeitigen Auffassungen, dass wir uns in jene Vergangenheit versetzen, die wir *damals* erleben wollten - trotzdem wir sie schriftlich "festgehalten" haben - oder in jene Zukunft, die wir *später* werden erleben wollen.

Als vollständiges Individuum beziehen wir *dynamisch* alle Phasen unserer Entwicklung ein, *bewusst* aber immer nur diejenigen, denen wir gerade unsere Aufmerksamkeit schenken. Erweitern wir unser Bewusstsein, dann erweitern wir seine *Dynamik* - nämlich jene, welche wir *quasistatisch* zusammenfassen (sei es als bewusste Realität oder als bewusstes Potential).

Ein Gesamtbewusstsein ist somit strukturiert als der (die) Weg(e) selbständiger Bewusstseinsaspekte zu ihm. Die Gerichtetheit ihrer Entwicklung und die gleichzeitige Existenz aller Punkte ihres Weges bilden keinen Widerspruch, sondern ein permanent schöpferisches Wechselverhältnis, eine höhere Stufe jener infinitesimalstrukturierten Einheit von Irreversibilität und Rückkoppelung, die beide erst ermöglicht. Die Kreativität jedes *einzelnen* Bewusstseins beruht dabei auf der Unendlichkeit seines Unterbewusstseins, das den ganzen Weg *zusammenfasst*, aber nur *dynamisch realisiert*.

Zeit - zumal in ihrer üblichen linearen Auffassung - beschreibt eine oberflächliche und sehr relative Erscheinungsform dieser Holobewegung. Dennoch spielt sie für uns eine wichtige Rolle, wenn sich in ihr die Ereignisse auf *von uns* bevorzugte Weise ordnen. Ich habe dazu einige Sätze in einem "räumlich erweiterten" Bewusstseinszustand notiert, der sich manchmal spontan einstellt, wenn ich zugleich lese und nachdenke: "Wir empfinden immer unsere *Gegenwart* und sind bemüht, *diese* zu verbessern. Alle Aspekte von uns existieren gleichzeitig, doch deren Verbindung nehmen wir als zeitlich wahr. Sie wirken *gleichzeitig* auf uns ein und bewirken eine als Zeit erscheinende Veränderung. Unsere Identität empfinden wir als über die Zeit *erhalten*, immer *gegenwärtig*. Und wir verändern *diese*." Intuitiver kann ich eine infinitesimal werdende Einheit nicht beschreiben.

---

[65] Nicht ganz, wenn wir den Zeitpfeil mit einer Höherentwicklung des Bewusstseins gleichsetzen. Aber das ist durchaus nicht notwendig.

Falls Ihnen das nicht viel gesagt hat: Wie wäre es mit einem Bild? Stellen Sie sich eine Kugel vor, auf deren Oberfläche die verschlungene, sich oft selbst kreuzende Zeitlinie verläuft - unsere persönliche Geschichte, in der Ereignisse, welche uns emotional beeindruckt haben, immer wieder (und spiralförmig rückkoppelnd - siehe Kapitel 5) in die Gegenwart hineinspielen. Wie unser größeres Gesamtselbst weitet sich nun die Kugel aus, was auch den Zeitstrahl "dehnt" (entfaltet, verlängert) beziehungsweise die Höherentwicklung unseres Bewusstseins in der Zeit "vorantreibt". Die Entfernung zum Zentrum der Kugel ist aber von jedem Punkt der Zeitlinie aus gesehen gleich, und da die Zeit nur an der Kugel*oberfläche* gilt, gleich Null. Das heißt, wir können zu jedem Zeitpunkt den Mittelpunkt und über diesen *direkt* alle anderen Zeitpunkte und sogar die freien Stellen an der Oberfläche (wahrscheinliche Entwicklungsstadien) erreichen. Wir beeinflussen also ständig sowohl die Entfaltung des Gesamtselbst als auch die Form unserer persönlichen Entwicklungsgeschichte und deren Alternativen. Zugleich gehen diese alle mehr oder weniger bewusst in unsere Wahrnehmung der Gegenwart ein. (Gleiches gilt in größerem Maßstab für die "Aufeinanderfolge" unserer Inkarnationen.)

Die nicht realisierten Möglichkeiten werden in Form von unterschwelligen Wahrscheinlichkeiten weiter einbezogen, aber meist immer weniger, da deren Entwicklung sich *wahrscheinlich* (Sog des Unbekannten!) zunehmend von der unseren entfernt wird. Einige mögen allerdings erneut in unserer Gegenwart auftauchen: Wir fühlen uns plötzlich von einem erinnerten oder phantasierten (aber möglicherweise kommenden!) Ereignis beeinflusst, das scheinbar in keinem kausalen Zusammenhang zur gegenwärtigen Realität steht. Wir ordnen ihm dann wieder einen Punkt auf der Kugel zu und ziehen - so als würden wir eine passende Traumgeschichte konstruieren - eine Zeitlinie zu ihm, deren Kreuzung mit der unseren zu einer neuen Verzweigung geführt hat: Wir müssen uns entscheiden, ob wir unserer bisherigen Linie folgen oder jener anderen - oder ob wir beide kombinieren. So weit, so gut. Wir bewegen uns damit immer noch in einem gewissen zeitlichen Schema.

Doch sollten wir uns auch hier darüber im klaren sein, dass die Zeit nichts anderes darstellt als eine Zusammenkunft unterschiedlicher Wahrscheinlichkeiten, deren Rückkoppelung wir in einer kontinuierlichen (Kausal-) Reihe kondensieren lassen, mit der Gegenwart als Zentrum. Wir *könnten* uns prinzipiell auch zwischen "vergangenen" und "zukünftigen" Ereignissen entscheiden - bis zu einem gewissen Grad sogar in unserem verfestigten Bezugssystem, nämlich ob wir "mehr in der Vergangenheit leben" wollen (und in welcher) oder in einem Traum von der Zukunft. Jene *näherungsweise* Kontinuität wird dementsprechend häufig durchbrochen von assoziierten Bildern, Lauten und Düften, oder von Gefühlen des Wiedererkennens - kurz gesagt: von sinnvollen Verknüpfungen über die Zeit verteilter "objektiver" Ereignisse -, welche die realisierten Kausalverbindungen übersteigen. Wir erleben die *synchrone* Entfaltung verschiedener Aspekte einer umfassenderen Wirklichkeit.

Unseren bisherigen Gedankengängen zufolge erschaffen wir die Realität, indem wir uns stärker mit noch weitgehend unterbewussten, vorerst nur *wahrscheinlichen* Ereignissen verbinden und dieselben aufeinander rückkoppelnd verfestigen. Auch wenn wir jene Ereignisse dynamisch vorwegnehmen können, ist deren Wahl immer kreativ, als Entscheidung für eine allumfassende *Hierarchie* ihrer Wahrscheinlichkeiten. Die Wechselwirkungen aller bewussten und unterbewussten Wahrscheinlichkeiten konvergieren in der individuellen Entscheidung eines Bewusstseins, die sich wiederum bewusst und unterbewusst auf alle anderen Individuen auswirkt. So verbinden sich die Entscheidungen aller Individuen für jeweils subjektive Ganzheiten zur einhelligen Entscheidung für deren gemeinsame Näherung: Es wird eine kollektive Realität einschließlich einer Hierarchie kollektiver Wahrscheinlichkeiten geschaffen (die strenggenommen nur von allen insgesamt wahrnehmbar und ihrerseits wieder individuell ist - ein Teil der dynamischen Infinitesimalstruktur aus einmaligen Totalitäten).

Da nun die Infinitesimalstruktur jedes (Unter-) Bewusstseins auf ihre Weise alle Wahrscheinlichkeiten, alle Entscheidungen, *ein-*

schließt, ist jede individuelle Schöpfung zugleich ein Akt der verborgenen Unendlichkeit All-dessen-was-ist. Wie wir schon einmal festgestellt hatten: Die Wahl des einen *ist* die Wahl des anderen.

Damit aber ist die Schöpferkraft "Gottes" jedem Individuum eigen.

Zusammenfassungen

29. Zur Kreativität

Eine Zusammenfassung bietet nicht nur Gelegenheit zur Wiederholung, sondern auch zur Darstellung des bisherigen Stoffes aus einem leicht veränderten Blickwinkel, so dass sich eventuelle geistige Blockaden lösen können und das Gesamtthema umfassender verarbeitet wird. Genau das möchte ich mit dem folgenden Abschnitt erreichen. Gleichzeitig werden wir einige alte Fragen tiefer ansetzen und schon teilweise auf diesem Niveau zu beantworten suchen.

In Kapitel 1 haben wir einen Beobachtungsstandpunkt als bestimmte Menge von Unterschieden definiert, die er relativ vereint. Der Beobachter spielt darin als Objekt *keine* hervorgehobene Rolle, obgleich er *einen* unverzichtbaren Teil des Standpunktes bildet. Doch er umschreibt das Zentrum. Und zwar umschreibt er es mittels seiner Beobachtungen, mittels dem, was ihm *bewusst* ist. Somit ist der Beobachtungsstandpunkt *Bewusstsein*.

Existenz eines Objektes bedeutet also nicht bloß Einwirkung auf den Beobachter, sondern auf das Zentrum des Standpunktes. Umgekehrt wirkt nicht nur der Beobachter auf seine Umgebung, sondern das Zentrum des Standpunktes auf die Peripherie. Das Zentrum selbst aber ist letztlich infinitesimal.

Jede *Ein*wirkung muss allerdings von außerhalb festgestellt werden, von einem Zentrum aus, auf das sie *nicht* zielt ("Betrachtung von der Seite"). Sie bildet die Voraussetzung für *Unterschiede*, sie ist das, was diese wechselweise miteinander *vermittelt*. Die Ganzheit der wahrgenommenen Wechselwirkungen verkörpert so die *Struktur* des Bewusstseins. Das Wichtigste jedoch fehlt wieder in ihr: das Verhältnis zwischen *aktuellem* Zentrum und umschreibender Peripherie. Die Wahrnehmung *dieser* Struktur bedarf erneut des ersteren (oder eines weiteren) Zentrums, welches sich zwar "irgendwie" im Bereich desselben Standpunktes befinden sollte, ihm aber nicht bewusst sein kann, nicht als es selbst, als das Zentrum.

Die Lösung liegt in der *Bewegung* des Standpunktes von einem Zentrum zum anderen, von einem Bewusstsein zum nächsten, die ihrerseits ein weiteres Zentrum umschreibt - zwischen dem jeweils aktuellen Bewusstsein und seinem Unterbewusstsein. Auf diese Weise ist ein *dynamisches*, annähernd vollständiges Selbstbewusstsein möglich.

Eine analoge Bewegung liegt der Wechselwirkung bewusster *Objekte* zugrunde: Die Wahrnehmung jedes Objektes ist eine einzigartige Ganzheit, der in einem verschwindend kleinen Zentrum maximierte Gipfel eines *Individuums*, das nur durch den Übergang in sein eigenes bislang *Unter*bewusstes zu einer anderen Ganzheit (einem anderen Objekt) gelangt. Der Übergang kann immerhin eine *Wirkung* mit sich bringen, etwas vom vorhergehenden Objekt, und der Rückweg eine *Rückwirkung*. Dadurch wird ein *neues* Individuum, ein *neuer* Gipfel umschrieben, dem die beiden früheren *anders* oder *nicht* bewusst sind.

Existieren dann überhaupt mehrere Objekte in diesem Bewusstsein? Ja, es existieren welche in ihm, aber nein, es sind nicht die gleichen wie vorher, als wir sie einzeln betrachteten. Vielmehr umschreibt der Wechsel vom einen zum anderen eine für ihre Gesamtheit gültige *Näherung* jedes Objektes. Diese Näherung *kaschiert* die Unterschiede und die ständige Bewegung zwischen den Standpunkten. Existieren also die *einzelnen* Objekte nicht im Bewusstsein ihrer Gesamtheit, obwohl doch diese Gesamtheit aus ihren Einzelheiten entsteht? Wieder lautet die Antwort: Jaein. Sie existieren *potentiell*, im Hinblick auf ihr wiederholtes Erscheinen beim permanenten Standpunktwechsel. Man kann aber nicht davon ausgehen, dass sie *mit Sicherheit* wieder auftauchen. Ihnen kommt allenfalls eine gewisse *Wahrscheinlichkeit* zu. (Schon die Wechselwirkung kann sie irreversibel verändert haben.)

Wir sehen außerdem, wie jedes Näherungsobjekt aus seinen wahrscheinlichen Alternativen *hervorgeht*, diese "einfaltet" und wieder "entfaltet". (Beide Begriffe reichen hier freilich nicht aus, da es sich um einen *Austausch*prozess handelt.) Die Fluktuationen vollziehen sich, auch *ohne* dass uns die ständige Wiederkehr der Alternativen bewusst wird: Die meisten, vor allem die zu weit abweichenden Versionen treten gar nicht selbst in Erscheinung, sondern lassen sich durch näherliegende *vermitteln*, welche schließlich mit dem aktuellen Objekt *zusammenfallen*. Folglich bleibt auch dessen Entstehungsprozess größtenteils verborgen.[66] Gelangt ein bislang unterbewusster Gegenstand ins Bewusstsein, sagen wir: "Er ist erschienen." Aber wodurch? War sein Erscheinen durch unterbewusste Prozesse vorherbestimmt? Sicherlich - bis zu einem gewissen Grad. Oder haben wir ihn eher bewusst ausgewählt? Dies können wir natürlich nur mit einem Bewusstsein, welches diese Alternative näherungsweise (!) *einschließt*. Und jede solche Wahl wird weitere unwillkürliche Prozesse nach sich ziehen. Damit erhebt sich die Frage nach dem kreativen *Anteil* an jeder Schöpfung.

Indem wir eine der Alternativen bevorzugen, verändern wir sie. Die übrigen fallen aus der *bewussten* Umschreibung dieser Variante heraus, und wir kombinieren letztere nun vorrangig mit anderen Objekten. Doch auch diese Kombination "lag schon in der Luft". Im gegenwärtigen Bewusstsein ist lediglich ihr Existenzumfang gewachsen, und auch das nur auf der aktuellen Ebene. Sie ging *unterschwellig* in jene zuvor erwogene Näherung ein, welche auf diese Weise *all* ihre dazumal noch wahrscheinlichen Veränderungen einschloss. Möglich macht das ein weiteres Mal die Bewusstseinsdynamik, der ständige *Wechsel* der Aufmerksamkeit ins Unterbewusste, wo Vergangenheit, Gegenwart und Zukunft zusammenfinden. Und wieder ist es der Näherungscharakter des Bewussten, der die permanente Fokusveränderung verschleiert. Was aber finden wir, wenn wir den Schleier heben?

---

[66] Genaugenommen können wir nicht einmal von *dem* Objekt und *seinen* Versionen sprechen, sondern nur von *verschiedenen* Objekten. So wird klar, dass diese Betrachtung Wirkungsvermittler einschließt, die dem vordergründigen Objekt "an sich" nicht ähneln. Die Verwandtschaft erhellt erst aus der *Wechselbeziehung* (heraus). Insbesondere ist auch die Übertragung von Information die Verlagerung eines *Bewusstseinsfokus*, denn nur in einem solchen *besteht* Information. Inwiefern der Fokus dabei verändert oder nicht verändert wird, muss in einem zusätzlichen Gesamtfokus entschieden werden, der die unterschiedlichen Einstellungen einander zuordnet.

Wir entblößen eine Welt von anscheinend unvereinbaren Individuen, die sich nur unendlich wenig berühren, die aber miteinander kommunizieren, indem sie neue elementare Individuen ins Spiel bringen, welche eigentlich schon längst da waren. Widersinn? Nur wenn wir vergessen, dass die Welt nicht auf Momente reduzierbar ist. Die Individuen wären *Null*punkte, wenn sie nicht ineinander übergingen und *nur in diesen Übergängen existierten* - als *strukturierte Ganzheiten*, die sich in ihren infinitesimalen Zentren lediglich zu *Extremen* ihrer selbst steigern. Die Welt ist ein *dynamisches* Gefüge, deren Fokusse an jeder Stelle mehr oder weniger bewusst, aber immer *vollständig* "zueinander wechseln" (es gibt einfach keinen klaren Begriff dafür!) und somit auch auf vielfältigste Weise *direkt* vereint sind - eine Infinitesimalstruktur.

Das Kreative an der ganzheitlichen Bewegung dieser Infinitesimalstruktur ist hauptsächlich die in jedem Moment getroffene *Entscheidung*. Fassen wir also zunächst einmal zusammen, welche Prozesse in einen Entscheidungsvorgang einfließen.

Schon die einfachste, determinierteste und eventuell nur aufgezwungene Rückkoppelung umschreibt als solche ihre Ganzheit. Da sie aber existiert, das heißt mit anderen Rückkoppelungen verbunden ist, kann sie *nicht völlig* geschlossen sein. Sie verkörpert vielmehr das Kondensat "äußerer" Irreversibilität in einem stabil erscheinenden "seltsamen Attraktor". Die komplexere Realität wird in die Ganzheit der Rückkoppelung *einbezogen*, als deren *Inneres*. Demnach sind sowohl die relative Stabilität als auch die Veränderung der Rotation nicht einfach fremdbedingt, sondern Produkte des nur scheinbar primitiven *Bewusstseins*, das seine individuelle Wahrnehmung umschreibt. Alles, was es wahrnimmt, ist Teil seiner selbst, und was es nicht wahrnimmt, ist ihm *unter*bewusst.

Das infinitesimale Zentrum der Ganzheit symbolisiert das Freiheitsmoment in den Entscheidungen des Bewusstseins und wirkt als solches genauso unweigerlich wie die rückkoppelnd umschreibende Wahrnehmung selbst. Bewusstsein bedeutet gerade diese Einheit von Umschreibung und Kern, ihrerseits eine Wechselbeziehung, die ein infinitesimales, mehr oder weniger bewegliches Zentrum begründet, usf.

Die tiefere Komplexität eines offenbar einfachen Bewusstseins folgt aus der Unendlichkeit der Welt (schließlich in *jeder* Richtung) und der notwendigerweise *ganzheitlichen* Präsenz derselben, welche allerdings zunächst verborgen bleibt. Wir wandern von einem Teilbewusstsein zum anderen und erkennen die Fülle des Universums erst, wenn wir uns *selbst* hoch genug entwickelt haben, um ihren Zusammenhang zu *verstehen*. Als sensiblere Wesen können wir jetzt die vielen subtilen Signale bewusst (ein)ordnen, die wir früher nur unterbewusst aufnahmen.

Während sich so das Unterbewusste (im Sog des imaginären Halo) zunehmend auf bewusster Ebene realisiert, strukturiert sich mehr und mehr auch die vorher nur umschriebene Verbindung zwischen Kern und Peripherie. Die unterbewussten Feinheiten der *insgesamt* wirksamen Struktur werden *entfaltet*. Damit erkennen wir immer klarer auch die Struktur des Entscheidungsvorganges - nicht nur als bewusste Ganzheit, sondern als Rückkoppelung zwischen Bewusstem und Unterbewusstem.

Jene im Trichtermodell asymptotisch aufeinander zulaufenden Bewusstseinsgrenzen beschreiben diese ins Unterbewusste beziehungsweise Infinitesimale übergehende Einfaltung des Universums als Teil jeden Bewusstseins. Alle Handlungsimpulse, mit denen sich das Unterbewusstsein bemerkbar macht, kommen demnach aus der *Umgebung* des infinitesimalen Gesamtzentrums; die Entscheidungen des individuellen *Ganzen* erwachsen dagegen aus der *Einheit* mit ihm. Dass beides letztlich nicht mehr auseinanderzuhalten ist, liegt auf der Hand. Zunehmende Strukturierung beziehungsweise Entfaltung bedeuten indessen zunehmende Entinfinitesimalisierung und damit ein subjektiv *bewussteres* Zusammenwirken der unendlich vielen Teilbewusstseine des Universums. Die Entscheidungsfreiheit wächst.

Ein komplexerer Beobachter bezieht zum Beispiel einfache Objekte *bewusst* als seine eigenen *Teil*aspekte ein und bestimmt somit deren Existenz beziehungsweise Wahrnehmung *freier* als diese Objekte ihre Wahrnehmung des Beobachters. Er verfügt über einen größeren Handlungsspielraum. Berücksichtigen wir nun, dass sich der Beobachter größtenteils in der unterbewussten Tiefe jedes Teilaspektes befindet und dass andererseits das Unterbewusstsein des Beobachters diese Aspekte näherungsweise enthielt, *bevor* sie ihm bewusst wurden, können wir sagen, dass der Beobachter seine Gegenstände in die Realität *projiziert*. In hohem Maße freiwillig *erschafft* er dabei aus vielen Versionen potentieller Ereignisse *eine einzigartige* Realität, während die anderen in ihr wahrscheinlich bleiben.

Nichtsdestotrotz entscheiden die wahrscheinlichen und wirklichen (Teil-) Bewusstseine über ihre Realisierung beziehungsweise Veränderung mit und somit auch über die Veränderung des Beobachter- beziehungsweise Schöpferbewusstseins. Die Entscheidungsfreiheit des Schöpfers und jedes potentiellen oder realen Teilbewusstseins bilden letztlich eine Einheit: Ihre Unterbewusstseine verflechten sich mit zunehmender Tiefe immer dichter und ihre infinitesimalen Zentren werden (aber sind an sich schon) identisch. Diese tiefe, äußerlich nur teilweise realisierte Gemeinschaft bestimmt wesentlich das Verhalten und - in umfassenderem Sinn - den Freiheitsgrad der Akteure auf jeder oberflächlicheren Wechselwirkungsebene.

Auf einer solchen Ebene verbinden sich ihre Rückkoppelungen in entsprechend geschlosseneren Bahnen und stabilisieren die erschaffene Realität. Dennoch kann die reale Umgebung nicht nur über diese Wege verändert werden. Wenn wir Gegenstände greifen und bewegen, geben wir Impulse *an das Unterbewusste* ab, zur Veränderung der *aus ihm* projizierten Realität. Die Bewegung unserer Arme und Hände ist nur ein *Teil* des Vorganges. Stabilere Bereiche der Realität verändern wir prinzipiell auf die gleiche Weise - die unterbewusste Vermittlung nimmt lediglich andere Wege. Treffen wir auf Widerstand, werden wir oftmals feststellen, dass er eher *innerlich* ist - geboren aus starken Impulsen oder auch aus selbst programmierten Glaubenssätzen. Manches sollten wir wirklich nicht verändern - wir haben es auf einem tieferen Niveau mit größerem Überblick gewählt -, anderes jedoch *könnten* wir ohne Weiteres neu gestalten.

Natürlich, bei allem Optimismus sind unsere Möglichkeiten geringer als beispielsweise die unserer komplexeren Wesenheiten auf ihrer eigenen Existenzebene. Die freiwillige *Abstimmung* dieser Wesenheiten auf dem unterbewussten Weg (!) hin zu uns eingeschränkten Sprösslingen führt überhaupt erst zu unseren genügend *ähnlichen* Realitätserfahrungen, so dass wir verbliebene Unterschiede bewusst weiter abgleichen können - auf gemeinsame Näherungen, welche uns Infinitesimalstrukturen wie Objekte betrachten lassen.

In gewissem Sinn sind äußere Beziehungen und Objekte Außenformen innerer Strukturen.[67] Sie entfalten sich aus scheinbar diffusen, eher emotionalen Vorformen, deren genaue Struktur wir im voraus nur bestimmen können, indem wir uns in die eigene, weniger bewusste Tiefe versetzen.

Als Beispiel mag das Szenario einer Grippeerkrankung dienen: Die Grippeviren, ihre Wirkungsweise und die Wege ihrer Übertragung sind rein physisch nachvollziehbar - anscheinend haben wir es mit einer *äußeren* Krankheit zu tun. Doch jeder betroffene Leser kann in sich gehen und feststellen, wie die äußerlichen Vorgänge seine im Grunde *psychischen* Bedürfnisse widerspiegeln: Den Wunsch nach einer Erholungspause (Lahmlegung des Arbeitseifers), nach vorübergehender Isolation (Beschäftigung mit sich selbst) oder besonderer Zuwendung von seinen Mitmenschen, eventuell sogar nach *Ansteckung* derselben mit dem eigenen Verlangen beziehungsweise nach Übernahme des ihren und ähnlichem. Viren sind hierbei willkommene Helfer; ja sie verschaffen uns nebenher auch noch ein Alibi.

Analog dazu können wir physikalische Gegenstände und Theorien als Symbole - zum Teil tief verwurzelter - psychischer Konstellationen, Zusammenhänge und Neigungen erkennen, die relativ *selbständig* (rück)wirken. Ohne psychische Integration, ohne *Bewusstsein*, sind sie *nichts*. Wir erschaffen sie individuell und kol-

---

[67] Vergleiche hierzu: Jane Roberts, "Seth und die Wirklichkeit der Psyche", Band 2, Goldmann 1989, Seite 75.

lektiv als Ableger unserer komplexeren Ganzheit und werden selbst von noch komplexeren Wesenheiten erschaffen. All diese Ableger und Wesenheiten, Physis und Psyche, gehören zu uns als *umfassendem Individuum*.[68] Das Unterbewusstsein ist ebenso Teil unserer Individualität wie das Bewusstsein. Und wenn wir ein neues Objekt erschaffen, dann erschaffen wir ein *neues* Individuum. Wir versetzen uns in eine neue Realität, die dieses Objekt beinhaltet. Selbst wenn wir das schon im voraus getan hätten, wäre es kreativ gewesen: Eine vorweggenommene Schöpfung ist nichtsdestoweniger eine Schöpfung. Erst die *grundsätzliche* Möglichkeit, *alles* dynamisch vorwegzunehmen, lässt uns an der eigenen Kreativität zweifeln. Für *andere* existiert potentiell auch das, was wir noch gar nicht in Betracht gezogen haben und für dessen Richtung wir uns vielleicht nie entscheiden werden. *Wir* erschaffen es nicht, aber irgendjemand hat es schon getan.

Die nur lokale Unbekanntheit des Kommenden und dessen bloß statistische Unvorhersagbarkeit, weil wir nicht alle Einflüsse auf seine Entfaltung kennen, bieten keine befriedigenden Erklärungen für Kreativität, denn sie werden in der Unendlichkeit des Alls aufgehoben. Irgendwann und irgendwo ist alles bekannt.

Aber gewiss ist Ihnen wieder eingefallen, was wir vergessen haben: Da sich alles *unendlich* ins Unterbewusste erstreckt, von dort beeinflusst wird, kann ich, wenn ich eine bestimmte Realität vorwegnehmen wollte, nie sicher sein, sie genau getroffen zu haben. Das meiste von ihr wird mir *niemals* bewusst. Und erst recht keinem *anderen*. Ich kannte das Ziel selbst nur *als Potential*, nicht im Detail, denn andernfalls hätte ich meine bisherige Realität aufgeben müssen. Und sobald ich das tue, erschaffe ich etwas, das *niemand* einschließen konnte: Ein neues *unendliches Individuum*, eine neue *Ganzheit* des Alls.

---

[68] Spätestens seit der Erweiterung der Newtonschen Mechanik zur Relativitätstheorie ist klar, dass auch "Naturgesetze" nur innerhalb eines bestimmten Fokus gelten, ja wie dieser als Spezialprodukte eines umfassenderen Bewusstseins verstanden werden müssen. Darüber hinaus war sich Einstein der *künstlerischen Ästhetik* seiner Theorie durchaus gewahr.

Aus einer solchen Ganzheit heraus treffe ich auch meine *für nie-manden* vorhersehbare Wahl: Aus meiner *individuellen Einheit* mit dem zentralen Universalkontinuum. Diese Kreativität aus der sub-jektiven Erfahrung heraus bildet einen wesentlichen Bestandteil je-der Wirklichkeit. Individualität ist sowohl divergent als auch kon-vergent - eine Infinitesimalstruktur. Und *diese Infinitesimalstruk-tur* ist es, die *neue* Infinitesimalstrukturen erschafft.

30. Zur Wahrnehmung von Kreativität

Wenn ich sage, dass die Infinitesimalstruktur eines Individuums die unendliche Ganzheit des Alls einschließt, meine ich offensichtlich nicht, dass jede ihrer Erscheinungen dessen vollständigen Informationsgehalt 1 : 1 repräsentiert. Bereits die Kodierung sämtlicher Informationen eines *endlichen* Komplexes in einem einfacheren Kode ist unmöglich. Zwangsläufig müssen dabei Informationen "verloren" gehen, so dass der Komplex nicht mehr eindeutig reproduziert werden kann. Seine Herstellung bedarf der Kreativität.

So können wir kaum behaupten, Einsteins Formel $E = mc^2$ über die Beziehung zwischen Masse und Energie enthielte alle Informationen über die vielfältigen Masse- und Energieformen in unserem Wohnzimmer. Um etwas mit der Formel anfangen zu können, müssen wir sie in bestimmter Weise auf konkrete Gegenstände *beziehen*, sie in deren Struktur (wieder-) *einbinden*. Einstein erkannte zweifellos ein Ordnungs*prinzip* in unserer Welt; daher sind mit seiner Formel Voraussagen möglich. Der Physiker *schafft* im Labor die notwendigen Bedingungen und *abstrahiert* die Bestätigung des Prinzips aus den Versuchsergebnissen. Er kann aber nicht garantieren, dass der Versuch selbst gelingt, ja nicht einmal, dass sein Reaktor am Boden bleibt.

Unsere Auffassung einer Formel bezieht also deren vielfältige Anwendungen ein. Deutlicher wird dies anhand einer Iterationsgleichung, einer Rechenregel, die immer wieder auf ihr letztes Ergebnis angewendet wird und so auf dem Millimeterpapier ein komplexes Muster von Fraktalen erzeugt (Kapitel 14). Das Ergebnis jeder Runde ist ähnlich wie und doch anders als alle anderen. Verändert man allerdings nur ein Detail des Musters, ist die Formel nicht mehr gültig. Ihre Bedeutung *beinhaltet* die Bedingungen unter denen sich ihr Potential entfaltet. Dabei ist die deterministische Beziehung zwischen Gleichung und Anwendung wiederum eine Abstraktion aus einem größeren Kontext - schlicht unserem Leben -, in dem es keine solch eindeutige Zuordnung gibt, obschon die Gleichung dort ebenfalls "arbeitet". Die Entschlüsselung der mathematischen Kurzschrift entfaltet sich, wie diese selbst, über viele *Entscheidungen* aus der beteiligten *Gesamtordnung* und entsteht dadurch *kreativ.*

Dass ein Komplex im Einfachen *kodiert* ist, kann also bestenfalls eine Annahme sein. Wir sehen ihn dann als relativ unbestimmtes Potential, dessen detaillierte Verwirklichung auch unser kreatives Werk sein würde.

Gleichfalls nicht nachweisbar ist, ob jede Veränderung in einem Komplex sich determinierend auf das Verhalten einer einfacheren Unterganzheit auswirkt. Die möglicherweise *unendliche* Empfindsamkeit des Teilsystems (siehe Kapitel 12) reicht nicht als pauschale Begründung, denn dessen wahrnehmbare *Näherung* bietet kaum genügend Veränderungsspielraum, um auf alle, an Vielfalt weit überlegenen Einflüsse zu reagieren. Aber es ist gar nicht nötig, den Näherungscharakter der Realität vorzuschieben: Denn unendliche Empfindsamkeit gegenüber jeweils *einem* Reiz bedeutet noch nicht die gleiche Empfänglichkeit für *alle sich überlagernden* Reize. Und für eine letztlich *unendliche* Reizflut aus dem Universum fehlen *in jedem Fall* die entsprechenden Reaktionsmöglichkeiten des (endlichen) Empfängers. Die Vielfalt der Reize begrenzt also schließlich die Empfindsamkeit gegenüber jedem einzelnen, während schwächere Einflüsse nun erst recht benachteiligt sind.

Wir haben freilich ein Objekt ohne Einbettung in die Gesamtstruktur der jeweiligen Realität gerade erst zum Unding erklärt. Global mögen durchaus genügend Reaktionsmöglichkeiten zur Verfügung stehen. Nur können diese nicht alle *im Einzelnen* bewusst sein, ohne die relative Einfachheit des Empfängers aufzuheben. Für diesen existieren sie vielmehr als unbestimmte Annahme oder als bloße Extrapolation bekannter Wirkungen. Falls sich etwas an dem unterbewussten Komplex ändert, merken wir es erst, wenn wir uns bewusst darauf beziehen. Außerdem müssen wir den gegenwärtigen Zustand mit dem früheren vergleichen, das heißt beide Phasen überspannen. Damit aber *entfalten* wir schon den Komplex.

Nun besteht unsere Existenz immerhin aus Einfaltungen *und* Entfaltungen, einer Holobewegung. Wir meinen dabei zu *wissen,*

dass sich unsere Umgebung im nächsten Moment nicht in Luft auf-
löst, wir vertrauen auf unsere Erfahrung und somit auf die relative
Stabilität der unbekannten Prozesse und Ordnungen, aus denen unsere Realität ständig neu entsteht. Insofern sind wir auch als ver-
hältnismäßig *einfache* Ganzheiten berechtigt zu sagen, dass sich
unsere Realität mit verändert, sobald es die unterbewusste Ordnung tut - in der Tat *ohne* dass uns diese Veränderung *jetzt* gewär-
tig ist.
Aber merken Sie, worauf das wieder hinausläuft? Unser *dynamischer* Wechsel von einem Zustand zum anderen gibt uns die Gewissheit eines bestimmten *Potentials*. Zugleich beschreibt *diese
Dynamik* die nötige Komplexität, um unsere jeweiligen Wirklichkeiten dem *ständig* unterbewussten Komplex detailliert zuzuord-
nen. Dessen Veränderungen bestimmen unsere Veränderungen und
umgekehrt. Doch unsere konkrete Zukunft ist immer noch lediglich *potentiell*, das heißt wahrscheinlich. Die obige Gewissheit *vereint* Möglichkeit und Realität, dynamische Komplexität und reale
Einfachheit. Sie lässt daher genügend Raum für *Kreativität* aus der
Einheit des jeweils Bewussten mit dem *infinitesimal* werdenden
Unterbewussten, aus der sich jedes Potential realisieren muss.

Betrachten wir diese Einheit von Determination und Freiheit näher: Zunächst hängt die Freiheit des Schöpfers von seiner bewussten Komplexität im Verhältnis zu der seines potentiellen Standpunktes ab. Will er sich in letzterem *einschränken*, kann er sowohl
diesen Standpunkt als auch den bewussten Einfluss auf dessen
Realisierung weitgehend selbst bestimmen. Der Schöpfer entscheidet, ob und was er unter den bewussten Alternativen wählt oder ob
er das Unterbewusste gewähren lässt. Möchte er hingegen sein Bewusstsein *erweitern*, erscheint seine tatsächliche Freiheit in jeder
Hinsicht geringer. Einerseits kennt er viele Möglichkeiten noch
nicht, andererseits ist die Realisierung eines gewählten Potentials
für ihn überraschender. Er entscheidet weniger bewusst, erschafft
aber *unbewusst* mehr für sich.[69]

---

[69] Das allerdings bedeutend vorsichtiger: Weil sein Bewusstsein weniger Möglichkeiten umspannt, kommen ihm wahrscheinlich auch weniger *ausgefallene* Ziele in

Das Unterbewusste beteiligt sich stets aktiv. Denn was der Schöpfer bewusst nicht zu seiner Veränderung beiträgt, muss das Unterbewusstsein bringen - oder richtiger: die *Zusammenarbeit* mit ihm. Hier sollten wir uns an den Trichterkanal des Bewusstseins erinnern, an das immer weniger Bewusste, welches alle wahrscheinlichen Standpunkte einschließt. Das Bewusstsein bildet letztlich eine Einheit mit dem Unterbewusstsein *als solchem*, in das es jedoch ständig hineinfluktuiert. An die tieferen Zustände kann es sich höchstens dunkel erinnern, weil es sie in seinem aktuellen Fokus nicht bewusst verarbeiten kann. Aber so entscheidet das Bewusstsein des Schöpfers immerhin *dynamisch*, was als nächstes - auch hinsichtlich seiner Erweiterung - passieren wird, sozusagen kollektiv mit seinen gerade unterbewussten Phasen. Was es *bewusst* wählt, geht dabei in die Entscheidungen all seiner anderen Aspekte *ein*, und das Ergebnis ist das Resultat ihres Austausches. Wir *ahnen* diese Zusammenarbeit mit dem Unterbewussten, wir *fühlen* unsere Holobewegung zwischen Außen und Innen - wir sind uns unserer umfassenderen Kreativität *gewahr*.

"Unterbewusste Determination" ist demnach der Einfluss unterbewusst getroffener Entscheidungen, an denen wir selbst beteiligt waren, denen wir aber auch jetzt keineswegs ausgeliefert sind. Wir beziehen ihre Impulse statt dessen immer noch *kreativ* ein. Wir haben diese innerhalb der ganzen Ausdehnung unserer Individualität *als Alternativen* berücksichtigt, zwischen denen unser jeweils zuständiger Bewusstseinsaspekt *wählte*. Selbst die abgelehnten Wahrscheinlichkeiten, auf die solche Impulse verwiesen, gingen dadurch in unseren Entscheidungsprozess ein. Wir *müssen* sie nicht noch einmal berücksichtigen - die Empfindsamkeit ihnen gegenüber wird nicht negiert, aber "kreativ gedämpft". Währenddessen obliegt jede Entscheidung darüber, "wer" gerade entscheiden soll - "wir" oder ein unterbewusster Aspekt - ebenfalls Phasen unseres dynamischen Selbst, die sich mit unserem gegenwärtigen Bewusstseinsfokus austauschen. Die Infinitesimalstruktur des Bewusst-

---

den Sinn. So wird seine relative Stabilität "kreatürlich" erhalten. (In *umfassendem* Sinn erschafft er sogar immer gleich viel, da ein künftig erweiterter Zustand dynamisch nicht weniger existiert als jeder beschränkte.)

seinstrichters vermittelt nicht nur quasistatisch, sondern wirklich *dynamisch* zwischen Realität und Universalkontinuum.[70] Unser Gewahrsein dieser Dynamik integriert alle "offen" umschriebenen Zentren, deren umgebende Fokusse uns gerade so einseitig bewusst werden, wie wir jeweils selbst sind. Damit integriert es aber auch alle aus der *Einheit* mit diesen Zentren getroffenen *Entscheidungen*.

Wir falten also die unendlich vielen Einflüsse anderer Bewusstseinsfokusse nicht ein, indem wir alle Informationen des Universums kopieren oder starr auf sie reagieren, und wir verzichten auch nicht auf sie, sondern jedes Bewusstsein beteiligt sich *direkt* an unserer *Kreativität*, so wie wir uns an der seinen. Diese Kreativität bezieht sich auf die potentiellen Standpunkte, die sie bereits berücksichtigt hat und von denen sie nun einen in unsere Realität emporhebt.

Auf die Richtung der Kreativität und die notwendige Harmonie des schöpferischen Bewusstseins mit anderen beteiligten Aspekten gehe ich an dieser Stelle nicht ein, da wir beides erst im vierten Teil ausführlich besprechen. Statt dessen möchte ich auf Grenzen und denkbare Erweiterungen des Trichtermodells hinweisen.

Es gibt viele Möglichkeiten, die allgemeine Struktur eines Bewusstseins darzustellen, wobei sich die bislang entwickelten - soweit sie mir bekannt sind - durchaus mit der in diesem Buch vorgestellten vertragen. Sie betonen andere Gesichtspunkte, verwenden andere Dimensionen oder sie schlüsseln die Eigenschaften des Bewusstseins weiter auf. Stefan von Jankovich beispielsweise zeichnet den Bewusstseinstrichter gewissermaßen linksherum, Arthur Young errechnete einen Torus (Bagel-Form) und Ken Wilber sieht ein Spektrum.[71] In einigen Modellen spielt die (Rückkoppelungs-) Frequenz des Bewusstseins eine große Rolle, die ein spezieller

---

[70] In der Tat ist die Dynamik jedes Bewusstseins unendlich, wie ich im nächsten Abschnitt zeigen werde.

[71] Stefan von Jankovich, "Die energetische Struktur des Menschen", Drei Eichen 1990; Arthur Young, "Der kreative Kosmos", Knaur 1987; Ken Wilber, "Das Spektrum des Bewusstseins", Scherz 1987

Aspekt der Komplexität ist, denn eine höhere Schwingungsrate fasst die Wechselwirkung von *mehr* Zuständen *enger* zusammen. Der Übergang zwischen unterschiedlichen Frequenzen beschreibt dann die Wechselwirkung zwischen einfachen und komplexeren Bewusstseinsfokussen. Östlich ausgerichtete Lehren vernachlässigen dagegen meist die Bedeutung des strukturellen Aspektes, indem sie ihn in der Einheit (einer Verneinung) von Einem und Vielem *auflösen* statt bewahren. Damit aber vernachlässigen sie auch die Bedeutung des Schaffens. So wie diese Theorien andere Seiten herausstellen, weisen sie auch andere Mängel auf und können einander ergänzen. Ein "vollständiges" Bild ist wie immer nur dynamisch möglich, als flexible Synthese unterschiedlicher Blickwinkel.

Ich bevorzuge meine Erklärung, da sie, wie ich glaube, die *grundlegenden* Eigenschaften des Bewusstseins am schlüssigsten und mit großem Entfaltungspotential zusammenfasst. In allen anderen mir bekannten Theorien gibt es keine Infinitesimalstruktur, die die Voraussetzung freier *und* bewusster Kreativität sowie der Interaktion einzigartiger Individuen ist. (Auch nicht bei Cassirer, der ihr immerhin recht nahe kam. Und Whitehead scheint genau dieser Begriff gefehlt zu haben.[72]) Die "Geheimlehre" nach H. P. Blavatsky beeindruckt in dem Zusammenhang, bietet aber zugleich ein derart starres Kategoriensystem an, dass man sich doch besser an das viel offenere und intuitivere Seth-Material von Jane Roberts hält.

Obwohl ich auch Erweiterungsansätze meines Modells untersucht habe, möchte ich nicht weiter auf abweichende Darstellungen eingehen; viel wichtiger ist es, jene Grundgedanken zu verstehen, die sich in allen weiterführenden Überlegungen verwirklichen.

Wir selbst haben im Laufe dieses Buches mehrmals die Betrachtungsweise gewechselt: von der des Beobachters zu der eines aktiv beteiligten Bewusstseins bis hin zur Erfahrung eines einzigartigen

---

[72] Ernst Cassirer, "Philosophie der Symbolischen Formen", Wissenschaftliche Buchgesellschaft 1964; Alfred North Whitehead, "Prozess und Realität", Suhrkamp 1987

Individuums. Je nach unserer Wahrnehmungsebene beurteilen wir die Erscheinungen der Welt (und deren Erscheinen) anders:

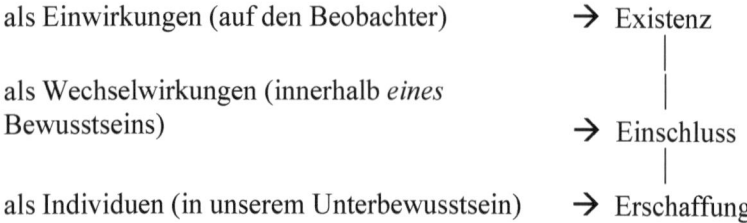

als Einwirkungen (auf den Beobachter) → Existenz

als Wechselwirkungen (innerhalb *eines* Bewusstseins) → Einschluss

als Individuen (in unserem Unterbewusstsein) → Erschaffung

Alle Ebenen gehen fließend ineinander über; jede hat ihre Berechtigung, denn keine könnte ohne die andere sein. Es besteht nur eine Asymmetrie im Umfang der Ebenen und in ihrer Verborgenheit voreinander: Dem Beobachter ist noch nicht klar, dass er ein Teil der Szenerie ist, und das Bewusstsein hat noch nicht verstanden, dass es immer nur sich selbst genießt (und doch stets über sich hinausgeht).

Mit dieser Einteilung *assoziiert* sind weitere Begriffsgruppen, die ich hier einfach in den Raum stellen möchte, in der Hoffnung, dass der Leser nicht *exakte* Verbindungen sucht, sondern die unscharfen Bezüge findet. (Einige Begriffe werden wir erst später diskutieren.)

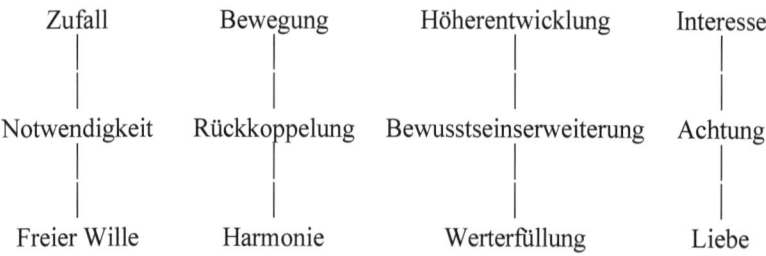

Zufall	Bewegung	Höherentwicklung	Interesse
Notwendigkeit	Rückkoppelung	Bewusstseinserweiterung	Achtung
Freier Wille	Harmonie	Werterfüllung	Liebe

Eine weitere Dreiteilung - wie alle anderen eine mehrfache dialektische Spirale von einem "Satz" zu einem darin angelegten (relativen) Gegensatz und schließlich einer höheren Einheit auf der Seite des Ausgangssatzes - möchte ich etwas genauer beschreiben. Sie bezieht sich auf die Bewegung als dem elementarsten und mächtigsten Begriff:

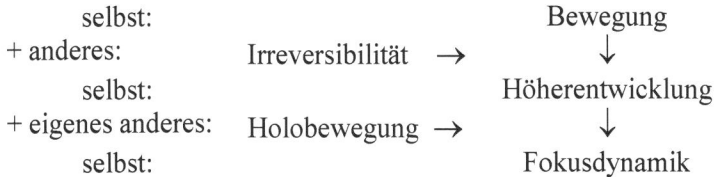

Bewegung betrifft immer den *gegenwärtigen* Moment, den "Kraftpunkt", der das Potential zu jeder Richtung enthält. Irreversibilität entsteht dann aus der Wechselwirkung vieler relativ *unabhängiger* Bewegungen (deren Kombinatorik) angesichts desselben offenen Potentials, was nun zusammen einen *unaufhebbaren* Bewegungszustand begründet. Die *Einheit* der Bewegung(en) wiederholt sich in neuer Form erst auf der nächsten Ebene, nach der Höherentwicklung zu einem selbstbezüglichen Komplex. Auch dessen "Negativität" (Veränderung) beruht auf der Asymmetrie des konkreten Zentralpunkt-(Objekt)-Halo-Verhältnisses, ist aber nun direkter Ausdruck einer selbstbewussten Individualität. Beziehen wir das diesem Selbst Unterbewusste ein, nehmen wir ein Wechselverhältnis *zwischen* seinem Inneren und Äußeren wahr, eine Holobewegung. Die Einheit der Selbstbewegung muss sich daher ein zweites Mal auf höherer Stufe konstituieren - in der Dynamik *eines* Bewusstseinsfokus.

Die Zwischenstufen relativer Teilung und das getrennte Betrachten einzelner Bewegungsaspekte erweisen sich als Abstraktionen von der vollständigen Dynamik des Bewusstseins. Sogar sprunghafte Veränderungen bedürfen der Kontinuität und umgekehrt. Diese *Tiefe* der Bewegung führt noch von der oberflächlichsten Bewegungsform immer wieder auf die Bewusstseinsdynamik zurück.

Assoziieren wir nun die Gruppen zur Existenz und zur Bewegung mit einer weiteren, die sich ebenfalls aus den bisherigen Darlegungen ableitet:

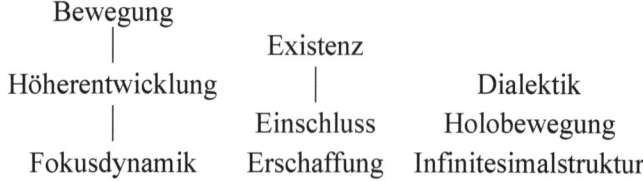

Natürlich ist die Zuordnung wieder nicht so eindeutig, sondern eher flexibel. Daher verzichte ich auf einen Kommentar und überlasse Sie Ihrer Intuition.

Die Form unvorhersagbarer Einflüsse wandelt sich mit der jeweiligen Wahrnehmungsebene von Zufall zu deterministischem Chaos bis hin zu unterbewusst gewählten Impulsen. Oder von einer äußeren Bedrohung zu einem inneren Risiko und endlich vertrauenswürdiger Spontanität. Kann aber ein erschaffenes Objekt während der ständigen Veränderung der Realität irgendwie erhalten bleiben?

Ausdehnung ist wohl die einzige Bewegung, die nicht unmittelbar zu einem Vergehen führt, denn jeder folgende Moment enthält die vorhergehenden noch in bisheriger Form. Lediglich deren Beziehung zum nunmehr erweiterten System ist neu. Gleichzeitig beschränkt sich ein expandierendes System ständig wieder in den einfacheren Ablegern, die es (re)produziert. Dadurch *erhält* sich seine Hierarchie vom Einfachen zum Komplexen *kreativ*, während sie sich ausweitet. Diese Holobewegung des dauerhaften Einbegreifens und er*neu*ten Ausstülpens stellt eine höhere Form der Ausdehnung dar, so wie Ausdehnung eine höhere Form der einfachen Bewegung ist. Doch kann eine solche *Umwälzung* beziehungsweise die zunehmende *Verwicklung* der Sprösslinge in eine größere Gesamtheit wirklich als Erhaltung gelten? Können wir dabei auf eine bleibende Bedeutung unserer originalen Schöpfungen hoffen? Oder werden sie bis zur absoluten Unkenntlichkeit verschlüsselt?

Die Antwort scheint wieder in der Dynamik des Bewusstseinsfokus zu liegen. Doch diese hat uns auch nicht vor der umfassenden Kreativität bewahrt. Und sollte etwas wirklich Neues nicht auch wirklich verschwinden können? Wir werden uns dieser Frage im nächsten Teil annehmen. Außerdem gehen wir auf die Suche nach den elementarsten Bewusstseinen und "Gott". Dabei werden wir mehr über unser Gewahrsein entdecken und schließlich unser Leben auf seinen Sinn und seinen Wert hin durchleuchten.

TEIL IV

"Extremformen" des Bewusstseins und das Gewahrsein

31. Bewusstseinseinheiten

Bislang haben wir aus guten Gründen die Ganzheit von Systemen betont, und ich habe keineswegs vor, plötzlich davon abzurücken. Weil aber jede Ganzheit *strukturiert* ist, stellt sich dennoch die Frage, ob es nicht "kleinste" Ganzheiten gibt, aus denen sich alle größeren Ganzheiten "zusammensetzen".

Wiederholen wir noch einmal, wie uns eine Struktur bewusst wird: Sie zirkuliert als ganze in unserem Bewusstsein, und ebenso zirkulieren ihre Teilaspekte in ihr selbst. Deren dynamische Wechsel *umschreiben* die Ganzheit und stellen ihrerseits umschriebene Bewegungen (oder "Bewegungsganzheiten") dar. Wir finden nichts Elementares, "das" sich bewegt - Bewegung ist auf nichts Grundlegenderes reduzierbar. Im Zentrum jedes sich bewegenden Teiles finden wir nur einen infinitesimalen Punkt.

Alles, was als "Elementarteilchen" in Frage käme, wäre also eine solche *Einheit* aus Umschreibung und Zentrum, ein elementares *Bewusstsein*. Nun fällt aber der Kern des von uns betrachteten Systems eigentlich in *unser* gegenwärtiges Bewusstsein. Wir leisten uns nur meist den Luxus, ihn zusammen mit dem Gegenstand unserer Betrachtung in eine "äußere" Welt zu projizieren, heraus aus dem, womit wir uns selbst identifizieren. Zugleich verteilen sich die Komponenten des "beobachteten" Systems mehr oder weniger auf die Randbereiche seiner Ganzheit, wobei sie diese Ganzheit *quasistatisch* umschreiben. Wir übersehen dabei, dass nicht nur jede Komponente, sondern auch die Gesamtheit des Systems ständig neu entsteht, sich aus der Tiefe unseres Bewusstseins entfaltet und wieder in diese zurückzieht. Es besteht eine dynamische Wechselbeziehung zwischen dem tiefen Zentrum und seiner oberflächlichen Peripherie. Demzufolge muss auch jede elementare Einheit des Bewusstseins einer solchen Tiefenfluktuation unterliegen.

Wir betrachten des Weiteren nicht allein Einheiten von Zentrum und Peripherie, sondern ebenso die Einheit der umschriebenen Teile mit ihrer Gesamtheit. Das heißt, wir nehmen stets eine *Infinitesimalstruktur* war, eine bis ins unendlich Kleine reichende flexible Synthese aus Umschreibung(en), infinitesimalen Kernen und Tiefenfluktuationen. Das infinitesimale Zentrum des Bewusstseins "wechselt kontinuierlich" zwischen allen gerade nicht bewussten Zentren, ungeachtet dessen, wie umfangreich sie umschrieben werden. Dieses stets aktuelle Zentrum ist *relativ* unabhängig von der Komplexität seiner Umschreibung, und wir finden es an jedem Punkt der Welt. Es ist der Kern einer Bewusstseinseinheit.

Das Zentrum selbst kann die Einheit natürlich *nicht* bilden. Es bedarf ja der Umschreibung. Doch es genügt, wenn deren Umfang minimal ist, seinerseits eine infinitesimale Annäherung von Umschreibung und Zentralpunkt. Ein solches kleinstmögliches, alles Reale transzendierendes Bewusstsein ist keineswegs frei von Qualitäten. Denn es bleibt gerade noch individuell, so einmalig wie jeder Kern eines *entfalteten* Bewusstseins. Eine Bewusstseinseinheit ist sozusagen der Gipfel und der Boden eines realen Bewusstseins, die Mitte seiner Oberfläche und die Mitte seiner Tiefe, wenn Sie so wollen, die fast (!) infinitesimale Achse. Diese extreme Nähe zum zentralen Universalkontinuum gestattet die *direkte* Verbindung aller Bewusstseinseinheiten, die sich zum Beispiel in der bereits besprochenen Identität aller Entscheidungen ausdrückt, aber auch darin, dass die Individualität jeder Bewusstseinseinheit unmittelbar in die aller anderen eingeht.[73]

Dennoch: Bewusstseinseinheiten können nur in komplexen Bewusstseinen erscheinen, nur innerhalb solcher existieren. Sie selbst sind zugleich elementar und allgegenwärtig; sie unterscheiden sich nicht durch ihre Tiefe, obwohl ihre wahrnehmbaren Erscheinungsformen bekanntermaßen Hierarchien bilden (welche vor dem absoluten Universalkontinuum wieder alle relativ sind). Erst solche

---

[73] Ich weiß nicht, inwieweit meine Vorstellung von einer Bewusstseinseinheit (oder von All-dem-was-ist im nächsten Kapitel) mit derjenigen Seths übereinstimmt. Da Seth sich auf die Andeutung von Eigenschaften beschränkt, gestatte ich mir, deren logisch konsistenten Kern selbst herzuleiten.

Hierarchien und Vermittlungen machen Entscheidungsprozesse *nachvollziehbar*. Und aller zugesprochenen Individualität zum Trotz können Bewusstseinseinheiten nur auf diesem Niveau verglichen und unterschieden werden, denn jede unmittelbare Beziehung aufeinander würde lediglich eine weitere elementare Einheit schaffen. Die weniger infinitesimalen Strukturen, einschließlich dynamischer und determiniert erscheinender Formen des Zusammenwirkens, sind unverzichtbarer Bestandteil jeder Infinitesimalstruktur.

Bewusstseinseinheiten sind durchaus nicht statisch. Die Bewegung von einem Bewusstseinsfokus zum anderen hat ja auch den Wechsel der Zentren zur Folge, das heißt die Veränderung aller Einheiten im jeweiligen Bewusstseinstrichter. Alte und neue Einheiten gehen ineinander über, sie *durchdringen* einander. Wie aber ist das bei "elementarsten" Einheiten möglich? *Individuelle* Einheiten müssen eine *Struktur* besitzen, und sei sie noch so infinitesimal. Dies bedeutet, dass jede Bewusstseinseinheit *andere* Bewusstseinseinheiten *enthält*. Wie kann sie dann elementar sein? Ihre Peripherie muss mit ihrem Infinitesimalkern *vermittelt* werden. Aber wodurch?

Bedenken wir, dass jedes Bewusstsein fluktuiert: als ganzes in seine jeweils unterbewusste Tiefe und wieder herauf. So auch seine kleinsten Einheiten. Da sich die Bewusstseinseinheiten aber nicht durch ihre Tiefe unterscheiden, sich deshalb nicht in tiefere Einheiten zurückziehen können und schon das minimalste Bewusstsein darstellen, muss ihre Fluktuation bis exakt in den zentralen Nullpunkt reichen. Nur so kann die Verbindung zum infinitesimalen Kern hergestellt werden. Gleichzeitig löst sich das Problem der gegenseitigen Durchdringung: Die Kontraktion einer Einheit bis Null bedeutet die Expansion einer anderen bis zu ihrer normalen "Größe". Dabei ermöglicht die *infinitesimale* Einheit von Nullpunkt und Umschreibung eine Fluktuationsdauer von exakt null Sekunden. Das Ergebnis ist eine Einheit beider Fluktuationsrichtungen: Ein Paar von Bewusstseinseinheiten erscheint immer als *eine* Bewusstseinseinheit. Wenn also zwei Einheiten einander durchdringen, "durchtunnelt" die eine die andere als Nullpunkt. Solange es freilich nur um *zwei* Einheiten geht, besitzt noch keine der beiden eine Struktur. Das Enthaltensein aller Bewusstseinseinheiten in jeder einzelnen bedeutet vielmehr den *sofortigen* Übergang jeder infinitesimalen Einheit *nacheinander* in alle anderen. Diese infinitesimalste Form einer Infinitesimalstruktur bildet einen unverzichtbaren und allgegenwärtigen Bestandteil jedes weniger infinitesimalen Bewusstseins. Wir sind über unsere Bewusstseinseinheiten direkt mit allem anderen Bewusstsein verknüpft, wobei keine Informationsübertragung im üblichen Sinn stattfindet, sondern die Verknüpfung in einer gerade noch *bedeutungsvollen Identität* besteht.

Präzisere und detailliertere Informationen erhalten wir durch die Verflechtung mit komplexeren Bewusstseinen und dem Unterbewusstsein, wo sie sowohl gespeichert als auch verarbeitet werden können. Dem steht nicht entgegen, dass *Ergebnisse* der Informationsverarbeitung von kleineren Teilbewusstseinen übermittelt werden, zum Beispiel in Form von Impulsen. Aber lediglich Bewusstseinseinheiten erreichen Vergleichbares unmittelbar.

Theoretisch sollte sich auch der Fokus eines komplexen Bewusstseins in den einer Bewusstseinseinheit verschieben lassen, so dass das Universum auf eine zwar diffusere Weise, aber unverstellt von groben Kausalnetzen wahrgenommen wird. Ich glaube, bestimmte spirituelle Erfahrungen, bei denen man sich über die ganze Umgebung *verteilt* empfindet, gehen unter anderem auf jene bedeutungsvolle Identität aller Bewusstseinseinheiten zurück. Da sich alles Bewusstsein aus solchen Einheiten aufbaut, sollte auf jedem Niveau etwas von deren Gewahrsein spürbar bleiben. Das komplexe Individuum erfährt sich von einem übergreifenden Standpunkt, der unmittelbar mit der "Außenwelt" vereint. Je offener sein Fokus, desto mehr Bewusstseinseinheiten hört es raunen.

32. All-das-was-ist

Die individuellen Bewusstseinseinheiten müssen wir unterscheiden vom absoluten Reflexionspunkt des Universalkontinuums.

Während eine Bewusstseinseinheit die infinitesimale (und relativ selbständige) Einheit *einer* bestimmten Realität mit ihrem zentralen Universalkontinuum verkörpert, bedeutet der absolute Reflexionspunkt die infinitesimale Einheit *aller* Realitäten. Natürlich wirkt schon das Zentrum jedes einzelnen unendlichen Individuums reflektierend. Mit dem *absoluten* Reflexionspunkt meine ich jedoch den *divergenten Zusammenfall* aller Individuen im Universalkontinuum. Dieser geht ebenfalls sofort über das Universalkontinuum hinaus, resultiert aber in einem *übergangslosen* und *neutralen* Wechsel aller Welten. Hier sind sie als solche infinitesimal mit dem absoluten Universalkontinuum vereint.

Für diesen Reflexionszustand gilt analog den Bewusstseinseinheiten, dass er nur für reale, *auch* nichtinfinitesimale Welten Bedeutung hat. Er schließt die Individualität jeder Welt *dynamisch* ein und befindet sich daher stets *in* einem realen Bewusstsein. Sein einziger Unterschied zur Realität dieses Bewusstseins besteht darin, dass er nicht an sie gebunden ist. Er präsentiert lediglich eine bestimmte Form All-dessen-was-ist.

Dabei ist jede dieser konkreten Formen individuell genug, um ein Unterbewusstsein und damit Kreativität zuzulassen. Während sich All-das-was-ist dynamisch vom einfachsten Partikel bis zum unendlich fernen Universalkontinuum erstreckt, überrascht es sich in jeder Form mit der eigenen Schöpferkraft. Als *insgesamt bedeutungsvolles* Wesen verkörpert es das komplexeste noch mögliche Bewusstsein. Manche würden es sicher als "Gott" bezeichnen. Aber es ist ein Gott, der sich ununterbrochen neu erschafft.

Betrachten wir es noch einmal anders herum: Wir haben über die Freiheit eines Bewusstseins gesprochen, sich in andere hineinzuversetzen, und darüber, dass diese Freiheit mit der Komplexität des Bewusstseins zunimmt (Kapitel 24). Maximale Freiheit können wir deshalb der komplexesten Bewußseinstruktur zuschreiben, also

All-dem-was-ist. Es handelt sich um eine *unendlich* komplexe Struktur, kurz vor dem Zusammenfall in die Identität. Demzufolge muss dort auch die Freiheit herrschen, sich für beliebige Beschränkungen in beliebigen Ablegern zu entscheiden. Ja, es ist nahezu unmöglich, dieses Potential nicht auch zu *nutzen*. (Es wäre extrem unwahrscheinlich, wie wir in Kapitel 5 und 11 erkannt haben.) *All-das-was-ist* bedeutet schließlich, noch die einfachsten Strukturen *als solche* integriert zu haben (vergleiche Kapitel 14) - ein notwendigerweise *dynamischer* Anspruch.

Heißt das aber nicht, dass All-das-was-ist auch die dynamische *Unfähigkeit* seiner Ableger übernehmen muss, um deren Standpunkte authentisch zu erfahren? Wenn es seine Absicht ist: Ja. In diesem Fall kann das Verlassen des eingeschränkten Zustandes nur noch von "außen" bewirkt werden, vom (eventuell vorher "programmierten" und/oder jetzt unerwartet initiierten) Unterbewusstsein. Im Gegensatz zur unverbindlichen Einstellung eines bestimmten Bewusstseinsfokus, wobei das Potential All-dessen-was-ist in Reichweite bleibt, wird nun selbst dieses Potential potentiell: Es ist nicht mehr beliebig verfügbar. Im "schlimmsten" Fall muss sich das gegenwärtige Bewusstsein von neuem zu All-dem-was-ist entwickeln.

Mitunter erscheint letzteres als die Regel, als der universelle Prozess schlechthin. Würden wir uns allerdings auf diesen Weg beschränken, müssten wir nicht nur unsere Erörterung "Gottes" abbrechen, sondern uns zudem selbst verleugnen. Denn unsere relative Stabilität beruht gerade auf unserer *gegenwärtigen* Holobewegung, der permanenten Fokusdynamik zwischen einem endlichen Bewusstsein und dem unendlichen Unterbewusstsein. Die Frage ist nur wieder einmal, wie weit uns diese Bewegung bewusst wird.

Damit eine dynamische Komplexität (wie jene All-dessen-was-ist) reale Bedeutung gewinnt, muss sie irgendwie quasistatisch zusammengefasst werden, hatten wir in Kapitel 25 festgestellt. Sie soll andererseits dynamisch bleiben und nicht in einem aktuellen Objekt kondensieren. Dann schon eher in Form eines *real wirksamen Potentials*, eines "Möglichkeitstrichters", der *als solcher existiert*. So schwingen nicht nur beim Hören einer Melodie und beim

Betrachten eines Films, sondern auch im wirklichen Leben Variationen mit, von denen wir jede einzelne hervorheben können, während wir die anderen gedämpft als Hintergrund oder Halo wahrnehmen. Wir *bewegen* uns geistig zwischen diesen Wahrscheinlichkeiten und *realisieren deren Überlagerung* auf jeweils individuelle Weise. Sogar der *imaginäre* Halo, in dem die Variationen *unter*bewusst werden, geht in unsere Wahrnehmung vordergründiger Objekte ein. Die subtilen Abweichungen, das in der gegenwärtigen Situation liegende Potential, wird nach hinten (beziehungsweise unten oder innen) immer unbestimmter, bleibt aber auf *unser* Bewusstsein bezogen. Wir sind uns des bewussten *und* unterbewussten Umfeldes gewahr, aus dem wir unsere Realität *erwählen*.

Dabei ist der Umfang der Fokusdynamik nicht an sich begrenzt, sondern allein in unserem Bewusstsein. Wenn wir uns in eine bestimmte Ebene nicht hineinversetzen können, ist dort nicht einfach Schluss. (Auch nach innen gibt es keinen Grund für eine endgültige Grenze; vergleiche Kapitel 2.) Wir sind lediglich außerstande, jenen Fokus auf *unserer* Bewusstseinsebene zu entschlüsseln. Daher scheint es, als ob *unser* Fokus unverrichteter Dinge wieder auftaucht - wir erwachen aus einer "traumlosen" Phase. Aber wir *spüren*: "Da war etwas." Oder: "Da *ist* etwas." Unser Bewusstsein ist unweigerlich mit allen anderen verknüpft und seine Dynamik in umfassendstem Sinn diejenige All-dessen-was-ist - die Bewegung *eines* Bewusstseins in unterschiedlichen Fokussen und von Individuum zu Individuum. Die Allgegenwart dieser Dynamik bedarf einer unendlichen Geschwindigkeit - des augenblicklichen Wechsels zwischen allen Realitäten, wobei nur das *Überspringen* vieler Phasen unser begrenztes Bewusstsein ermöglicht und seine dementsprechende Erfahrung einer "langsameren" Fluktuation.

Diese langsamere Fluktuation macht dennoch, genauso wie die allmähliche Höherentwicklung unseres Bewusstseins, einen *Teil* der Erfahrung All-dessen-was-ist aus. In einer unendlich hohen Schwingungsfrequenz sind alle anderen Frequenzen enthalten. Und weil diese Schwingung zugleich eine Schwingung *zwischen* den Frequenzen ist, werden sie alle *als solche* einbegriffen.

Unsere Fähigkeit zur umfassenden Realitätsveränderung besteht (nach Kapitel 28) darin, dass wir uns auch für eine andere *kollektive* Wahrscheinlichkeit entscheiden können, sofern - abhängig von den mehr oder weniger bewussten Entscheidungen der beteiligten Individuen - eine solche "in Reichweite" liegt. Das absolut freie Bewusstsein All-dessen-was-ist verfügt dagegen über *alle* unendlich dicht gepackten Möglichkeiten des Universalkontinuums. Seine Fokusverlagerung hängt also nicht von den Entscheidungen anderer Individuen ab, obwohl (oder gerade weil) jeder seiner Standpunkte diese Individuen einschließt. Vielmehr stimmen *all* seine Entscheidungen mit einer entsprechenden Wahl der beschränkteren Bewusstseine überein. Nur wenn sich das Bewusstsein All-dessen-was-ist mit dem begrenzten *Selbstbewusstsein* - und damit der dynamischen Unfreiheit - seiner jeweils gewählten Verkörperung identifiziert, existieren plötzlich gegensätzliche Aktivitäten. Denn dann entscheiden einige Individuen *als andere*. (Die ausschließliche Einschränkung auf einen bestimmten Beobachtungsstandpunkt hätte indessen nur die *Unvorhersehbarkeit* mancher Aktionen zur Folge gehabt.)

Insofern auch alle beschränkt selbstbewussten Individuen Ableger des freien All-das-was-ist darstellen, welches die ganze Strecke bis zu seinem beschränkten Zustand in immer engere Selbstbewusstseine staffelt, wurde auf diesem Weg der scheinbare Unterschied zwischen dem aktiven Handeln eines Individuums und dem passiven Hinnehmen der Aktivitäten anderer geschaffen. Im Grunde bilden all deren Aktionen eine Einheit.

Man könnte hier zwar meinen, dass ein beschränktes Bewusstsein All-dessen-was-ist *immer* ein entsprechend eingeschränktes Selbstbewusstsein bedeutet und demnach kein Wissen von der ureigenen All"macht" ermöglicht. Wir könnten diese dann auch nicht bewusst nutzen. Doch wir werden gleich sehen, warum das so nicht stimmt.

33. Das Gewahrsein

Das absolut freie Bewusstsein All-dessen-was-ist wird nicht durch seine aktuelle Realität charakterisiert, sondern allein durch sein uneingeschränktes *Potential* zum Annehmen beliebiger Zustände. Es gibt also nur *ein* absolut freies Bewusstsein. Und sein Potential besteht aus beschränkten Bewusstseinsfokussen, denen ihre hohe Dynamik größtenteils unterbewusst bleibt.

Deren verbliebene Freiheit gründet, wie jene des freiesten Bewusstseins, auf der infinitesimalen Einheit mit dem Universalkontinuum. Alle Aktionen sind eine identische Entscheidung (Kapitel 22 und 23). Doch aus dem gleichen Grund sind die Aktionen jedes einzelnen Bewusstseins relativ *unabhängig* von denen aller anderen. Ebenso wenig können dem freiesten Bewusstsein all die *individuellen* Standpunkte *zugleich* bewusst sein. Es kann also auch sein Potential nicht *im Detail* kennen. Wohl aber kann es sich seines Potentials *als solchem* bewusst sein, als dynamische Freiheit *an sich*. Diese infinitesimale Einheit zwischen seinem aktuellen (quasistatischen) Bewusstseinsfokus und dessen offener Dynamik ist sein Gewahrsein.

Worin besteht aber *unser* Gewahrsein? Nun, wir sind nicht umsonst so ausführlich auf die Realität All-dessen-was-ist eingegangen. Denn *grundsätzlich* kann sich unser Gewahrsein nicht von dem seinen unterscheiden. Wir sind ein *Zweig* des absoluten Reflexionszustandes, dessen permanente Erzeugung ein ebenso dynamischer Vorgang ist wie die universelle Reflexion selbst. Daher kommt das universelle Gewahrsein in individuell veränderter Form auch jedem *beschränkten* Bewusstsein zu, das heißt, die Verbindung zum unendlichen Potential ist *offen*. Es *kann* dieses Potential also wahrnehmen. Warum macht es dann kaum Gebrauch von ihm?

Die gleiche Frage wäre: Warum spaltet sich der absolute Reflexionszustand des Universalkontinuums überhaupt auf? Er *ist* Aufspaltung schlechthin, ein Individuum, dessen Realität in seiner Dynamik besteht. Dieselbe ist keineswegs unstrukturiert, wie etwa die absolute *Identität* des Universalkontinuums. Vielmehr vereint sie letztere infinitesimal mit der *Individualität* aller diskreten Standpunkte. Und jede solche Individualität bedeutet ein Bewusstsein ihrer selbst. Sie besteht also nicht nur im Gewahrsein ihrer individuellen Hierarchie, sondern gerade *dieses Gewahrsein* beinhaltet *auch* ein Bewusstsein der eigenen (Gipfel-) Position. Mit diesem Bewusstsein (gewissermaßen einer *zusätzlichen* Reflexion) schließt man sich anscheinend von der universellen Dynamik aus; in Wirklichkeit jedoch höchstens partiell und vorübergehend, denn auch so ein Selbstbewusstsein bildet im Grunde nur einen Ausläufer des *unendlichen* Potentials zur vollständigen Selbstreflexion - nämlich über die unerschöpfliche Vielfalt *anderer* Standpunkte (siehe Kapitel 20). Diese Vielfalt ist wieder die gleiche, in die sich der absolute Reflexionszustand ergeht.

Wir sind damit zurück beim individuellen Gewahrsein: Aber je nach dem gewählten Rang des Selbstbewusstseins wird sein Kanal enger oder weiter. (Es handelt sich natürlich um den Trichterkanal des Bewusstseins.) Ganz zu schließen ist er nicht. Immerhin verhindert die teilweise "Abschnürung" des Unterbewusstseins, dass wir uns des Potentials zur Erschaffung beliebiger Welten willkürlich bedienen. Weder uns noch All-dem-was-ist täten wir damit einen Gefallen. Wir wurden geschaffen, um *unsere* Realität zu erleben, uns *aus dieser heraus* zu entwickeln und so auch All-das-was-ist zu bereichern. Andererseits könnten wir dem nicht entsprechen, wenn wir uns ewig an eine einzige Realitätserfahrung binden. Ein bewussteres Gewahrsein unserer Möglichkeiten und unserer multidimensionalen Individualität sollte uns hier allzu enge Grenzen überschreiten lassen - während wir gleichzeitig zu unserer freiwillig übernommenen Aufgabe stehen.

Gewahrsein bedeutet, kurz gesagt, eine konkrete Einheit von Infinitesimalem, Unendlichem (Infinitem) und Rückkoppelung als solchen - Bewusstsein/Unterbewusstsein als strukturiertes beziehungsweise infinitesimalstrukturiertes Ganzes.

- Gewahrsein ist durch unser Denken lediglich eingrenzbar und wesentlich näher kommt ihm sein Empfinden. Denken, Empfinden und noch Tieferes sind in ihm vereint.

- Gewahrsein ist keine quasistatische Näherung. An die Stelle eines umschriebenen Kondensates tritt die ganze Strecke ins Unendliche. Umgekehrt erstreckt sich All-das-was-ist durch alles hindurch.

- Gewahrsein vereint Objekte mit deren nachempfundener Subjektivität, die quasistatische Wirklichkeit mit der eigenen Bewusstseinsdynamik, das *existierende* Potential mit seiner Herkunft aus der permanenten Selbstbeschränkung All-dessen-was-ist.

- Gewahrsein ist die natürliche Realität des Unterbewussten, denn dieses existiert *nur* dynamisch. Dabei bleibt es bis in die tiefste Tiefe individuell, da es alle anderen Fokusse auf einzigartige Weise einordnet.

- Gewahrsein vereint die unendlichen, endlichen und unmittelbaren Verbindungen zum absoluten Universalkontinuum und damit zu allem anderen. In ihm verschmelzen Fokusdynamik, Impulse und Entscheidungen zu einer letztlich totalen Einheit von Determination und Freiheit.

- Gewahrsein erreicht alle Bewusstseinseinheiten und zeugt vom universellen Einfluss jedes Individuums.

Die Stärke dieses Einflusses ist unabhängig von dessen *realisiertem* Umfang, denn jedes Gewahrsein ist ein Gewahrsein All-dessen-was-ist. Hierarchie gibt es nur im Vergleich von Einseitigkeiten. Hier dagegen handelt es sich um die infinitesimalstrukturierte Einheit von allseitiger Unendlichkeit und Individualität - sozusagen um eine "individuelle Allseitigkeit" oder "allseitige Individualität". Bitte versuchen Sie intuitiv den Unterschied, die *Offenheit* im Vergleich zu einem bloßen *Bewusst*sein zu erfassen. Mit "reiner" Logik gerät man fast unweigerlich aufs Glatteis.

Vereinfacht ausgedrückt, verbindet Gewahrsein das Bewusstsein mit dem vollständigen Individuum, welches alle anderen Individuen *einschließt*. Da Gewahrsein bewusst ist, wird es durch den realisierten Teil des Individuums beeinflusst. Und jede Veränderung dieses Gewahrseins bedeutet eine Veränderung des Gewahrseins aller anderen Individuen - *aber auch umgekehrt,* denn sie sind alle ineinander enthalten. Letztendlich beeinflusst jedes Individuum alle anderen *in gleichem Maße*. Dies gilt unabhängig von ihren *bewussten* Beziehungen zueinander.

Ein Gewahrsein kann sich indessen beim *bewussten Vergleich* mit anderem einseitiger oder allseitiger darstellen, je nachdem wie allseitig komplex es in seinem bewusstesten Teil ist. Der Reichtum seines tiefen Potentialempfindens muss mit der Komplexität seiner Wahrnehmung *korreliert*, das heißt locker verknüpft sein. Schließlich ist sich eine Schabe ihrer Flexibilität weniger inhaltsreich gewahr als ein Mensch. (Andererseits schränkt dieser sein Gewahrsein manchmal derart ein, dass die Schabe im Vergleich zu ihm mit der *intuitiven* Weitsicht eines Genies zu agieren scheint. Wie im Traum handelt sie aufgrund einer Jahrmillionen währenden Erfahrung, ohne sich dieser im Einzelnen bewusst zu sein.) Gewahrseinserweiterung bedeutet demnach die Erweiterung der bewussten Komplexität und/oder des spürbaren Potentials.

Freilich wird auch das gewahrte Potential irgendwann unscharf. Es verschmilzt mit jenen offen umschriebenen Zentren (siehe Kapitel 30), deren letztlich infinitesimale Einheit das gesamte Potential des Universalkontinuums enthält. Die unvorhersehbare Realisierung derart eingeschlossener Möglichkeiten kann nun überraschende Gewahrseinsveränderungen hervorrufen, welche das Individuum zu gefährden scheinen. Plötzlich löst das Unterbewusstsein eine immense Verschiebung oder Erweiterung des Bewusstseins aus, wie sie manche Menschen erleben, bei denen sich wie aus heiterem Himmel paranormale Fähigkeiten zeigen. Individualität und ihre Erhaltung gründen indessen nicht auf einem bestimmten Selbstbewusstsein an sich, sondern auf der dynamischen Beziehung zu All-dem-was-ist, aus der sie hervorgehen. Und *diese Beziehung* kann das *bewusste* Potential des Individuums durchaus gefahrlos verändern. Die Unberechenbarkeit des Unterbewussten erwächst aus nichts anderem als der ständigen *Spezialisierung* des Bewusstseinsfokus. Wir sollten ihr daher genauso vertrauen wie unserem bekannten Selbst.

Dieses Vertrauen nennt Seth die "magische Einstellung".[74] Sie beruht auf dem Wissen um den tiefen harmonischen Zusammenhang aller Individuen und Realitäten, aus dem heraus sich unser Dasein kreativ gestaltet. Jedes Kleinkind verfügt intuitiv über dieses Wissen und befreit es in einem *Spiel* mit der Realität. Durch sein spontanes Handeln entfaltet es den natürlichen Informations- und Energiefluss aus seinem Wesen, der sich an einer ebenso spontan "gegebenen" Umwelt ausrichtet. Diese Umwelt erscheint längst nicht so "hart" wie die eines Erwachsenen: Mit dem Spiel verwandelt sie sich zum Beispiel von einer Autorennbahn in einen Bahnhof und schließlich einen Pferdestall. Das Kind versetzt sich wechselweise in die Persönlichkeiten seiner Puppen und lässt sie miteinander kommunizieren. Dabei verschwindet der Unterschied zwischen Außen und Innen; in jeder Puppe kondensiert ein Ableger des kindlichen Selbst. (Eigentlich fing dies schon mit der bedarfsgerechten Herstellung der Puppen an, setzte sich über deren Auswahl im Laden fort usw.) Ist der ständige Fluss von einem Fokus zum anderen beim Erwachsenen etwa versiegt?

Auch wir ertappen uns zuweilen bei geistigen Rollenspielen. Allerdings trennen wir fein säuberlich zwischen "Phantasie" und "Wirklichkeit". Dabei könnten wir genauso schnell zwischen den realen Blickwinkeln unserer Mitmenschen wechseln, wenn wir uns diesem Potential nur *öffneten*. Wir würden unsere Realität, unser Selbst, auf vielfältigste Weise erfahren, diese Erfahrungen in einem umfassenden Gewahrsein integrieren und alle Verständigungsblockaden über Bord werfen. Während wir der vordergründigen Realität folgen, würden wir auch Alternativen dahinter wahrnehmen und Weisheit aus der Wechselbeziehung mit ihnen schöpfen. Das entstehende Gemeinschaftsgefühl wäre schließlich in der Lage, traumähnliche mit physisch orientierten Fokussen zu *verbinden* und auf diese Weise Beziehungen zwischen Akteuren und Situationen zu berücksichtigen, die uns sonst vollkommen entgehen. Spontane Durchbrüche einer umfassenderen Wirklichkeit erschienen nicht mehr bedrohlich - wir könnten sie statt dessen als passende

---

[74] Jane Roberts, "Träume, 'Evolution' und Werterfüllung", Band 2, Ariston 1990, Kapitel 5

Gelegenheiten, erlesene Herausforderungen oder dringend notwendige Hilfe willkommen heißen. Wir wären *bereit*, angemessen zu reagieren.

Verhindert vielleicht unser pausenloses Hin- und Herüberlegen, dass wir inneren Impulsen oder äußeren Anstößen vertrauen? Nein, das glaube ich nicht. Unsere Fähigkeit zum logischen Denken haben wir nicht ohne Grund entwickelt. Sie gestattet uns eine einzigartige Realitätserfahrung, in der uns weit mehr Alternativen zur Auswahl stehen als einem Tier. Die rationale Erwägung ermöglicht es uns *auf ihre Weise*, unwillkürliche Einflüsse weitergehend zu beurteilen, ganz unterschiedlich (kreativ) zu nutzen und solche Impulse und Chancen hervorzubringen, die unserer bewussten Realitätseinschätzung Rechnung tragen. Denken steht dem Gewahrsein nicht gegenüber, sondern ist selbst eine Erfahrung, eine wesentliche *Komponente* des Gewahrseins. So sollten wir unsere Vernunft auch vernünftig handhaben und weder auf sie verzichten noch mit ihr die Magie der "inneren" und "äußeren" Spontanität unterdrücken. Denn genau diese Spontanität ist es, welche unsere rückkoppelnd verfestigten Möglichkeitsrahmen sprengt und dadurch neue wählbare Alternativen schafft.

Wiederum kann aber das individuelle Gewahrsein mehr oder weniger mit der tiefen Komplexität des Geschehens harmonieren. Es entsteht aus unzähligen *Entscheidungen* (Kapitel 30), deren Freiheit den vollen Spielraum zwischen Anpassung und Rebellion überspannt, von einem ausgewogenen Verhältnis beider Tendenzen bis hin zu extremer Einseitigkeit. Ein bewussteres Gewahrsein beinhaltet Entscheidungen für eigene Wünsche *an* das Unterbewusstsein, im Zusammenspiel mit den dort entspringenden Impulsen und den äußeren Gegebenheiten, in denen sich diese Wünsche verwirklichen sollen. Darauf kommen wir in den nächsten Abschnitten zurück.

Eng verbunden mit dem Begriff des Gewahrseins ist der Begriff der Zeitlosigkeit. Das gewahrte Potential, all die wechselnden Standpunkte stellen nicht unbedingt eine *zukünftige* Realität dar. Oder anders gesagt: Die Realität, auf welche das Potential verweist, ist in gleichem Maße *vergangen*. Die Dynamik des Bewusstseinsfokus ist zyklisch; wenngleich sich das Bewusstsein immer in irgendeine Richtung entwickelt. (Die *Unendlichkeit* dieser Entwicklung bedeutet in endlichen Begriffen Irreversibilität - obschon das Gewahrsein immer *alle* möglichen Punkte des Weges *zusammenfasst* - vergleiche Kapitel 28.) Zeitlosigkeit beschreibt das Erleben einer Gegenwart ohne Vergangenheit und Zukunft, da sie beide bereits enthält. Sie meint das *gegenwärtige* Erleben von Veränderung, die infinitesimale Einheit von Bewegung und Ruhe, die Identifizierung mit der individuellen, All-das-was-ist dynamisch einschließenden Infinitesimalstruktur.

In der Meditation Erfahrene beschreiben Zustände sogenannten "reinen Bewusstseins", in denen der Strom des objektgebundenen Geschehens zum Stillstand kommt und nur noch das eigene umfassende Sein empfunden wird. Ich denke, es handelt sich dabei um ein Gewahrsein tieferer Fokusdynamik, die sogar im meditierenden Bewusstsein nur bis zu jener symbollosen Präsenz entfaltet wird. Indem dieser Kern der Individualität auch nach der Meditation bewusst bleibt, erscheint die psychophysikalische Lebenswelt in einem klareren Licht. Das Individuum ist sich seiner ureigenen Realität bewusster gewahr als eines, das seine tieferen Zustände verdrängt. Es kann somit furchtlos neuen Erfahrungen entgegengehen.

Verdeutlichen wir uns noch einmal, wie alle beschriebenen, mehr oder weniger infinitesimalen Struktureinheiten zusammenhängen.

Das absolute Universalkontinuum ist diffus und für uns imaginär. Es muss sich in strukturierte Realitäten ausdrücken, denn absolute Vollständigkeit würde auf die Vielfalt des Individuellen verzichten und wäre dann eben *nicht* mehr vollständig.[75] Sie ist nur als *Potential* möglich, Potential als solches. Dadurch existiert das Universalkontinuum nur als Reflexionspunkt, ja es befindet sich in ei-

---

[75] Es gibt auch keinen vollständigen Informationsgehalt aller Realitäten, denn dieser bezöge sich nur auf einen "objektiven" Näherungsbegriff von Information - nicht auf die ihrerseits unendliche Vielfalt von subjektiven Erfahrungen, *aus denen heraus* die Individuen *handeln* und denen daher selbst ein Informationswert zukommt. Vollständigkeit gibt es lediglich dynamisch.

nem ständigen Reflexions*zustand*, einem permanenten Wechsel zwischen allen "niederen" und "höheren" Realitäten.

Jedes Bewusstsein einer solchen Realität ist sich dieser Dynamik auf individuelle Weise gewahr, wobei es von seinem Selbstbewusstsein aus der umfassenderen Bewegung herausgefiltert wird. Damit erst trifft es eine Unterscheidung zwischen Potential und Realität, zwischen Wahrscheinlichem und Wirklichem. Das nunmehr stabilisierte Bewusstsein kann seinen dynamischen Freiheitsgrad und die Menge der überschaubaren Informationen wieder systematisch steigern oder/und den verstellten Zugang unterbewusst öffnen lassen. Eines fördert das andere, und die jeweilige Unvollständigkeit des Vollbrachten treibt selbst zu weiteren Schöpfungen an. Jedes Potential ist das Potential eines *begrenzten* Bewusstseins - bis die *absolute* Freiheit des Universalkontinuums Potential und Realität wieder vereint.

Diese Einheit, die selbst ein bestimmtes Gewahrsein bedeutet, vereint zugleich Universalität und Individualität (des Ganzen wie des Einzelnen). Ihre maximale Kondensation für das jeweils Reale ist All-das-was-ist und das minimale Gegenstück dazu jede Bewusstseinseinheit. Die Einheit von Universalität und Individualität realisiert sich aber mit unterschiedlichem Verhältnis auch in jedem noch so eingeschränkten Gewahrsein. Ein solches Gewahrsein ist in dem Maße individuell, wie das Gewahrsein All-dessen-was-ist vergleichsweise universell ist: Alles Gewahrsein geht infinitesimalstrukturiert ineinander über.

Unter Berücksichtigung dessen, dass Infinitesimalstruktur auch Nichtinfinitesimales beinhaltet - nämlich Objekte und den ihnen angemessenen (auch in imaginärer Form noch ausgedehnten) Halo -, erhalten wir das folgende Beziehungsgerüst:

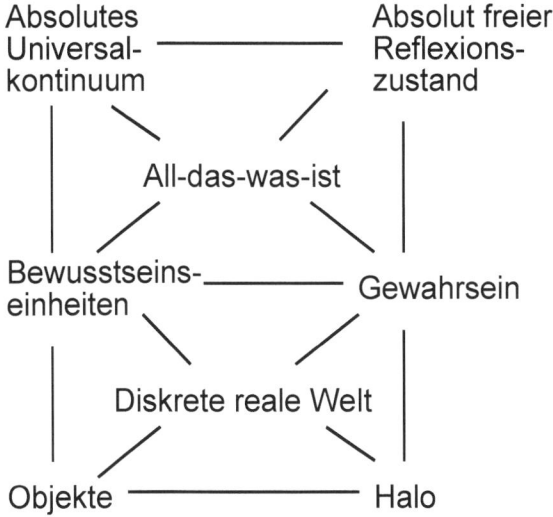

Sie können sich schon denken, dass es hier nicht um die exakt "rechteckige" Struktur geht. Eine genaue geometrische Projektion dieser Beziehungen würde eher unregelmäßig und wechselhaft ausfallen; aber deswegen nicht weniger harmonisch. *Spielen* Sie doch ein bisschen damit ...

Die umfassende Gerichtetheit

34. Fließende Energie

"Alles ist Energie", lese ich oft in esoterischen Texten und zunehmend auch in wissenschaftlich orientierten Abhandlungen. Genaugenommen bedeutet dies nichts anderes, als dass alles *Potential* ist, stets im Begriff, etwas anderes zu werden. Der Beobachter geht beispielsweise über sich hinaus zum Objekt und wieder in sich zurück. Er formt eine Einheit, deren momentane Einmaligkeit sich wiederum spiralenartig überschreitet, zu einem weiteren Zyklus. So geht es auch den Objekten "unter sich" oder vielmehr deren dynamischem Bewusstsein.

Dennoch ist jedes Bewusstsein in jedem Moment auf nur *einen* Aspekt scharf eingestellt. Diesem allein gilt die höchste Aufmerksamkeit. Die Umgebung geht "lediglich" als quasistatische Umschreibung ein und verkörpert in Form eines existierenden Halos das gerade *wirksame Potential* - mehr *vorausgeahnte* Seiten, auf die sich das Bewusstsein demnächst konzentrieren mag. Glauben Sie mehrere Aspekte gleichermaßen im Blick zu haben, dann sind sie sich einer einzigen *Kombination* derselben bewusst, weniger der *einzelnen* Komponenten. (Auch wenn Sie deren Unterschied betonen.)

Bitte achten Sie genau darauf, was passiert ist: Durch den zunehmenden Ausschluss der Umgebung wurde der scharf fokussierte First des aktuellen Bewusstseinstrichters gleich einer Bewusstseinseinheit - nicht weiter reduzierbar und *an sich* nicht unterscheidbar von anderen Firsten (denn dazu bedarf er seines unschärferen Umfeldes). Der Unterschied zu unserer bisherigen Betrachtungsweise einer Bewusstseinseinheit besteht darin, dass wir jetzt deren infinitesimales Zentrum "räumlich" von seiner minimalen Umschreibung trennen können: Das unscharfe Innere eines Bewusstseinstrichters zählt nämlich im Grunde zur Umschreibung *seines Randes*. Der Gipfel dieses Kraters ist ja normalerweise nicht spitz (unendlich klein), sondern ringförmig - außen *und* innen liegt seine Umschreibung.[76] Das *Zentrum* des Ringes hingegen ist eine *Achse*, unabhängig von der Höhe des Kraters (Kapitel 31). Ich weiß, wir riskieren hier einen Knoten im Hirn. Doch das liegt einzig und allein an unserer Gewohnheit, alles räumlich darzustellen. So hatten wir bislang nicht erkannt, dass der Gipfel eines jeden Bewusstseinstrichters seine klarste *zentrierte* (nicht unbedingt zentrale) Einheit ist. Diese meint eher einen *psychischen* Gipfel als einen geometrischen. Es spielt keine Rolle, wie "groß" er ist und ob er innen oder außen umschrieben wird – solche Begriffe sind bedeutungslos. Wichtig ist nur, dass es sich um den einen Aspekt schärfster Konzentration handelt, zu dem der Komplex des Bewusstseins *hinführt*. Dieser Aspekt verkörpert die aktuelle *Essenz* der gesamten Fokusdynamik. Ohne *existierende*, das heißt *quasistatische* Fokusdynamik entstünde allerdings überhaupt keine Essenz beziehungsweise wäre dieselbe (merke auf!) völlig unspezifisch, *diffus*. Insofern nur bedeutet die hervorstechendste Bewusstseinseinheit ein (fast) infinitesimales "Zentrum".[77]

Wenn es also nicht der Unterschied zwischen Innen und Außen ist, der ein Objekt bestimmt, was dann? Natürlich allein seine Individualität, die alle anderen Individuen mehr oder weniger bewusst einschließt. Es gibt im Grunde kein Außen oder Innen, sondern nur ein *Gewahrsein*, das sich ins zunehmend Unterbewusste erstreckt. Gewahrsein ist indessen immer Bewegung, ein offener dynamischer Zyklus. Je mehr wir uns auf diese Offenheit konzentrieren, desto *gerichteter* wird die wahrgenommene Bewegung: Wir kommen irgendwo her und gehen irgendwo hin; wir *verändern* unser Gewahrsein, wir betrachten den *Strom* von einem Zustand zum anderen. Und wenn wir dabei aus dem aktuellen Gewahrsein ein

---

[76] Außerdem bedeutet der Kraterrand hier nicht die detaillierteste Zone, denn wir betrachten ihn nun (im Unterschied zu Kapitel 11) als Gipfel einer individuellen *Ganzheit*, im Verhältnis zu den vielen umgebenden Gipfeln *anderer* ganzheitlicher Standpunkte.

[77] Es ist die Dynamik der Bewusstseinseinheit selbst, die je nach ihrer quasistatischen Komplexität eine detailliertere oder diffusere Realität hervorbringt. Die Bezeichnung "Infinitesimalstruktur" meint demnach, dass sich eine solche aus unterschiedlich "ausgedehnten" Bewusstseinseinheiten zusammensetzt.

komplexeres entfalten, ist das ein Strom *von innen nach außen*, hin zu einer *umfangreicheren* Struktur!

Nach Seth weitet sich das Universum aus, wie sich eine Idee ausweitet.[78] Wie diese verändert es sich dabei. Wir können auch sagen: Das Gewahrsein dehnt sich in dem Maße aus, wie es Ideen produziert, und ist selbst eine Idee. Die dafür zur Verfügung stehende Energie ist so unerschöpflich wie die Vielfalt des absoluten Reflexionszustandes, welche sich in der Tiefe des Bewusstseins konzentriert. Sie erzeugt einen inneren Druck, eine natürliche Aggressivität, die sich auf der äußeren Seite mit dem Sog der Neugier verbindet, zu einem unaufhaltsamen Strom des Schaffens.

Wir können diesen Strom auf verschiedene Weise beeinflussen. Konzentrieren wir uns auf einen erkannten Widerspruch, auf scheinbar nicht mehr vereinbare Dinge (obschon wir sie noch durch ihren Vergleich verknüpfen), dann verstärken wir den Druck unseres Bewusstseinszentrums, indem wir nun eine *neue* Vereinigung suchen (womit auch immer - vergleiche Kapitel 4). Wir fokussieren vielleicht ständig Verhaltensweisen unseres Partners, mit denen wir uns nicht abfinden können, und suchen schließlich eine neue Lösung, die unseren Idealen besser entspricht. Entweder werden wir uns trennen oder zunächst nach einer gemeinsamen Basis unserer Eigenarten suchen. Wir machen die "geladene" Bewusstseinseinheit möglicherweise zu unserem eigenen Zentrum, schließen den Widerspruch mit unserem Wesen kurz, woraufhin wir ihn sprengen oder verzweifeln, weil wir uns nicht selbst sprengen können.

Schließlich kann auch eine oberflächliche Lösung des Problems nützlich sein. Lassen wir aber die produzierte Energie stauen, wird sie sich schlagartig nach außen entladen. Und wenn wir sie nun in die falsche Richtung lenken, wirkt sie meistens zerstörerisch. Doch das verantworten wir allein: Wir *wählen* in jedem Moment zwischen verschiedenen Kanälen unserer Aktivität (Kapitel 17), *wir* entscheiden, welchen - immer von *uns* projizierten - Idealen wir

---

[78] Jane Roberts, "Die Natur der Psyche", Goldmann 1990, Seite 288

folgen wollen (Kapitel 21). So wählen wir auch zwischen einem konstruktiven, schöpferischen Einsatz unserer Energie und der Zerstörung unserer bisherigen Errungenschaften.

Ob mehr oder weniger impulsiv: Jede Einlösung eines Versprechens beinhaltet ein neues Versprechen, ein neues Potential. Die Einheit von Sog und Erfüllung ist ihr eigener permanenter Zweck, der aber jeweils konkreter Ziele bedarf. Es besteht also ein Zusammenhang zwischen abstrakter Energie und konkretem Potential. Unser *Potential* vergrößern wir, indem wir unser Bewusstsein erweitern, so dass wir unter mehr Möglichkeiten wählen können. Damit erweitern wir auch unser *Gewahrsein* und irgendwann die mit ihm korrelierte Öffnung unserer unterbewussten *Energie*quelle. Diese etwas mystisch klingende Erklärung wird sogleich klarer, wenn wir uns die Verbindungen der bewussten Alternativen zu ihren unterbewussten Ursprüngen vergegenwärtigen: Eine solche Verbindung ist keine Einbahnstraße. Die Entstehung jeder weiteren Alternative wirkt ins Unterbewusste zurück und "sticht" dort den *grundsätzlich* unerschöpflichen Energievorrat von einer neuen Seite an. Neue Ziele *ziehen* weiteres "Feuer" auf sich. Doch wir können kurz vor der Entladung herumschwenken und die zusätzliche Energie auf das von uns *ausgewählte* - nicht nur wahrscheinliche - Ziel lenken. Wir können uns so bewegen, den gegenwärtigen Energiefluss so steuern, dass dieser sein eigenes Wachstum *begünstigt*. Das tun wir, indem wir ihn eine Vielfalt von Alternativen durchdringen lassen und, sobald wir es wollen, auf eine einzige konzentrieren.

Schon in Kapitel 16 haben wir erkannt, dass Freiheit durch die Wahl unterschiedlicher Energieströme ausgeübt wird, ja dass Bewusstsein nichts anderes *ist* als die Bewegung von Energie, welche das bereits Materialisierte als nur eine Alternative einschließt. Umschreibung ist ein Umschreiben durch *Tendenzen*. Die Gesamtheit der so angerissenen Realitäten, zwischen denen ein Bewusstsein abwägt (sein Entscheidungsspielraum), bildet sein Potential.[79]

---

[79] Solange wir diese Realitäten nicht zu einer einzigen verschmelzen wollen, ist es unerheblich, ob sie einander ausschließen. (In *umfassendem* Sinn tun sie dies sowieso nicht - siehe Kapitel 28 und 35).

Entscheidungsspielraum und Potential eines Bewusstseins sind in diesem Sinn allerdings nur identisch, wenn wir das ganze existierende Umfeld nahtlos einbeziehen. Unterscheiden wir hingegen zwischen verschiedenen individuellen Standpunkten, auf die sich ein Beschluss auswirken soll, dann entsteht auch eine Lücke zwischen Freiheit und Potential: Unsere schöpferischen Phantasien müssen nicht in gleichem Maße unsere Mitmenschen ergreifen. Soll unsere Freiheit mehr Existenzumfang erhalten, müssten wir nun über eine entsprechende Menge abstrakter *Energie* verfügen, um unsere Wünsche in die kollektive Realität umzusetzen. Anders als der Begriff des Potentials, erlaubt es diese Abstraktion von der konkreten Entscheidungssituation, den Anteil unterschiedlicher Bewusstseine an ihren jeweiligen Wechselwirkungen zu vergleichen. Das eine wählt vielleicht ohne nennenswerten Einfluss aus einer Vielzahl von Alternativen, während das andere einen fast zwangsläufigen Beschluss weithin durchsetzt.[80]

Dennoch vereinigen sich Wahlfreiheit und Durchsetzungsvermögen wieder im Begriff der aktiven Willensfreiheit, der das andere *als solches* einbezieht. Er hat wenig mit Macht, aber viel mit Gewahrsein zu tun, und wir werden ihn bald besprechen. Unterhalb dessen fördern Freiheit und Energie einander in schwankendem Maße, sind immerhin proportional korreliert. In einem eng geschlossenen System dagegen hängen sie umgekehrt proportional voneinander ab: Zu hoher Energieeinsatz zerstört alle Wahlmöglichkeiten, während Aktionsfreiheit keiner großen Energiemenge bedarf (siehe Kapitel 7 und 14).

Konkrete Tendenzen wirken insbesondere aus der Tiefe des Bewusstseins herauf, in Form von mehr oder weniger starken Impulsen. Eine alternative Beschreibung hierfür bieten "Wahrscheinlichkeitslinien": Die Entwicklungen verschiedener Individuen können einander in einer gemeinsamen Entscheidungssituation (zum Beispiel in einem beliebigen Parlament) überschneiden und entweder

---

[80] Dabei ist immer zu beachten, dass die Unterscheidungen sowohl zwischen gegensätzlichen Absichten als auch zwischen unterschiedlichen Einflussstärken nur auf der jeweils *bewussten* Ebene gelten - vergleiche Kapitel 23 und 33.

jedem Einzelnen entsprechend viele Wahlmöglichkeiten zur Verfügung stellen oder - bei ihrer einhelligen Gleichrichtung - die
Durchschlagskraft einer einzigen Fortsetzung vervielfachen. In
letzterem Fall erhält die gewählte Wahrscheinlichkeit mehr Energie
zu ihrer Realisierung, wodurch sie auch andere Entwicklungen (im
Land) stark beeinflussen kann. Es werden mehr Bewusstseine erreicht, einbezogen und *dadurch* wieder der eigene Handlungsspielraum (des Parlamentes) gefördert. Auf der anderen Seite macht es
die Wahlfreiheit zwischen unterschiedlichen, sich überschneiden-
den Entwicklungen wahrscheinlicher, auf hohe nutzbare Energie-
potentiale (in der Bevölkerung) zu stoßen. *Insgesamt* nimmt die
Energie bei einer Entscheidung nicht zu oder ab. Wir wählen immer ein *Bündel* aus einer Gruppe wahrscheinlicher Wege. Aber je
nachdem wie stark das Bündel war, dem wir *vorher* folgten, verspüren wir eine Zu- oder Abnahme der *bewussten* Energie. (Zudem
können sich die Linien innerhalb unseres variablen Bündels mehr
oder weniger "verdrillen", das heißt nur als "Strang" oder auch im
Einzelnen bewusst werden, und so mehr oder weniger konzentriert
wirken.)

Jede individuelle Wahrscheinlichkeit(slinie) ist im Grunde so elementar wie eine Bewusstseinseinheit. Dabei liegen jene (Achsen),
welche auch im erweiterten Bereich des Möglichkeitstrichters noch
entlang seines Tiefenkanals verlaufen, sozusagen näher am zentralen Punkt der Wahl; sie besitzen, da weniger erkannt, mehr Sugges-
tiv- beziehungsweise Impulskraft. Andererseits ist deren konkretes Potential ebenfalls kaum bewusst und stets für Überraschungen
gut. Wir können so einen "blinden Hauptstrom" der persönlichen
und kollektiven Entwicklung weder verleugnen noch ausklammern, sollten uns aber wenigstens bemühen, ihn zu erspüren und
zu hinterfragen, um ihn, wenn nötig, wieder an unserem Wesen
auszurichten.

Alles in allem ist das Potential immer noch an das Gewahrsein
der Entscheidungssituation geknüpft. Ob sich eine wahrscheinliche
Realitätsversion durchsetzt, hängt nicht bloß von deren Energie ab,
sondern von unserer bewussten/unterbewussten Gesamtbeurtei-
lung. Wir begeben uns am besten auf einen "seitlichen" Stand-

punkt, von dem aus wir den Energiefluss zu unserem Bewusstsein beobachten und weitsichtig lenken können. In diesem Fall werden wir uns beider Blickwinkel - dem des Betroffenen und dem des Gutachters - zugleich gewahr, lassen in unsere stets subjektive Wahrnehmung eine gewisse "Objektivität" einfließen. Das versetzt uns auch in die Lage, psychische Blockaden mit angemessenem Abstand zu untersuchen und aufzulösen, während wir gleichzeitig die veränderten Impulse fühlen und unmittelbar in unsere neue Selbsteinschätzung einbeziehen.[81] Genauso wie sich in diesem Gewahrsein Bewusstheit und Unmittelbarkeit eines Impulses infinitesimalstrukturiert vereinen, tun es konkretes Potential und abstrakte Energie.

Betrachten wir ein paar Varianten dieser Einheit:

- Erhaltene Aufmerksamkeit erhöht unser Potential durch die stärkere Wirkung, welche wir ausüben können, und bestärkt unseren Glauben an die eigene Kraft.

- Die Anerkennung unserer Ideen steigert unser Potential, indem sie ursprünglichen Phantasien zum Durchbruch in die kollektive Realität verhilft und direkt unser Selbstwertgefühl hebt.

- Eine Bestätigung durch andere führt uns den tatsächlich größeren Existenzumfang unserer Leistung vor Augen und bestärkt wiederum den Glauben an die eigenen Fähigkeiten.

In allen Fällen sind spezifisches und unspezifisches Potential miteinander verquickt. Außerdem wirkt die *Erkenntnis* des Potentials auf dasselbe zurück, was wir in Kapitel 14 als *Bedeutung* (seiner Bedeutung) bezeichnet haben. Da die *Quelle* des eigenen Potentials unerschöpflich ist, fällt dessen Steigerung meist noch größer aus, als durch die äußeren Beziehungen allein gerechtfertigt wäre - man extrapoliert den gegenwärtigen Erfolg berechtigterweise in die Zukunft. Auch in diesem Sinn wächst das Potential mit dem Bewusstsein!

Des Weiteren wird klar, wie wir bewusst zum Potential anderer Individuen beitragen können und umgekehrt. Es gilt, die eigene ge-

---

[81] Wir steuern die Beziehung zwischen "Vergangenheit", Gegenwart und "Zukunft" *als solche* und *als ganze*.

wahrte Energie auf dasjenige Individuum zu lenken, welches ihrer *nach unserer* Meinung am meisten bedarf - *selbstlos* und *dadurch* zum eigenen Vorteil. Der Empfänger öffnet in ihrem Sog weitere Zugänge zu seinem unterbewussten Potential und vergrößert so wieder unseren eigenen Spielraum. Ist dieser Punkt erst einmal klar, ergibt sich das Wie praktisch von allein - ob wir physische Gegenstände manipulieren, mit anderen Menschen zusammenarbeiten oder eine ersehnte Realität erschaffen.

Zugegeben, es läuft nicht immer alles so optimal, und wir werden im nächsten Abschnitt auch auf zerstörerische Tendenzen eingehen. Doch wird sich zeigen, dass diese unweigerlich in Sackgassen führen. Schon eine nicht erweiternde, *zyklische* Nutzung unseres Potentials, wie wenn wir zwischen verschiedenen Rollen wechseln, sollte uns größere Harmonie mit unseren tiefen Impulsen lehren, da sie uns die Einheit mit deren Quellen gewahr werden lässt.

35. Die Unzerstörbarkeit des Individuums

So wie wir unseren Spielraum freiwillig erweitern können, sind wir auch imstande, ihn einzuschränken. Jedes Bewusstsein kann Verkümmerung oder Stagnation wählen, nur bedeutet eben beides relativ schnell einen Endpunkt.[82] Schließlich kehrt es dann doch auf einen Weg der Erweiterung zurück. Der aber ist einerseits unendlich und andererseits schon gegangen. Das Ziel, das absolute Universalkontinuum, reflektiert wieder auf den Weg zu ihm. So wird die Bewegung ständig neu erzeugt, und zwar jeden Moment, da der Reflexionspunkt einem jeden solchen innewohnt. Im Endeffekt erweitert sich das Bewusstsein, wie in Kapitel 7 und 22 beschrieben, durch die Schaffung von vorzugsweise *beschränkteren* Ablegern. Sie kompensieren als solche das Wachstum des Mutterbewusstseins, während dieses seine Verbindung zu ihnen vor allem *dynamisch* wahrt, das heißt innerhalb eines sich erweiternden *Gewahrseins*.

Vereinfacht lässt sich dieser Prozess als Kombination aus einer unendlichen Ausweitung (des Gewahrseins) und einer unendlichen Querbewegung dazu (der Resultierenden aus Bewusstseinserweiterung und -beschränkung) interpretieren. Jede Richtung wird durch das Beschreiten der anderen begangen, wobei das Gewahrsein zugleich alle Wege *einbezieht* und sich somit auch *insgesamt* eine Ausweitung ergibt.

Ähnlich in der Philosophie, wo sich jede Theorie vom höchsten Gipfel bis zum elementarsten Fuß erstreckt und doch nur *eine* Seite des Berges erfasst. Der gleiche Berg besitzt aber noch unendlich viele weitere Seiten. Über Verallgemeinerungen und neue Einzelheiten gelangen wir von Seite zu Seite und vervollständigen unser Weltbild, das Kopf und Füße *integriert*.

Selbst die Reinkarnation verläuft nach einem verwandten Schema: Seth zufolge erreichen wir nach etlichen Wiedergeburten eine Entwicklungsstufe, von der aus wir (wahrscheinliche) Inkarnationen miterfassen, die wir gar nicht "selbst" durchlebt haben (sprich:

---

[82] Ein stagnierendes Bewusstsein *ist* bereits am Ende, wenn es nicht bloß ein vorübergehendes Stadium durchläuft.

die uns bisher nicht nahe lagen).[83] Die fokusdynamische Einheit der Inkarnationen mit ihrer gemeinsamen Wesenheit begründet insgesamt eine unendliche Erweiterung des Gewahrseins von der *eigenen Individualität.*

All das beschreibt auch die Entwicklung All-dessen-was-ist, die aufgrund des obigen natürlichen Regelmechanismus nicht einmal hypothetisch vollendet werden kann. Dennoch findet sie statt. All-das-was-ist bezeichnet einen allumfassenden Reflexionszustand. Der notwendige schöpferische *Vollzug* seiner Dynamik von reichen zu beschränkten Fokussen und umgekehrt ist unendlich, während das Gewahrsein jeder Phase all diese durchlaufenen Zustände einschließt. Beides zusammen - offene Bewegung und Bewahrung des Erreichten - entspricht dem Charakter einer Ausdehnung (vergleiche Kapitel 11). Da freilich diese Ausdehnung auch ihre "künftigen" Zustände integriert hat, ist sie zeitlos. Dennoch bleibt sie stets auf das Universalkontinuum gerichtet.

Genausowenig wie eine solche Ausweitung einfach umgekehrte Einschränkung bedeutet, ist Schöpfung das Gegenteil von Vernichtung. Schöpfung ist das Wirken des Unendlichen im Endlichen[84] und führt zur Erweiterung des Endlichen ins Unendliche. Mit dem Unendlichen meine ich natürlich das *potentiell Existierende,* dessen gewahrte Ganzheit im Endlichen wirkt. Das Nichtexistierende - der imaginäre Halo - spielt dabei nur die Rolle dessen, der das potentiell Existierende *verbirgt.* Die Dunkelheit kann dynamisch durchdrungen werden, und wir haben uns deshalb nur noch mit dem unendlichen Potential zu befassen:

Alles entwickelt sich schließlich in die dominierende Richtung, ins Unendliche. *Schöpfung* jedoch ist im Grunde die *Umkehrung* dieses Prozesses! Sie bedeutet die Wahl von Endlichem aus der umschriebenen *Ganzheit* des Unendlichen heraus, während sich das so Hervorgehobene nun seinerseits ins Unendliche entwickelt.

[83] Jane Roberts, "Gespräche mit Seth", Goldmann 1992, Seite 186
[84] David Bohm, "Die verborgene Ordnung des Lebens", Aquamarin 1988, Seite 124: [Bei Kreativität handelt es sich um] "das Wirken des Unbegrenzten in der Sphäre des Begrenzten."

Das ist der universelle Prozess, und seine Asymmetrie wird deutlich, wenn wir den stets greifbaren Schleier vor dem Unterbewussten heben: Die Vernichtung von etwas Existierendem ist unmöglich, da sie nur einer Bewegung über die transparente Bewusstseinsgrenze gleichkommt, wogegen wir eine Entscheidung als unmittelbar gegen den Strom, aber mittelbar (über ihre Folgen) im Sinn des Stromes gerichteten Urakt aus dem absoluten Universalkontinuum erkennen.

In Kapitel 28 haben wir begründet, warum die aus diesem Akt folgende Schöpfung nicht vorwegnehmbar war: Da sie eine ganze *allumfassende* Wahrscheinlichkeitshierarchie aus der Tiefe hebt, konnte sie vorher in keiner anderen enthalten sein. Auch konnte sich niemand *mit Sicherheit* in das potentielle Individuum hineinversetzen, da ihm dessen unendliches Unterbewusstsein schleierhaft bliebe. *All*-dem-was-ist hingegen (beziehungsweise Gott) muss tatsächlich auch diese Operation möglich sein, da seine Reflexion alle Hierarchien umfasst!

Umgekehrt schließen wir ja Vernichtung gerade aus dem Grund aus, nämlich weil das "Vernichtete" wiedererlangt werden kann. Dessen Bewusstsein wirkt - wie vor seiner Realisierung - unterbewusst. Und ein verborgenes *Etwas* muss auch als eben *dieses* Etwas erfahrbar sein. (Als solches geht es in die Dynamik des *Gewahrseins* ein und wirkt in ihr, bis es eventuell wieder einmal im *Bewusstsein* auftaucht.) Zeitlich gesehen, versetzt man sich in die Vergangenheit zurück. *Für uns* ist das genaugenommen nicht einfacher, als sich vollständig in etwas "Künftiges" hineinzuversetzen. Einiges verschwand im Unendlichen - so wie von dort etwas "grundsätzlich" Neues auftauchen wird (siehe Kapitel 28). Doch *für Gott* gibt es keine endgültige Vernichtung. Und das genügt, denn er ist *in* uns.

Können wir dagegen etwas *schaffen*, das selbst Gott nicht kannte? Oder schrumpft das Kreative an einer Entscheidung letztendlich auf ein Nichts zusammen?

Gehen wir schrittweise vor:

Die Wiederholung eines Bewusstseinszustandes ist bereits auf der Höhe der Hierarchie*gipfel* erschwert. Es besteht immer eine gewisse Versuchung, etwas Neues zu probieren, eine *Tendenz* zur Offenheit. Das haben wir ausführlich besprochen. Irreversibilität ist allerdings das Ergebnis eines relativ oberflächlichen Zusammenwirkens, dem der tiefer reichende freie Wille des Bewusstseins entgegenwirken kann. Auch lässt dieser sich beim Hineinversetzen vom Unterbewusstsein *führen*, während sich die blinde Irreversibilität eines Vielteilchensystems auf die anscheinend unbeherrschbare Äußerlichkeit des Unbekannten gründet. Indem der freie Wille seine verborgene *Bewusstheit* arbeiten lässt, durchbricht er diese Schranke. Wir erhalten eine sozusagen "asymptotische" Reversibilität, eine schwierige und ungewisse, aber schließlich beliebig genau *annäherbare* Wiederholung.

Wenn wir uns in eine bestimmte wahrscheinliche Realität hineinversetzen wollen, werden wir also höchstwahrscheinlich ein Stück daneben landen. Dennoch muss in einem *allseitig* verflochtenen Universum jeder Zustand *exakt* wiederholbar sein. Für jeden *einzelnen* Versuch garantiert die *Unendlichkeit* des Alls sogar die Kreativität einer solchen Wiederholung - denn man hätte ja auch von ihr abweichen können. Die Wiederholung ist *niemals notwendig*, es fand eine irgendwo bewusste *Wahl* statt. Andererseits müssen wir nach unendlich vielen Entscheidungen davon ausgehen, dass jede Individualität bereits durchlaufen wurde.

Feststellbar ist eine Wiederholung immerhin nur, wenn sie *nicht* genau ist; nämlich wenn man sie mit einer früheren Gegenwart *vergleicht*. Ja, Umkehrung ohne Weiterentwicklung ist eigentlich unmöglich (wie auch umgekehrt), da eine andauernde Wiederholung von identischen Zuständen keine dauerhafte *Wirkung* ausübt - die Zustände oder besser *der* Zustand fiele in sich zusammen, bliebe infinitesimal.[85] Gleichwohl muss eine dialektische Einheit von Geschlossenheit und Offenheit beide Extreme *vollständig* enthalten

---

[85] Seth meint meines Erachtens dasselbe, wenn er sagt (in "Seth und die Wirklichkeit der Psyche", Band 1, Goldmann 1989, Seite 72 [Anmerkungen von mir]): "Nur aus der Unvoraussagbarkeit [Irreversibilität] kann ein System entstehen, das in sich voraussagbar ist [vorwegnehmbare, das heißt wiederholbare Zustände enthält]. Nur innerhalb vollkommener Bewegungsfreiheit [Willensfreiheit] ist irgendeine 'geordnete' Bewegung wahrhaft möglich." Ordnung bedarf der Kreativität, um nicht endgültig abgeschlossen zu sein, *wirklich* dauerhaft zu werden.

- wenn auch nur als Phasen (einer dynamischen Infinitesimalstruktur, eines Gewahrseins). Dabei bedarf eine lediglich *selbstexistierende* (siehe Kapitel 2) Wiederholung weder eines Vergleichs noch einer Wirkung. Das heißt, sogar wenn wir *unendliche* Individuen meinen, müssen wir unterstellen, dass *All-das-was-ist* in ihnen völlig identische Phasen durchläuft. Seine absolute Freiheit versetzt es in die Lage, jede beliebige Individualität wiederherzustellen, sooft es will. In *umfassendstem* Sinn gäbe es demnach weder Vernichtung noch Kreativität - dynamisch wäre alles immer da.

Trotzdem behaupte ich, dass es zwar keine *Vernichtung* gibt, wohl aber *Kreativität*. Warum?

Nun, wenn Gott sich in ein potentielles Individuum versetzt, hat er damit nichts bei den *anderen* Individuen bewirkt, welche das auserwählte nur in ihre *unterbewusste* Dynamik einschließen. Diese Individuen sind ebenfalls konkrete Zustände All-dessen-was-ist, aber - wie auch das erwählte - mit einem *beschränkten Selbstbewusstsein*. Und wie wir in Kapitel 33 besprochen haben, drängt dieses viele durchlaufene Fokusse aus dem bewussteren Teil des Gewahrseins heraus.

All-das-was-ist muss das Selbstbewusstsein seiner jeweiligen Verkörperung zwar nicht mit übernehmen, sondern kann sich seines Potentials voll gewahr bleiben; unter Führung dieses Gewahrseins mag es alle individuellen Zustände präzise vorwegnehmen. Doch es kann dem unterschiedlichen Selbstbewusstsein seiner Aspekte nicht die Arbeit der eigenen dynamischen Erweiterung abnehmen. Das selbstbewusst beschränkte Gewahrsein jeder göttlichen Reflexionsphase muss sich von selbst entwickeln. Nur dann wird der dynamische *Existenzumfang*[86] des Erreichten wirklich allumfassend sein. Nicht also das *Erreichen* des Zieles allein, sondern *auch* der *Weg* zu ihm ist von Bedeutung!

---

[86] Einer dynamischen, *potentiellen* Existenz ist man sich mehr *gewahr* als bewusst. Sie erscheint von daher diffuser und transparenter als ein "greifbares" quasistatisches Objekt. Diese erahnte Präsenz ist jedoch nicht mit Nebelhaftigkeit zu verwechseln, denn sie ist geprägt von der *gegenwärtigen entfalteten* Existenz des Zieles zwischen zwei - für sich genommen infinitesimalen - Bewusstseinsphasen.

Wir sind damit wieder bei der Kreativität des "normalen" Individuums, einer unendlichen Hierarchie von wahrscheinlichen
(Selbst-) Bewusstseinszuständen, angelangt. All-das-was-ist
schließt sogar jede dieser Hierarchien *als solche* ein, während es
lediglich in deren unterbewusster Tiefe grenzenlos flexibel agiert
(Kapitel 32 und 33). Das heißt, die *vollständige* Vorwegnahme einer Realität durch Gott bedürfte der Kreativität seiner beschränkten Geschöpfe. Sie bestünde auch in dem, was *wir* erschaffen.
Unser Weg indessen besteht aus freien Entscheidungen, von denen jede das Unendliche *als Ganzes* einbezieht. Die Verschiebung
in unendliche Ferne vernichtet ein Bewusstsein ebenso wenig, wie
es allein durch sein Auftauchen von dort entsteht. In Gott ist es immer. Nur die *Wahl* beziehungsweise *Abwahl* des Bewusstseins, die
aus einer *einzigartigen Einheit* mit der nahen (!) Unendlichkeit getroffen wird, ist in umfassendstem Sinn neu. Selbst Gott kann sie
nicht vorausahnen. Beträfe sie andererseits nicht *unendliche* Be-
wusstseinshierarchien, würden wir also keine individuelle Form
des Alls wählen, wären die *möglichen* Ergebnisse nicht nur vom
flexiblen All-das-was-ist vorwegnehmbar, sondern auch von einem
beschränkten Bewusstsein. Unsere Wahl hätte keine umfassende
Bedeutung. Wiederum aber wird mit *möglichen* Wahlergebnissen
nicht die *Wahl* vorweggenommen. Erst letztere realisiert eines der
betroffenen Ereignisse vollständig in All-dem-was-ist.

Die Unendlichkeit *des Weges* von unserem Selbstbewusstsein
zum allumfassenden Gewahrsein All-dessen-was-ist stellt mithin
eine höhere Ordnung dar als die Unendlichkeit dieses Gewahrseins
selbst. (Der Weg der Realisierung ist von höherer Ordnung als das
Potential.) Deshalb ist dieser Weg letztlich so offen wie das absolute Universalkontinuum, das zu jedem Schritt beiträgt. Offenheit
und Bewahrung des Erreichten widersprechen einander nicht, wie
schon die einfache Ausdehnung zeigt. Aber erst im Zusammenwirken der Unendlichkeiten findet sich der Grund für eine Kreativität
und Gerichtetheit, die Anspruch auf Universalität erheben kann.

Die Unzerstörbarkeit des Individuums haben wir bislang eher abstrakt und äußerlich behandelt. Doch wir sind ja selbst ein Indivi-

duum. Was geschieht mit dieser Individualität, wenn *wir* uns ändern? Es befriedigt uns wohl kaum zu wissen, dass alles "irgendwo" erhalten bleibt, während wir selbst zu einem *anderen* Individuum mutieren.

Natürlich nimmt das All in jedem Moment eine neue Form an;
die Hierarchie unserer Individualität strukturiert sich ständig bis
ins Unendliche um. Nichts an einem Individuum bleibt wie es ist -
aber alles bleibt *in* ihm. Unsere Individualität *besteht* gerade aus all
diesen anderen ("vergangenen" und "zukünftigen") Standpunkten,
in die sie - mehr oder weniger bewusst - ständig übergeht und aus
denen sie mehr oder minder genau zurückkehrt. Individualität ist
das Resultat aus der Rotation ihrer *eigenen* Phasen (beziehungsweise Aspekte) und deren permanenter Kondensation in *einem*
Gipfel. Dieser bewusste Gipfel *unterscheidet* sich von allen anderen und wandelt sich *mit* ihnen. Seine Veränderung muss sogar
kreativ und letztlich irreversibel sein (siehe oben), um eine wirksame Beziehung zu allen anderen Bewusstseinsfokussen aufrechtzuerhalten; er beruht auf der infinitesimalstrukturierten *Einheit* mit
einer *unendlichen* Basis. In diesem stets einzigartigen *Gewahrsein*
der eigenen schöpferischen Dynamik liegt unsere konkrete, real
empfundene Unsterblichkeit.

Freiheit, Harmonie und Werterfüllung

36. Ein Gefühl für Harmonie

Die Kreativität jedes Individuums wirkt in jedem anderen, und je nachdem wie dynamisch oder statisch wir ein Individuum fassen, handelt es sich mehr um seine eigene Kreativität oder die eines anderen. Einerseits *ist* Individualität wesentlich Einschränkung, andererseits bedeutet sie eine Einheit von Besonderheit und Universalität. Zwar ist die Allseitigkeit des Universalkontinuums von jedem Bewusstseinsfokus unendlich weit entfernt, doch bewirkt die innere Verbundenheit aller Geschöpfe beziehungsweise die Einheit jedes Bewusstseins mit deren Summe die umfassende Bedeutung jedes Individuums für alle anderen - unabhängig von entfalteten Hierarchien.

Ich glaube, dieses Resümee zeigt noch einmal deutlich, worin Infinitesimalstruktur besteht: Wechselbeziehungen sind einzeln kaum mehr nachvollziehbar und können nur in ihrer Gesamtheit begriffen werden. Wir kommen nicht umhin, unser Gefühl, unser Empfinden, unsere Intuition zu gebrauchen. Wenn wir beispielsweise untersuchen wollen, wie die einzelnen Phasen unseres Bewusstseins *als solche* zu einer einzigen Entscheidung beitragen, verlieren wir eben diese Entscheidung aus den Augen. Erst die *Empfindung* jenes Zusammenwirkens lässt uns dessen Infinitesimalstruktur bewusst erfassen. Im Verhältnis zu analytischen Überlegungen bedeutet diese *gewahrende* Art des Empfindens die Wahrnehmung von Infinitesimalstruktur als solcher.

In gewisser Weise ist natürlich jede Wahrnehmung das Ergebnis von Integration. Sinneseindrücke wie Emotionen sind notwendigerweise infinitesimalstrukturiert - oder nicht vorhanden. Wenn ich allerdings in diesem Abschnitt von Empfindungen spreche, tue ich das im obigen gewahrenden Sinn - zur Betonung gegenüber entfalteten Objekten, die ja nur durchwachsen von ihrem spürbaren Grund das sind, als was wir sie erkennen. Während ein Objekt eine emotionale Form symbolisiert, dient uns Empfindung als Synonym für die zugrunde liegende, verdichtete Bewusstseinsdynamik.[87]

Diese Infinitesimalstruktur entfaltet sich nun, ihrem inneren Druck folgend, in weniger infinitesimale Gedanken und physische Strukturen. Empfindungen drücken sich aus. Doch sie bleiben in irgendeiner Form erhalten, denn auch eine neue "nichtinfinitesimale" Struktur kommt ihrer Natur nach nicht ohne ihr infinitesimaleres Pendant aus. Ein Symbol *enthält* immer noch das, wofür es steht. Unter "emotionaler Energie" können wir eben jene Zusammenballung von nach Ausdruck strebender Infinitesimalstruktur verstehen, deren Quelle niemals versiegt (siehe Kapitel 17 und 34). Infinitesimalstruktur *ist* wesentlich Potential.

Indem wir ein bestimmtes Potential bewusst annehmen, an dasselbe *glauben* und seine Empfindung sich verstärken - gleichsam *energetisch anreichern* - lassen, erzeugen wir innerhalb unserer Holobewegung entsprechend nachdrückliche Impulse an das Unterbewusste, dieses Potential zu verwirklichen (vergleiche Kapitel 25). Seine Realisierung wirkt dann ihrerseits nach innen, wo der entstehende Sog die Entfaltung weiterer Strukturen nach sich zieht: Die Erfüllung eines Wunsches weckt einen neuen Wunsch.

Ob wir ein Ziel erreichen, hängt also zunächst von der emotionalen Intensität ab, mit der wir es erstreben, und insbesondere davon, wie präzise wir sie auf die ersehnte, bislang nur *wahrscheinliche* Realität richten. Ein intensiver Wunsch kommt zudem nicht von irgendwo, sondern dramatisiert einen noch infinitesimaleren Impuls; er stützt sich auf tiefere Aspekte des Individuums. Besonders augenscheinlich wird die von dorther angepeilte Richtung in einem Ideal, in welchem sie allerdings auch schon mehr oder weniger verzerrt ist, angepasst an unsere (ir)rationalen Überzeugungen. Doch nur falls Wunsch und Ideal mit dem Impuls unseres Gesamtselbst *harmonieren*, wird der Wille unseres Egos letztlich nicht abgewürgt oder blockiert und kann umfassend wirksam werden. Andernfalls erleben wir uns ohnmächtig wie ein blindwütiger

---

[87] Emotion und Empfindung sind demnach nicht identisch, aber "erstgradig miteinander verwandt": *Im Verhältnis zu entfalteten Objekten* kann eine die andere vertreten. Genauer stellt Emotion schon eine *weniger* infinitesimale Form von Empfindung dar.

Schläger: voller mobilisierter Energie, aber unfähig uns "gegen" uns selbst durchzusetzen. Emotionales Engagement bringt uns lediglich in *bestimmte* Richtungen voran; es obliegt unserem *Willen*, für den Einsatz seiner "Kraft" ein konstruktives Potential *auszuwählen*. Nach welchen Kriterien wir ein passendes (aber nicht unbedingt einzig akzeptables) finden, besprechen wir gleich.

Während ein Gefühlsstau in seinem körperlichen Ausdruck aufgehen und sich letztendlich durch ihn verflüchtigen (abreagieren) kann, stünde eine Empfindung nicht für Infinitesimalstruktur, wenn sie sich in ihrer Entfaltung aufhöbe oder bloß am Leben erhielte. Vielmehr strebt sie nach ihrer *Erweiterung* durch den Ausdruck, mit dem sie *selbst* auf eine höhere Stufe gelangt. Wenn wir beispielsweise aus einem inneren "ästhetischen Empfinden" (einer Inspiration, einem Impuls) ein Kunstwerk schaffen, das uns gefällt, bereichert sich unser anfängliches Gewahrsein um ein Gefühl des Entzückens angesichts der entfalteten Schönheit. Indem die ursprüngliche Infinitesimalstruktur nun eine weniger infinitesimale Gestalt durchdringt, wurde sie noch mannigfaltiger, noch integrierender - bei gleichzeitig neu geschaffenem Ausdruckspotential: Das Ergebnis inspiriert uns schließlich zu weiteren Schöpfungen.[88]

Entzücken über das neu geschaffene Werk beinhaltet hier auch die Zufriedenheit mit der eigenen Leistung. Selbst wenn wir ein fremdes Kunstwerk bewundern, tun wir es aufgrund unserer inneren Resonanz darauf. Ein Gefühl bringt uns *als Ganzes* ein und bedeutet wesentlich deshalb eine infinitesimalere Struktur, weil es von vornherein den Wahrnehmenden (beziehungsweise Schöpfer) und das Wahrgenommene (beziehungsweise Geschaffene) verwoben hat, eine Unterscheidung nur aus ihrer Einheit heraus zulässt. So weist die empfundene Schönheit der äußeren Natur auf einen gemeinsamen inneren Ursprung hin, ja darauf, dass wir auf wunderbare Weise an ihrer Schöpfung *beteiligt* sind. Je mehr wir unser Gewahrsein erweitern, je sensitiver wir werden, desto bewusster nehmen wir diese tiefe Harmonie wahr. Wir erkennen die dynami-

---

[88] Auch wenn das Werk nicht gelungen ist, machen wir es das nächste Mal besser, oder wir schaffen etwas *anderes*. Das ursprüngliche Empfinden wurde in jedem Fall bereichert, und sei es nur um eine lehrreiche Enttäuschung.

sche Einheit und die intelligente Kooperation aller Individuen im Gemeinschaftsunternehmen "Erde".

Die Involvierung des Beobachters ist, wie wir längst wissen, unausweichlich, und Empfindung bedeutet hinsichtlich der Einheit allen Geschehens die realistischere Wahrnehmung. Nur *mit* ihr gelangen wir zu einem umfassenden Verständnis der Welt und ihrer Schöpfung. Wir spüren Impulse, die uns von allen Individuen erreichen, deren Bedürfnisse widerspiegeln und uns so ganz natürlich in eine Richtung drängen, in welcher wir die Gemeinschaft bereichern. Wir müssen diesen Weg nicht einschlagen, denn wir selbst tragen zur Kreativität All-dessen-was-ist bei. Doch genau zu dem Zweck erhalten wir solche Orientierungshilfen, die auch *unsere* Individualität fördern. Die gefühlsbetonte Idealisierung der innerlich vermittelten Werte zieht augenblicklich entsprechende Schöpferkraft an und strebt mittels dem beschriebenen Wechselspiel zwischen Empfindung, körperlichem Ausdruck und neu angeregten Empfindungen ihrer Verwirklichung zu. Aber auch Impulse und Ideale wandeln sich mit der Veränderung ihres kollektiven Ursprungs; insbesondere verschiebt sich ihr Verständnis mit unserem Denken. "Wer zu spät kommt, den bestraft das Leben", oder richtiger: Haben wir uns zu sehr verfahren, müssen wir uns auf einer höheren (beziehungsweise tieferen) Ebene "rejustieren", neu ins Leben starten. Wir ersparen uns daher Umwege, wenn wir *bewusst* nach Wegweisern in uns suchen und, während wir ihnen zuversichtlich folgen, auf deren Änderung achten.

Wie finden wir nun immer den richtigen Pfeil? In Kapitel 21 empfahl ich Ihnen, in sich zu gehen und Ihrem tiefsten Impuls zu folgen. Dieser Impuls kann jedoch so rudimentär wirken, dass er erst in eine konkrete Handlungsanweisung übersetzt werden muss. Um ihn hierbei nicht zu deformieren, bedarf es eines umfassenden Gefühls für Harmonie, speziell mit unserem Wesen, aus dem heraus sich sowohl der Impuls als auch unsere Umgebung formen. In ein solches Harmonieempfinden gehen die verschiedensten "nicht-impulsiven" Beziehungen zu unserer Wesenheit ein, sowie viele unterschwellige Selbst, die uns über die von ihnen erlebten Alternativen informieren. Die Empfindung dieser Ganzheit besitzt innerhalb unseres Realitätstrichters stets den größeren Existenzumfang. Harmonie mit ihr dient uns deshalb als zuverlässige Orientierung beim Deuten unklarer Impulse. Wir *spüren* die Bedeutung der unser Leben begleitenden Gegenstände, Personen und Situationen, und wir *wissen* plötzlich, ob wir uns schon auf dem richtigen Weg befinden oder nicht. Bitte beachten Sie, dass wir hier von Gewahrsein sprechen, nicht nur von Bewusstsein. Die Gefahr eines Fehlurteils, weil wir vielleicht schon in einem Netz von irreführenden Rückkoppelungen gefangen sein könnten, ist in der Kommunikation mit *umfassenderen* Bewusstseinsfokussen naturgemäß geringer; umso mehr, wenn der einzuschätzende Impuls derselben tieferen Ebene entstammt. In diesem Sinn dürfen wir uns auch an unserer sozialen und physischen Umwelt orientieren, denn alle dort verkörperten Individuen haben sich ja mit uns aus einer tieferen Einsicht heraus für diese Realität entschieden und stehen weiterhin im Austausch mit ihrem Ursprung. Nur wenn "... das Handeln nach ... [deren normativen Regeln] nicht von jener Weisheit durchdrungen ist, die alle Regeln im unmittelbaren Antworten auf die Erfordernisse gelebter Situationen aufzulösen vermag, werden diese Regeln eher zu ... Hindernissen für mitfühlendes Handeln, als dieses zu fördern." (Francisco Varela[89]) Die in jeder Hinsicht angemessene Antwort ergibt sich nicht aus einmal beschlossenen Grundsätzen, sondern aus einem freien Gewahrsein der *ganzen* Situation - auch der inneren, wo schließlich jeder Grundsatz neue Bedeutungen annimmt.

Wie Sie bemerkt haben werden, gehe ich hier zunächst von einem intuitiven Harmonieverständnis aus, denn ich möchte keine allzu verstandesbetonte Einstellung forcieren, die dem gewahrenden *Empfinden* des zugrunde liegenden Beziehungsgeflechtes entgegenstünde. Es wird sich bald von selbst herausstellen, dass unsere spontane Auffassung von Harmonie mit unserer Definition aus Kapitel 8 ("mehr Einheit von Einheit und Gegensatz") übereinstimmt.

---

[89] Francisco J. Varela, "Der Mittlere Weg der Erkenntnis", Scherz 1992, Seite 341

Was tun wir, wenn ein Gedanke nicht zu unserer umfassenden Wirklichkeitserfahrung oder unserem tiefen Realitätsempfinden passt? Wir korrigieren ihn, bis er möglichst mit beidem in Einklang steht. "Wahrheit" ist nur eine besondere Bezeichnung für Harmonie mit der Welt.

Wir haben bereits ausführlich begründet, warum es keine absolute Übereinstimmung zwischen mehreren "Tatsachen" oder Bewusstseinsinhalten geben kann. Wir können sie allenfalls aufeinander *abstimmen*, unser Erleben und Handeln koordinieren. Das machen wir größtenteils schon unterbewusst, so dass unsere entfaltete Wirklichkeit in aller Regel beherrschbar bleibt. In ihr drücken wir nur bestimmte *Seiten* des verborgenen Realitätskomplexes aus. So viele Seiten wie es gibt, so viele Wahrheiten gibt es auch. Doch Komplexität beziehungsweise Höherentwicklung ohne innere *Harmonie* funktioniert nicht. So wie in sich widersprüchliche Theorien irgendwann in einem umfassenderen Bezugssystem aufgehen, geschieht es auch einem innerlich zerrissenen Bewusstsein.

Haben wir über die Wahrheit eines bestimmten Gedankens zu urteilen, setzen wir ihn zu anderen Bewusstseinsinhalten in Beziehung und sehen, ob dies zu Widersprüchen führt. Wenn ja, korrigieren wir die Seite des Gegensatzes, welche in geringerem Ausmaß bestätigt ist, diejenige mit dem geringeren Existenzumfang.[90] Hier nun stellt sich angesichts der Dynamik des Bewusstseins von neuem die Frage, woran wir diesen Existenzumfang messen.

Beispielsweise muss die Mehrheit nicht immer recht haben. Der Einzelne kann viel weitreichendere Überlegungen angestellt haben und kommt so vielleicht zu einer Schlussfolgerung, die die anderen *nicht verstehen*, weil sie ihren Bewusstseinsfokus zu sehr einengen. Sollte dieses "Genie" einen Rückzieher machen, nur weil seine Vorstellung keine Mehrheit findet? Nein. Er empfindet die tiefe Harmonie seiner Gedanken mit einer umfassenden Realität, von der die anderen (noch) nichts wissen wollen. Er *vertraut* diesem

---

[90] Es erübrigt sich mittlerweile zu betonen, dass wir von dem Existenzumfang einer *Näherung* sprechen, einer einzigartigen "Tatsache", die von unterschiedlichen Standpunkten auf *ähnliche* Weise wahrgenommen wird.

Gefühl, er ist sich des dynamischen (Existenz-) Umfangs seiner Quelle *gewahr.* Andererseits kann er durchaus "falsch" liegen und nicht begreifen, dass die anderen aus ihrer *eigenen* umfassenden, lediglich *unterbewussten* Dynamik heraus argumentieren. Sie urteilen möglicherweise instinktiv "richtig".

Für jeden Einzelnen ist sein subjektives Erleben am realsten, umso mehr, je intensiver es ist (Existenzstärke). Erst wenn er die Andersartigkeit fremden Erlebens *bewusst* in sein individuelles Gewahrsein einbezieht, gewinnt für ihn der dynamische Umfang eines Ereignisses an Bedeutung. Er beurteilt dann seine fokusspezifische Erfahrung nach ihrer Harmonie oder Disharmonie mit den Erfahrungen in anderen Fokussen, da seiner Ansicht jetzt nur innerhalb eines harmonischen "Ineinanderfallens" der Perspektiven größere Realität zukommen kann. (Hier lässt uns die Sprache wieder einmal im Stich.)

Nehmen wir an, unser Genie fand wirklich Zugang zu tiefsten Aspekten fremder Wahrnehmung, zu solchen, derer sich die jeweiligen Individuen selbst noch nicht gewahr geworden sind. Dennoch muss sich die von ihm allein empfundene Wahrheit kollektiv bewähren, somit letztlich auch allen anderen *auf ihre Weise* einleuchten. Denn wenn sie sich nicht in der entfalteten Realität *ausdrückt*, kann sie nicht für diese Realität gelten. Zwar gibt es nichts *grundsätzlich* Falsches, jede Aussage drückt *etwas* aus. Doch wenn sie "falsch" ist, befindet sie sich nicht in Harmonie mit der bewussten Ausdrucks*absicht*, dem *Anspruch* der Aussage. Immerhin vereinigen sich tiefes und oberflächliches Denken zu einer *höheren* Ausdrucksharmonie: Auch für den Fehler gab es einen wahren Grund.

Was sollten wir also tun, wenn wir zwischen zwei Theorien entscheiden müssen? Wir erklären *beide* für wahr - was ja in *irgendeiner* Hinsicht stimmt - und untersuchen dann, welche von ihnen die andere *in umfassenderer Hinsicht relativiert* - nicht aber wegerklärt. Nur diese bringt die unterschiedlichen, aber dynamisch *beständigen* Perspektiven in Einklang. Aufgrund der Verflechtung von Bewusstsein und Unterbewusstsein kommen wir dabei nicht umhin, unsere eigene Verankerung im Grund des Problems zu berücksichtigen. Wir urteilen anhand einer *empfundenen Wahrhaftigkeit*, sogar dann, wenn wir uns nur auf die Logik des Verstandes zu beschränken meinen. Je offener wir unser Gewahrsein halten, desto sicherer finden wir eine weithin akzeptable Grundordnung, eine Basis für das harmonische Zusammenleben unterschiedlichster Individuen.

Am einfachsten wäre es doch mit einem einheitlichen Realitätsbrei: Ohne Differenzen und Widersprüche gäbe es auch keine Unwahrheiten. Dennoch würden wir leiden: unter Langeweile, Stagnation und Enge. Leiden aber kann kein Zeichen von Harmonie sein. Wir *brauchen* die Vielfalt, den Gegensatz, die Interaktion. Harmonie ist nicht einfach. Durch mehr Harmonie wird lokal (und ferner potentiell) ein vollkommenerer Ausdruck All-dessen-was-ist erreicht, einer dynamischen Gestalt, die in höchste Harmonie (maximale Vielfalt in unmittelbarer Nähe zum Universalkontinuum!) auch so disharmonische Wechselbeziehungen integriert, wie wir sie mancherorts auf Erden finden. Wäre es dann nicht im Gegenzug sinnvoll, selbst ein Stück der Harmonie Gottes zu verwirklichen, die *Beziehung* zum größeren Ganzen zu harmonisieren?

Wir leiden, wenn diese Beziehung gestört ist. Entweder können wir unser Wesen nicht so ausdrücken, wie wir gern wollen, oder wir begreifen nicht, dass wir eigentlich unserem Wesen zuwider handeln. Normalerweise streben wir danach, das Leiden zu beseitigen.[91] Wir können die äußeren Ursachen oder Anlässe für unseren Schmerz bekämpfen oder sie auf neue Weise in unser Erleben einordnen - im äußersten Fall durch die Akzeptanz der gegebenen Situation als bereichernde Erfahrung. Beides mildert vorerst das Leid. Derweil sollten wir aber dessen Gründe in uns selbst suchen, denn wie wir in Kapitel 23 und 28 verstanden haben, sind wir für unser "Schicksal" selbst verantwortlich. Das leidende Individuum und das ihm eventuell Leid zufügende befinden sich in einer disharmonischen Beziehung, weil sich ihre tiefe Hierarchie *und* ihr gegenwärtiges Bewusstsein dafür entschieden haben. Ihre Situation

---

[91] Wer es hingegen sucht, der empfindet es *nicht* als wirklich leidvoll. Traurigkeit, Sehnsucht, Entsetzen zum Beispiel können durchaus positiv erfahren werden.

ist nicht ohne Sinn, und deren Veränderung liegt daher *auch* in ihrer gegenwärtigen Macht. Die nötigen Mittel hierfür haben wir besprochen. Leiden wirkt, wie auch Zerstörung, dadurch kreativ, dass es Veränderungen einleitet. Es ist nicht grundsätzlich abzulehnen, sondern Teil der Natur, und wer es nicht kennt, wird nicht auf das Leid anderer reagieren können. Dennoch beschreibt es einen *relativ* disharmonischen Weg zur Harmonie. Wenn wir aber den *Sinn* des Leidens nicht begreifen, statt dessen verzweifeln oder neues Leid verursachen, kann es *hier nicht* harmonisierend wirken. Es muss dann in einer anderen Verkörperung ausgeglichen werden und trägt so wenigstens in "höherer" Weise zu unserer Entwicklung bei.

Am absoluten Reflexionspunkt ist natürlich alles miteinander harmonisiert. Schaffen wir aber auf *unserer* Ebene eine Disharmonie, verdrängen wir eine alternative, harmonischere Wahrscheinlichkeit ins Unterbewusste. Im Zusammenhang mit allen anderen Wahrscheinlichkeiten begünstigen wir so auch eine *allgemeine* Disharmonisierung, die eintritt, wenn dafür *irgendeine* Harmonie in unendlicher Ferne verschwindet (vergleiche Kapitel 28).[92] Was wir tun, ist keine Spielerei. Alle Phasen All-dessen-was-ist werden davon beeinflusst, die *endlichen* Frequenzen seiner Dynamik möglicherweise gestört. Wie wir schon einmal festgestellt hatten (ebenda), tragen wir nicht nur Verantwortung für uns selbst, sondern ungeachtet ihres freien Willens auch für alle anderen Individuen.

Gibt es tiefe Ursachen für ein Leiden, fest verwurzelte Glaubenssätze, die den natürlichen Energiefluss hemmen, und wir doktern nur an den Symptomen herum, dann werden sich die verzerrten Impulse an einer anderen Oberfläche unserer Erfahrung ausdrücken. Verdrängte innere Konflikte können scheinbar unvermittelt von außen hereinbrechen. Zwar ist es oft nötig, *auch* äußerlich zu reagieren, denn gerade durch unser physisches Handeln berei-

---

[92] Demgegenüber bedeutet Harmonisierung nicht nur ein Verdrängen von Disharmonie in entferntere Wahrscheinlichkeiten, sondern diese sind nun Teil einer *höheren* Harmonie. Was hier verdrängt wird, ist die begrenzte Disharmonie als solche, als *Dis*harmonie. (Umgekehrt ist eine "höhere Disharmonie" nicht durchzuhalten.)

chern wir die psychische Realität. Doch um wirklich erfolgreich zu sein, muss die äußere Handlung, unser tiefes *inneres* Bedürfnis nach Veränderung symbolisieren. Unabhängig davon, ob wir beispielsweise ein Antibiotikum oder ein Placebo schlucken, werden wir *nicht umfassend* gesunden, wenn wir nicht innerlich dazu bereit sind. Immerhin *kann* die äußere Wirkung auch eine Bresche zu unserem inneren Heilungswillen schlagen.

Nicht anders verhält es sich hinsichtlich der Interaktion mit anderen Individuen. Diesen sind wir bewusst, teils durch die nachvollziehbare Kommunikation mit ihnen, teils durch den Austausch von Impulsen und Bewusstseinsfokussen. Mehr oder weniger bewusst nehmen sie unsere Fragen auf, assoziieren sie mit ihren eigenen und treten freiwillig mit uns in ein symbolisches Geschehen ein, in dem jeder die Rolle eines personifizierten Aspektes, sowohl seiner eigenen als auch "fremder" Probleme und Wünsche spielt. Fragen Sie sich doch einmal, welche Aspekte ihrer eigenen Psyche dieser oder jener Mitmensch verkörpert und warum Sie vielleicht gerade ein unangenehmes Spiel mit ihm spielen. Wenn sie anschließend bewusst den harmonischen Umgang mit ihm suchen (was nicht bedeuten kann, dass Sie sich unterordnen), sind Sie schon ein ganzes Stück weiter auf dem Weg Ihrer persönlichen Erfüllung. Sie werden bemerken, dass Sie sich dazu mit Ihren eigenen Impulsen und Glaubensannahmen auseinandersetzen müssen, dass nur Harmonie im Innern schließlich Harmonie im Äußeren schafft.

Wichtig ist, dass diese Harmonie *bewusst* erreicht wird - nicht in blindem Gehorsam gegenüber inneren Impulsen, sondern durch bewusste Entscheidungen, die *alle* bekannten Einflüsse berücksichtigen. Wahlfreiheit ist ein unabdingbarer *Bestandteil* des zu entwickelnden Gewahrseins von der eigenen Individualität (Kapitel 30 und 33). Wie ein harmonisches Verhältnis auszusehen hat, ist daher nicht festgelegt. Aktiv und relativ frei können wir sowohl äußere Umstände manipulieren als auch Wünsche an das Unterbewusstsein formulieren, die sich nur sinnvollerweise an den Ratschlägen *orientieren* sollten, die uns das Leben erteilt. Am besten verbinden wir unsere Freiheit mit diesen, indem wir den tiefsten Impuls suchen, sowie die größte Harmonie mit unserem Wesen, und uns *in deren Bewusstsein* für eine Wirklichkeit entscheiden.

37. Werterfüllung

Wir erleben uns eingebettet in ein wogendes Geflecht aus unterschiedlichsten Ansichten, Glaubens- und Wertvorstellungen, innerhalb derer wir nach Verwirklichung unserer Ideale suchen. Was uns selbst wertvoll erscheint (zum Beispiel harte Arbeit, Geschäftssinn, künstlerische Entfaltung), hängt dabei einerseits vom Werteklima der Gemeinschaft ab, in der wir leben, während wir andererseits bestrebt sind, diese Gemeinschaft und unsere Rolle in ihr so zu wählen, dass sie unseren Idealen zur Wirksamkeit verhelfen - entweder im Kontrast zur Mehrheit oder in Übereinstimmung mit ihr. Doch sogar noch die intimsten Ideale werden kollektiv getragen, denn unsere Individualität, aus der sie entspringen, ist ja nichts anderes als ein einzigartiges Zusammenwirken unendlich vielfältiger Bewusstseinsfokusse. Jedes persönliche Ideal geht aus einer Vielzahl anderer Ideale hervor und stellt damit seinerseits einen respektablen Wert für alle anderen Individuen dar, ob uns das nun bewusst ist oder nicht.

Unser Gewahrsein entwickelt sich allerdings durch das *bewusstere* Einschließen anderer Standpunkte. Und wir werden solche nur dann bewusst aufnehmen, wenn wir ihren Wert für unsere Erfüllung *erkennen*. Sonst bleiben sie uns gleichgültig. Den ungeliebten Nachbarn treffen wir nicht ohne Grund jeden Tag. Wenn wir dies aber nicht wahrhaben wollen, gehen wir ihm aus dem Weg. Achten wir ihn hingegen zumindest als Individuum, können wir uns schon ein Weilchen mit ihm unterhalten, ohne vom Fluchtreflex überwältigt zu werden. Vielleicht entdecken wir sogar, dass er uns einiges zu geben vermag, was wir lange vergeblich suchten. Aus der ursprünglichen Abneigung *könnte* eine Freundschaft entstehen.

Durch die wertschätzende Kommunikation mit unserem Gegenüber gewinnen auch wir für ihn an Wert. Unser Standpunkt, unsere Individualität breitet sich in der seinen aus und seine Individualität in der unseren, ohne dass die Eigenart einer Person verloren geht. Sie wird vielmehr *bereichert* um die Erfahrung der jeweils anderen; und zwar nicht nur im Hinblick auf eine wachsende Variationsbreite des Selbst, sondern im Geist der eigenen Ideale, an denen wir alles Neue messen: Was wir vom anderen lernen, fließt in unsere Entwicklung ein. Die Individualität jeder Seite (genauer: jedes Hierarchiegipfels - siehe Kapitel 35) *verändert* sich und bietet damit sofort einen *neuen* Wert für die andere. Jedes Individuum reagiert insbesondere *kreativ* (entscheidet frei) und verändert so das *Potential* des anderen. Es realisiert sein eigenes Potential teilweise im anderen und bringt etwas von dessen Potential in sich selbst zum Ausdruck. Beide verfügen nun auch einzeln über Wahlmöglichkeiten, die sie zuvor nicht hatten.

Eine solche Kommunikation kann sich zu einer wechselseitigen Werterfüllung hochschaukeln und verschmilzt in diesem Fall zur Entwicklung eines Gesamtbewusstseins, das an gewahrter Komplexität zunimmt. Teile der Potentiale beider Individuen haben sich auf jeder Seite *individuell* verbunden und somit insgesamt vervielfältigt: Die Gemeinschaft der Individuen ist größer und mächtiger als deren "Summe". Sie kann bewusster aus der unversiegbaren Energiequelle schöpfen (vergleiche Kapitel 34).

Die unbeschränkte gegenseitige Befruchtung (im Geiste) ist möglich, weil grundsätzlich *alles* individuell ist und bleibt. So kann sich nichts gegenseitig auslöschen. Die Aufgabe, Vielfalt auf einer *bestimmten Existenzebene* zu mehren, kommt indessen auch der bewussten Tätigkeit zu. Andernfalls könnte es passieren, dass sich die nach außen drängende Energie sehr lange in einseitigen Projekten verliert. Der gescheiterte Sozialismus ist das beste Beispiel dafür. Erfüllender Ausdruck des Verborgenen, Erahnten oder Empfundenen bedarf der Entscheidung für einen *multidimensionalen* Weg.

Letztendlich verwirklicht natürlich alles sein vielseitiges Potential und steht deshalb grundsätzlich im Einklang mit All-dem-was-ist. Aber einsichtig wie wir sind, entscheiden wir uns gern schon etwas früher für ein Zusammenleben, in dem die persönlichen Unterschiede einander nicht nur ergänzen, sondern auch verstärken - um die Entwicklung der Individualität zu fördern und umfassender zu gestalten (Stichworte "Selbstverwirklichung", "Nationalismus", aber auch "multikulturelle Gesellschaft"). Wir fühlen, dass das Individuum seine Erfüllung nur vor einem allseitig differenzierten Hintergrund erlebt, der es auf die eine oder andere Art würdigt, der es sich selbst deutlicher erkennen und seine Aufgabe innerhalb des Ganzen bewusster wahrnehmen lässt. Dynamisch sind alle Individuen aufs engste und tiefste miteinander verflochten. Wer die Entfaltung anderer behindert, schmälert daher seine eigene Präsenz und beschränkt sich selbst in seiner Entwicklung.

An dieser Stelle möchte ich Ihnen Seths Beschreibung der Werterfüllung nicht vorenthalten: "Das Prinzip der Werterfüllung ... verbindet die Natur einer liebenden Gegenwart mit dem inneren Wissen um die Gegenwart göttlicher Verflochtenheit mit einer kreativen Fähigkeit grenzenlosen Ausmaßes, die danach strebt, auch nur den geringsten wie auch den entferntesten Teil der eigenen Verflochtenheit mit dem Göttlichen zur Erfüllung zu bringen. Einfacher ausgedrückt: Jeder Teil der Energie ist mit einer ihm innewohnenden schöpferischen Kraft ausgestattet, die danach strebt, ihr Potential *in allen möglichen Variationen* auszuschöpfen - und zwar so, dass dadurch auch das schöpferische Potential eines jeden anderen Teils der Wirklichkeit gefördert wird."[93]

Es widerspräche all unseren bisherigen Überlegungen, wenn wir Werterfüllung einfach als ständige Bewusstseinserweiterung verstünden. Wir sind uns der Ableger, die wir in anderen Individuen schaffen, nur *dynamisch* gewahr. Überdies haben wir die gespeicherten Erfahrungen dieser Individuen nicht alle auf Abruf präsent. Sie gehen statt dessen in unser Selbstgefühl ein, von wo aus sie - ihre Harmonie vorausgesetzt - einen weiseren Ausdruck unseres Wesens begünstigen. Wir erzeugen in neuen Lebenssituationen weniger Disharmonien, wenn wir gelernt haben, wie sie in anderen Fällen zu vermeiden sind. Was sich also erweitert, ist unser individuelles *Gewahrsein* unterschiedlichster Standpunkte und ihres inneren Zusammenhangs.

Dieses Gewahrsein bezieht, wie Sie wissen, die abweichenden Fokusse anderer Individuen *als solche* ein und profitiert so wesentlich mehr von ihnen, als wenn wir nur oberflächlich (quasistatisch)

[93] Jane Roberts, "Träume, 'Evolution' und Werterfüllung", Band 1, Ariston 1990, Seite 148

mit ihnen kommunizieren würden. Das andere wird als solches zum Eigenen und das Eigene zum wahrhaft anderen. Wir "benutzen" das andere für unsere und *bewusst des anderen* Werterfüllung, an der wir wiederum selbst wachsen. Wir sind auch das *andere*, dessen Existenz wir lediglich als äußere in unsere Individualität einschließen.

So beinhaltet Werterfüllung auch das Erleben des eigenen Wertes für den anderen - in ihm selbst. Innerhalb unseres Gewahrseins identifizieren wir uns mit anderen Wesen *in ihrer Selbständigkeit* (welche uns gleichermaßen selbständig einschätzen) und empfinden für sie wie für uns. Auf diese Weise fühlen wir ihnen gegenüber Verantwortung und Respekt. Leute, die behaupten, dass wir nur aus Egoismus schenken (um unser Gewissen zu beruhigen oder die Dankbarkeit des anderen zu "kassieren"), tun mir leid. Ich fühle mit ihnen, und ich weiß deshalb auch, dass sie sich selbst etwas vormachen. Denn die Freude des anderen betrifft sie ganz ursprünglich, ob sie vom Ego egoistisch umgedeutet wird oder nicht. Wer etwas Schönes mit anderen teilt, genießt es allenfalls umfassender - über mehrere Versionen seines *dynamischen Selbstbewusstseins*. Wenn jedoch nicht einmal das Selbstbewusstsein fest verankert ist, kann es auch keinen "gesunden Egoismus" geben, höchstens einen gesunden Altruismus, der die jeweils eigene Werterfüllung voraussetzt und zur Folge hat.

Angesichts dessen ist es extrem einseitig, von einem "Kampf ums Dasein" zu sprechen. Statt einer blinden Auslese zur Anpassung an zufällige Umweltstörungen erkennen wir eine weitgehend bewusste Entwicklung hin zu maximaler Werterfüllung. Wenn eine solche nicht mehr möglich ist, wird Sterben zur ganz natürlichen Fortsetzung. Der Tod stellt dann sowohl einen Dienst an den Überlebenden dar als auch einen Dienst am eigenen Selbst, das jetzt neue Entwicklungsmöglichkeiten wahrnehmen kann. Sogar die Werterfüllung des Löwen, der eine Antilope reißt, ist *grundlegend* kooperativ. Beide haben sich nicht nur für die *Spielregeln* dieser Existenzebene entschieden, sondern sind sich auch während des ganzen Spieles ihrer jeweiligen Position gewahr. Und aus diesem

Gewahrsein heraus bleibt die Antilope zurück, um ihr Leben durch das angreifende Raubtier beenden zu lassen.

Sind das bloße Behauptungen? Beobachten Sie Tiere genau, versetzen Sie sich unvoreingenommen in deren Situation und deren Wesen - und Sie werden zu den gleichen Einsichten gelangen. Menschen indessen verfügen über mehr Freiheiten und damit auch mehr Möglichkeiten, Fehler zu machen. Wir haben nicht nur die Freiheit, ein Rind zu töten, um zu essen, sondern auch die Freiheit, sein Geschenk zu missachten. Wir haben die Freiheit, Hühnereier zu essen und die Freiheit, ihre Erzeuger in engen Käfigen zu quälen. Dennoch sind sich die geschundenen Tiere ihrer Rolle gewahr und spielen bis zur Unerträglichkeit mit. Sie geben uns eine Chance, denn sie sind ein Teil unseres eigenen dynamischen Wesens.

Unsere Gewalttätigkeit erfährt noch eine Steigerung, wenn wir andere Lebewesen bewusst verachtend aus ihrer Existenzebene werfen. "Der Mensch kann, ganz gleich, was er tut, im Grunde nichts zerstören - solange er jedoch an Zerstörung *glaubt*, beeinträchtigt er sich selbst, so dass es ihn viel Mühe kostet, in aufbauender Weise kreativ tätig zu werden." (Seth[94]) Es kann durchaus im Sinn der Werterfüllung zweier Individuen liegen, sich zu trennen. Doch wenn wir die Erhaltung des anderen nicht in unser Harmonieempfinden einbeziehen, sein Bedürfnis nach Werterfüllung ignorieren, statt im Gewahrsein der tieferen Einheit mit ihm zu handeln, gehen und weisen wir Umwege bei der Verwirklichung jener Ideale, denen wir unsere eigene Existenz verdanken.

Die Kombination von quasistatischem und dynamischem Erfahrungsaustausch im Gewahrsein bringt eine stärkere Gefühlsbeteiligung mit sich, da die engere Verbindung von Einheit und Gegensatz dem integrierenden Wesen unserer Psyche näher kommt. Wer könnte im Innersten gleichgültig bleiben angesichts kranker und hungernder Kinder, sich vielleicht damit trösten, dass sie ja ihr Schicksal selbst gewählt haben? Wir sind in ihre Situation einge-

---

[94] Jane Roberts, "Träume, 'Evolution' und Werterfüllung", Band 2, Ariston 1990, Seite 176

bunden, wissen sie "irgendwie" als Teil unserer eigenen. Unsere Werterfüllung erwächst gerade aus einer solchen Integration unterschiedlichster Erfahrungswelten. Trennen wir unser Erleben von dem der anderen ab, verweigern wir uns letztlich auch einem glücklichen Dasein.

Das schlichte Wissen von der *Möglichkeit* des Hineinversetzens sollte bewirken, dass wir die Entscheidungen eines anderen als dessen individuelle achten und sowohl seine Freude als auch sein Leid ernst nehmen. Eine liebevoll offene Einfühlung in seinen Standpunkt führt zur Einschätzung dessen, was Werterfüllung im konkreten Fall bedeutet. Dazu wächst unsere Kompetenz in dem Maße, wie sich die erfahrenen Bewusstseinseinstellungen als Teilaspekte unseres Selbst miteinander verflechten und wir aus der Fülle ihres einzigartigen Erlebens schöpfen. Die eigene Rolle im Gesamtzusammenhang wird klarer, wir *können* uns stärker an ihr orientieren.

Gleichwohl findet Werterfüllung auch unterbewusst statt, insbesondere im Zusammenspiel unterschiedlicher Zeitepochen. Nur die wenigsten Menschen sind sich der über die Zeit verstreuten Ableger ihrer Wesenheit bewusst. "Aber es wird Erfahrungen in eurem Leben geben, die in euren anderen reinkarnationsverbundenen Existenzen als Überlagerungen erscheinen können. Es gibt ... Punkte, an denen gedankliche Assoziationen euch zu jeder Zeit *in Verbindung* mit anderen, ähnlich gearteten Geschehnissen in irgendeinem vergangenen oder zukünftigen Leben setzen. Richtiger wäre zu sagen, dass diese ähnlichen Geschehnisse *zeitliche Versionen* eines einzelnen größeren Geschehens sind." (Seth[95]) Sie führen von unterschiedlichen Seiten an weitere individuelle Entwicklungsmöglichkeiten heran.

Werterfüllung kann nicht von einem Ziel bestimmt werden. Sie besteht vielmehr in ihrem eigenen Gedeihen, sie ist selbst Weg und Ziel, ein erlebtes Gewahrsein und zeitlos. Sie bedeutet das Spüren der eigenen Bedeutung in der Welt, auch der eigenen "Größe", und das Leben gemäß diesem Wertempfinden. Dieses Gefühl schließt

---

[95] Jane Roberts, "Träume, 'Evolution' und Werterfüllung", Band 2, Ariston 1990, Seite 163

sein eigenes Wachstum ein, sowie das wachsende Gewahrsein eines umfassenderen Ganzen, in dem es geborgen ist.

38. Die Freiheit in Liebe zu handeln

Betrachten wir nun Harmonie und Werterfüllung im Zusammenhang mit der Fähigkeit zur freien Entscheidung.

"Kein Mensch hat freien Willen ..., wenn er nicht in Harmonie mit dem Universum ist, denn das würde bedeuten, dass er sich außerhalb des Universums befände" sagt die Esoterische Philosophie.[96] Doch jedes Erleben ist individuell, und für die freie Veränderung meiner individuellen Welt brauche ich zunächst nur Rücksicht auf die Kapazität meines Bewusstseins nehmen. Ich kann mir mit der entsprechenden Entschlossenheit alles vorstellen, was ich zu begreifen vermag, beispielsweise auch, dass ich in einem dunklen Wald voller Hexen und Kobolde lebe oder auf einer leuchtenden Wolke inmitten einer Engelschar. Der Existenzumfang der von mir bewirkten Veränderungen spielt *insofern* keine Rolle, als ich diesen ebenfalls individuell feststelle: Die Engel reagieren durchaus auf meine Anwesenheit und bestätigen mir die Realität ihrer Welt in jeder Hinsicht.

Erst wenn ich mit meinen Absichten (innerhalb des mir Bewussten) an Grenzen stoße, beginne ich mich von etwas anderem zu trennen, welches meine Realitätsveränderungen nicht mitmacht. Mein Selbstbewusstsein fokussiert sich auf den Teil der Realität, den ich unter Kontrolle habe, während alles andere zum Äußeren wird, das mich umgibt (vergleiche andererseits Kapitel 32). Dieses geht nun *als Selbständiges* in mein Bewusstsein ein und zwingt mich, zwischen *passiver* und *aktiver* Willensfreiheit zu unterscheiden, von denen die letztgenannte Wirkungen mit einem größeren Existenzumfang hervorruft (vergleiche Kapitel 20 und 34). Die anderen Individuen handeln unabhängiger von mir, und daher übe ich aktive Willensfreiheit erst in Harmonie mit *deren* Entscheidungen optimal aus - indem ich diese nutze statt unterdrücke. Sie vervielfältigen dann mein Potential wie das eines einfühlsamen Werbestrategen oder eines vom Volk gewählten Präsidenten statt es einzuschränken.

---

[96] Gottfried von Purucker, "Mit der Wissenschaft hinter die Schleier der Natur", Esoterische Philosophie 1988, Seite 168

Unterbewusst natürlich beeinflusst jeder jeden ständig, determiniert ihn aber nicht (weder seine Vorstellungen, noch sein Handeln). Nein, in umfassenderem Sinn *ist* die Kreativität des anderen auch unsere Kreativität, durch sie drückt sich auch unsere Individualität aus. Erinnern wir uns: Die eigene Freiheit besteht wesentlich darin, sich zu beschränken, um den Überblick zu wahren. Das heißt, die Selbständigkeit des anderen ist *Bestandteil* der eigenen. Unsere gegenwärtigen Grenzen haben wir *gewählt* und damit zugleich die Möglichkeit geschaffen, anderen Aspekten unserer letztlich allumfassenden Dynamik "von außen" zu begegnen. Unsere und deren freie Entscheidungen verbinden sich nun zu einer neuen, jeweils individuell erfahrenen Wirklichkeit.

Auf bewusster Ebene wählen wir aufgrund von inneren und äußeren Informationen, Eindrücken und Bedeutungen als Infinitesimalstruktur. Diese Entscheidungen wirken innerlich und äußerlich auf andere Individuen ein, werden in deren subjektiven Entscheidungsprozess einbezogen und treten uns von dort in neuer Form entgegen. Indessen verständigen sich unterbewusste Aspekte aller Seiten (wie in Kapitel 22 begründet) tendenziell ungezwungener miteinander. Ihre komplexere Kommunikation führt nicht gleich zu einer gemeinsamen Wesenheit und wird nicht unbedingt von Wesenheiten geführt, aber das Ergebnis entfaltet sich in der Sphäre beschränkten Bewusstseins zu *voneinander getrennten Teilbeschlüssen*. Deren eventuelle Unfreiheiten entspringen also unterbewusster Freiheit.

Gleichzeitig beruhen Entscheidungen, ob bewusst oder unterbewusst, auf der eingeflochtenen *Identität* aller Wahlmomente, die zum Komplexeren (beziehungsweise Unterbewussten) hin lediglich vielfältiger berücksichtigt wird (Kapitel 22 und 23).[97] Diese durch alle Bewusstseinsebenen führende Identität gewährleistet eine tiefe Harmonie auch zwischen den selbständigsten Beschlüssen. Werterfüllung muss deshalb die Wahlfreiheit des anderen auch dadurch integrieren, dass sie sie einfach respektiert und ihr wie der eigenen Spontanität *vertraut*. Die freie Kreativität jedes anderen

---

[97] Die Identität wird natürlich auf diese Weise auch erst *konstituiert*, ist aber wiederum im Trichterkanal jedes (Teil-) Bewusstseins unendlich *komprimiert*.

Bewusstseins *aus seinem einzigartigen Erleben heraus* ermöglicht und beflügelt erst unsere eigene Kreativität. Darin liegt der Sinn einer geteilten Schöpfung.

Zu Disharmonien führen kann Entscheidungsfreiheit nur zwischen Individuen *mit einem begrenzten Gewahrsein*. Sollen unsere Beschlüsse nicht mit denen anderer (Selbst-) Bewusstseine kollidieren und so vielleicht nur passiv wirksam werden, müssen sie mit ihnen auf den *noch gewahrten* Ebenen der Beschlussfassung harmonieren. Andernfalls fühlt sich mindestens eine Seite unterdrückt (beziehungsweise verwirklicht sich in einer anderen wahrscheinlichen Welt, in welcher *wir* das Nachsehen haben) und schmälert auf diese Weise unsere eigene Werterfüllung.

Nicht einmal Gott kann unsere Welt befrieden, wenn wir es nicht wollen (siehe Kapitel 35). Er bezieht unsere Freiheit *als solche* ein, das heißt ohne sie aufzuheben. Deshalb müssen seine Entscheidungen, wenn sie aktiv wirksam werden sollen, mit den Entscheidungen seiner begrenzt gewahrenden Geschöpfe im Einklang stehen. Und wenn deren Entscheidungen nicht *miteinander* harmonieren, muss auch Er sich gedulden. Aktive Freiheit - für wen auch immer - besteht in der Vielzahl der kleinen Veränderungen, die sie bewirken kann.[98]

Wir haben uns nicht inkarniert, um uns weiter auf Null zu reduzieren, sondern um unser Gewahrsein von hier aus zu erweitern beziehungsweise zu vertiefen. Sinnvollerweise müssen dafür Harmonie und maximale Werterfüllung in Reichweite liegen und mit ihnen eine angemessene Steigerung unseres aktiven Freiheitsgrades.

Normalerweise setzt man keine Kinder in die Welt, wenn man an die Sinnlosigkeit ihres Lebens glaubt. Ihr höheres Selbst kann sich ungehindert nur dann in ihnen ausdrücken, wenn sie *relativ* konfliktarm miteinander leben. Erst wenn es ihnen gelingt, ihre Werte ineinander und füreinander zu erfüllen und aus dieser Verflechtung heraus ihr eigenes Gewahrsein zu ent-wickeln, werden sie auch das

---

[98] Da auch diese ein Teil All-dessen-was-ist sind, bedeutet das oben Gesagte keine Einschränkung von Gottes Freiheit. Es hebt aber die unverzichtbare Rolle jedes einzelnen Bewusstseinsfokus in ihm hervor.

Gewahrsein ihres "Erzeugers" maximal bereichern. Wie jeder gute Familienvater weiß, vervielfacht sich seine Präsenz am ehesten, wenn er seine Sprösslinge so dirigiert, dass sie diese Harmonie *selbstverantwortlich* erreichen können. Nur dann lernen sie, dieselbe unter neuen Umständen auszubauen und aktiv zu nutzen. Solch eine feinfühlige Führung sollte in besonderem Maße von unserer Wesenheit ausgehen. Von Geburt an begleiten uns Chancen auf individuelle Erfüllung; wir müssen sie lediglich *wahrnehmen*.

Aber sogar wenn sich unsere Wesenheiten *untereinander* einig sind, stellt sich ein harmonisches Zusammenleben unserer eigenwilligen, scharf fokussierten Egos *nicht zwangsläufig* ein. Unsere Entwicklung wird durch gute Beziehungen zu einem gemeinsamen intelligenten Wurzelgeflecht allenfalls begünstigt.

Disharmonien sind nicht schon an sich negativ. Sie können entstehen, weil der einmal festgeschriebene Freiheitsgrad eines Bewusstseins nicht ohne Weiteres aufgehoben werden kann, so dass dieses Individuum sein Leiden noch im gleichen Existenzrahmen auflösen muss. Unsere Aufgabe besteht darin, *hier* für eine Verschmelzung von Einheit und Gegensätzen, für Einklang zwischen Wesen und Erscheinungen zu sorgen. Erst wenn dieser Spielraum ausgereizt ist, wird die Möglichkeit zum Wechsel in eine andere Existenzebene freigegeben (beispielsweise durch den körperlichen Tod), wo die erlebte Disharmonie in einem umfassenderen Bezugssystem harmonisierend wirken kann. Der freie Wille des Bewusstseins ist natürlich an solchen Entscheidungen beteiligt. Überwindet er aber tiefe Erhaltungsimpulse, die ihn aus jenem umfassenderen Gewahrsein heraus auf die gegenwärtige Wirklichkeit verweisen, handelt er wiederum disharmonisch (Selbstmord).

Sie meinen vielleicht, dass wir hier über Lebensqualitäten sprechen, innerhalb derer sich eindeutige Maßstäbe für unser Verhalten schwer finden lassen. Umso wichtiger wird es, sich dem eigenen Wesen und dem seiner Mitgeschöpfe zu *öffnen*, ein tieferes Gewahrsein der Gesamtsituation - der äußeren *und* inneren - zu entwickeln und *aus diesem heraus* bewusst zu entscheiden. Fehler bleiben, wenn auch nicht erwünscht, so doch erlaubt. Überall wo wir sind, sind wir, um zu lernen.

Werterfüllung ist in einem sehr tiefen Sinn harmonisch, aber sie ist nicht gleich Harmonie. Sie kann durchaus mit Disharmonien einhergehen, wenn zum Beispiel Individuum A das Individuum B behindern will und die gewaltsame Durchsetzung von B's Werterfüllung auch zur Werterfüllung A's führt. Insgesamt herrscht eine höhere Harmonie, auf die sich B - eventuell unbewusst - stützt, aus der es womöglich seine Motivation, seine *Energie* bezieht (Kapitel 36). Doch Werterfüllung vollzieht sich für beide Individuen bereits auf der disharmonischen Ebene:

Im Fall eines Halbwüchsigen, dessen Lebenseinstellung das Wertesystem seiner Eltern überfordert, setzt sich das innere *Potential* zur Harmonie (und das Verlangen nach ihr) nicht gleich harmonisch mit dem *akzeptierten* Potential von Kind und Eltern durch. Trotzdem führt es meist zur Werterfüllung nicht nur des Teenagers, sondern auch der "Alten" gegen ihren Willen. Diese kommen irgendwann zu der tieferen Einsicht, dass sie besser freiwillig die Verwirklichung auch der Ideale *ihres Kindes* fördern und dabei in ihnen einen Wert für sich selbst entdecken können. Werterfüllung fand jedoch schon die ganze Zeit statt. Sie ist *eine Verlaufsqualität, die das Erreichen ihres Zieles vorwegnimmt.*

Selbst wenn das Ziel verfehlt wird, *kann* es aufgrund der gemachten Erfahrungen noch auf andere Weise erreichbar oder erreicht worden sein, oder es kann sich geändert haben, so dass eine Beurteilung im Nachhinein - ob Werterfüllung stattgefunden hat oder nicht - gleichermaßen mehrdeutig ist. Dieser Umstand macht Werterfüllung zu einem schillernden Begriff, der eher an eine Infinitesimalstruktur erinnert als an einen klar definierten Gegenstand. Wir sollten daher vor allem (aber nicht ausschließlich) *intuitiv* mit ihr umgehen, im Sinn der oben erwähnten Offenheit für die Gesamtsituation. Werterfüllung als *Gewahrsein* ist mit allen Wahrscheinlichkeiten verflochten und daher von Natur aus selbsterklärend.

So wie wir noch in der Zerstörung Kreativität finden können, mögen wir mithin Werterfüllung erkennen, wo wir keine Harmonie empfinden. Werterfüllung bedeutet eine höhere Harmonie, die auch *in disharmonischer Form erscheinen* kann. (Die Begriffe der Wert-erfüllung und Harmonie greifen ineinander.) Daraus geht zugleich hervor, dass Disharmonie in ihr eine *untergeordnete* Rolle spielt. Sie gehört immerhin zum Potential eines jeden Individuums und so auch zur Werterfüllung seiner *unendlichen* Gesamtheit. Lassen wir sie nicht öfter als nötig in der Endlichkeit auftauchen!

Dagegen bedeutet etwas, das nicht zur Entfaltung von Individuen ineinander führt - und sei es noch so harmonisch im Sinn der Ein-heit von Einheit und Gegensatz - keine Werterfüllung. Es genügt nicht, wenn sich *ein* Individuum in Harmonie mit seinem Wesen und seiner Umgebung entwickelt. Sein(e) Wert(e) beziehen sich von Anfang an auf das Verhältnis zum anderen *als solchem*, als selbstbewusstem Teilaspekt der eigenen Dynamik. Werterfüllung meint damit das Gedeihen einer Harmonie, welche die Entfaltung einer wahrhaft multiindividuellen Bewusstseinsgemeinschaft ein-schließt.

Ebenso wenig wie Harmonie und Werterfüllung deckungsgleich sind, ist es die aktive Willensfreiheit mit ihnen. Freiheit wäre nicht eine solche, wenn sie sich auf einen anderen Begriff reduzieren lie-ße. Doch es bestehen *Korrelationen*:

Mehr noch als durch eine herrschende oder anvisierte Harmonie wird der freie Wille *gefördert*, wenn er im Sinn von Werterfüllung entscheidet. Mit dieser steigt die Vielfalt, die Zahl der Möglichkei-ten und Verbindungen, was den Aktionsspielraum vergrößert. Vor allem aber liegt Werterfüllung eher im Trend der anderen selbstän-digen Individuen, welche ja aktiv eingebunden werden sollen. Wil-lensfreiheit ist immerhin auch Freiheit zur Werte"vernichtung", womit sie sich selbst Grenzen setzt. Sie bedeutet Möglichkeiten *auch* zur Werterfüllung, während diese wesentlich im wachsenden Potential aller Beteiligten *besteht* (Kapitel 37). Ein gewisses Maß an bewusster Willensfreiheit ist unabdingbarer Bestandteil eines je-den Individuums und als Freiheit eines anderen zugleich ein *Aspekt* seiner Werterfüllung. Daher sind hier "nur" locker ver-knüpfte Tendenzen möglich, in die sich die einzig mögliche Identität am Reflexionspunkt des Universalkontinuums spaltet - so wie sie sich in Individuen teilt.

Streben nach Ausdruck (und Konstitution!) All-dessen-was-ist heißt Streben nach dessen *freiem* Ausdruck und damit nach mehr Spielraum für die eigene Individualität als dem Ausdrucksmedium. Über die permanente Schöpfung selbständiger Ableger verwirklicht sich dieses Potential zur bewussteren Kreativität als freie Werterfüllung.

Vor jedem Selbst liegen also mehrere Wege. Es steht ihm frei, eine Sackgasse oder einen Weg der "Seitwärtsentwicklung" zu beschreiten, doch wird ihm irgendwann bewusst werden, dass es sein Potential so nicht größtmöglich realisiert, und es wird aus freien Stücken einen Weg zu mehr Harmonie einschlagen. Erst nach deren Verinnerlichung kann es mehr Freiheitsgrade kontrollieren und sein größeres Potential annehmen. Das Selbst wächst in eine flexiblere Welt hinein, in der es, um ihr gewachsen zu sein, die Selbständigkeit aller anderen als Wert, ja als Teil seiner eigenen anerkennen muss. Indem es seine eigenen Werte lebt, bereichert es alle Geschöpfe und schöpft aus deren Andersartigkeit.

Orientierung auf diesem Weg und dessen emotionaler Ausdruck ist die Liebe. Sie erfasst den Beobachter persönlich durch die Faszination des anderen für ihn. Sie ist der Trieb, sich an diesem anderen zu beteiligen, sich immer wieder mit ihm zu identifizieren und sich als gleichberechtigter Teil einer neuen Vollkommenheit zu empfinden, so dass man diese Vollkommenheit auch in sich selbst fühlt. Liebe führt nicht zur Identität, sondern zu einer stärkeren Einheit von Einheit und Gegensatz innerhalb einer dynamischen Infinitesimalstruktur. Aus diesem Grund ist sie nur *emotional* auslotbar, während die in ihr wirksamen Ideale über die jeweilige Selbsterfahrung hinausweisen. Liebe ist Erfüllung und zugleich der Weg zu ihr. Sie ist deshalb ständig neu. Die Liebe zu einem bestimmten Selbst (und zuallererst dem eigenen Wesen, das in die neue Vollkommenheit eingehen soll) strahlt in eine allgemeine Liebe aus und kann sich nun leichter auf weitere Individuen konzentrieren. Die geschaffene Öffnung zu verdrängten Aspekten der ei-

genen Individualität begünstigt die Entfaltung von noch mehr Liebe; schließlich bedarf jedes Individuum irgendwo auf dem endlo-
sen Weg seiner Werterfüllung eines jeden anderen.

Liebe ist daher mitnichten auf den zwischenmenschlichen Bereich beschränkt. Wir können sie in und zu allem entdecken, was
uns umgibt. Sie löst eine harmonische Entwicklung in Richtung
des absoluten Universalkontinuums aus, das am meisten auf all
seine "Teile" angewiesen ist. An dessen Reflexionspunkt hat die
umfassende Liebe ihren Höhepunkt erreicht und berechtigt uns zu
sagen, dass All-das-was-ist mit Liebe auf uns beziehungsweise in
uns wirkt. Unsere eigene allumfassende, infinitesimalstrukturierte
Dynamik zeigt, dass diese Liebe speziell uns, das heißt jedem Einzelnen gilt. Die Liebe All-dessen-was-ist offenbart sich bereits
durch unsere Gegenwart. Wir können ihr darum *vertrauen* und sie
durch ein Handeln in liebevollem Gewahrsein *erwidern*.

Natürlich kann Liebe durch andere Begriffe nur umschrieben
werden. Wenn freier Wille, Harmonie und Werterfüllung übereinstimmen, verwirklicht sie sich optimal, als deren intuitive Synthese. Ja, sie fördert ihrerseits Selbstlosigkeit und tiefergehende Kommunikation, steigert Energie und Kreativität. Doch sie kann auch
Irrwege gehen, von denen einer der Hass ist. Ihm liegt auch Liebe
zugrunde, denn das Gegenstück zur Liebe ist nicht Hass, sondern
Gleichgültigkeit. Jemand, den wir hassen, ist uns nicht gleichgültig. Er erfüllt die Erwartungen unserer Liebe nicht. (Überprüfen
Sie das - ehrlich zu sich selbst!) Die Auseinandersetzungen, welche der Hass provoziert, vereinen die Kontrahenten noch immer,
bloß auf disharmonische Weise. Daraus resultiert nicht unbedingt
eine vorherrschende Tendenz zur Trennung - manche *wollen* sich
auch bekämpfen. Gewiss aber ist Trennung eine *mögliche* Entwicklung. Sie ändert indessen nichts an unserer Liebe, sondern
macht sie höchstens ideeller und irgendwann vielleicht unterbewusst.[99]

Die darauffolgende Gleichgültigkeit im Bewusstsein verhält sich
zur früheren Liebe allerdings auch nicht symmetrisch: Obwohl

---

[99] Eine ausgezeichnete Darstellung von Liebe und Hass finden Sie in: Jane Roberts, "Die Natur der persönlichen Realität", Ariston 1985, Seite 462ff.

Liebe nicht zur Identität der unterschiedlichen Individuen führt, ist die Identität von deren Einheit *und* Gegensatz doch für einen infinitesimal kurzen Moment - einen Reflexionspunkt - möglich. Ich meine, die Liebe lebt von dessen ständiger Realisierung und Wiederauflösung. Vollständige Trennung hingegen führt zur Identität der anderen Seite mit dem Imaginären (vergleiche Kapitel 4 und 18), das durch alle infinitesimalen Zentren im verbleibenden Individuum wirkt, und zwar ganz *konkret*, wodurch Einheit und Gegensatz auf *andere* Weise vereint bleiben. Kurz gesagt: Wir lieben mindestens die konkrete Abwesenheit alles Störenden. Die unendliche Infinitesimalstruktur kann nirgendwo geteilt werden, sie liegt allem zugrunde. So auch die Liebe.

Die Notwendigkeit ihres Empfindens bleibt unbestritten angesichts der Unmöglichkeit, all diese Umschreibungen und insbesondere das *ganze* Bewusstsein logisch zu integrieren. Nur in Liebe zu unseren Mitgeschöpfen hat die Verwirklichung unserer unzerstörbaren Individualität einen Sinn, der sich zudem lebendig ausdrückt. Integrierende und aufschlüsselnde Wahrnehmung verschmelzen zu einer höheren Einheit. Und sollten wir eines Tages auf Tieferes als Gefühle stoßen, wird sich unser Verständnis vom Sinn unserer Existenz und Entwicklung noch einmal grundlegend erweitern.

Fazit

Das Hauptargument dieses Buches ist die unleugbare Offenheit jedes Systems zum Unbekannten hin. Und die Grundfrage lautet: Was ergibt sich aus dieser Offenheit? Wir sind ein Teil des unendlichen Universums und eine Verkörperung seiner Ganzheit. Beides bedeutet für uns eine individualisierte Wirklichkeit, durch die sich das Universum ausdrückt und durch die es andererseits mit gebildet wird. Es bedeutet ebenfalls unsere Notwendigkeit, Wichtigkeit und Unzerstörbarkeit für die Gesamtheit seiner Verkörperungen. Die meisten Verbindungen untereinander sind uns kaum bewusst. Indessen gewährleistet die Infinitesimalstruktur allen Bewusstseins nicht nur die logische Widerspruchsfreiheit dieser Verbindungen, sondern auch die unaufhebbare Wahlfreiheit jedes einzelnen Individuums.

Unser Ziel kann jedoch keineswegs darin liegen, vollkommen bewusst zu entscheiden. Verantwortung schließt Spontanität beziehungsweise das Vertrauen auf ein sinnvolles Zusammenwirken der Kräfte ein. Wir werden unserer Rolle im Gesamtzusammenhang zunehmend gewahr und lernen, einen optimalen Beitrag zur Werterfüllung aller Individuen, einschließlich uns selbst, zu leisten. Jenseits der vermeintlichen Unterschiede zwischen objektiver und subjektiver Wirklichkeit begreifen wir, dass wir unsere Realität aus unserem tiefsten Innern heraus erschaffen. Die Liebe All-dessen-was-ist (oder Gottes) durchdringt dabei noch die kleinsten Einheiten des allgegenwärtigen Bewusstseins und gibt uns die Gewissheit, nicht allein zu sein.

Wenn Sie, lieber Leser, sich von Ihrer eigenen Schöpferkraft überzeugen wollen, dann probieren Sie bitte die beschriebenen Methoden zur Realitätsveränderung wirklich aus, halten Sie Ihren Geist offen und freuen Sie sich auf den Erfolg, den auch ich Ihnen von ganzem Herzen wünsche.

Index

Nicht aufgenommen wurden ständig verwendete Begriffe und solche, die leichter anhand des Inhaltsverzeichnisses zu finden sind.